Graphologie

Graphologie

Exemplarische Einführung

Von
Dr. Hans Knobloch
Lehrbeauftragter für
Schriftpsychologie

Zweite Auflage

VaW

**Verlag für angewandte Wissenschaften
München**

Das G auf dem Einband stammt von Goethe aus einem Schreiben an Marianne von Willemer vom 12. Januar 1821, im Besitz des Autors.

ISBN 3-922251-09-9

Inhaltsverzeichnis

Einleitung 7
1. Lebendigkeit (stark) 9
2. Lebendigkeit (schwach) 31
3. Vitalität (stark) 43
4. Vitalität (schwach) 59
5. Drang 67
6. Funktionslust 79
7. Dysphorie 89
8. Euphorie 99
9. Affektivität (ausgeglichen) 111
10. Affektivität (übersteigert) 119
11. Affektivität (gering) 127
12. Untersteuerung 139
13. Übersteuerung 147
14. Präsentation (unbetont) 159
15. Präsentation (betont) 167
16. Repräsentation (betont) 175
17. Repräsentation (unbetont) 181
18. Identität 189
19. Manier 201
20. Gestalttheorie und Handschriftanalyse 227
Literaturverzeichnis 241
Sachregister 243

Für Charlotte

Einleitung

Graphologie ist dadurch entstanden, daß Handschriften Deutungen anbieten, aufdrängen, provozieren. Wir können diese Angebote annehmen oder ablehnen. Nehmen wir an, dann müssen wir sie auf ihren Wirklichkeitsgehalt prüfen. Es wird sich dann herausstellen, ob wir Erkentnisse gewonnen haben oder Täuschungen zum Opfer gefallen sind.

In diesem Wechselspiel zwischen Erfahrung und kritischer Prüfung kann sich dann graphologische Kompetenz entwickeln. Diese Kompetenz ist persongebunden, läßt sich also nicht übertragen. Aber man kann den Weg zeigen, der zu ihrer Ausbildung und Gewinnung führt.

In didaktischen Fragen wendet man sich zweckmäßig an die Pädagogik. Sie hat heute vor allem den programmierten Unterricht anzubieten, die Zerlegung des Lehrstoffes in kleinste Lernschritte. Das ist aber gewiß nicht der Weg, auf dem Graphologie zustande gekommmen ist. In ihren Anfängen gab es nur Eindruckserlebnisse, die zur Ahnung von Zusammenhängen zwischen Schrift und Schreiber führten, keinesfalls Programme für das Erfassen dieser Zusammenhänge. Es gab nur Bilder, nicht Abstraktionen. Auch der erfahrene Graphologe von heute verdankt seine Kompetenz dem Sehen und Speichern von Bildern, Gestalten, Ganzheiten.

Doch gibt es in der Pädagogik auch die Methode des »exemplarischen Lehrens«, die von Wagenschein stammt und von ihm in äußerst fruchtbarer Weise in Physik und Mathematik angewendet wird. In ihrer ganzen Differenziertheit kann sie hier nicht dargestellt werden; wir entnehmen ihr nur einige für uns bedeutsame Grundgedanken. (nach »Verstehen lernen«, 1982)

Der Lehrer stelle den Gegenstand vor, ohne Erklärung. Er sorge nur dafür, daß die Sache selbst zum Sprechen kommt.

Es sei nicht notwendig, mit dem Einfachen anzufangen und allmählich zum Schwierigeren zu kommen, sondern es sei oft besser, erst etwas Erstaunliches, Kompliziertes, Problematisches hinzustellen.

Das Verstehen werde gehemmt durch verfrühte Abstraktion und Theoretisierung, durch das starre Suchen nach dem Wiederfinden mitgebrachter Schemata.

Dieser Lernweise stehe gegenüber die darlegende, die von außen an den Lernenden Tatsachen und Theorien heranbringt, während die exemplarische Methode entdecken lasse.

Nichts anderes meint der Pädagoge Hartmut von Hentig (1985), wenn er sagt, es sei ein gedankenlos absolut gesetztes Prinzip der Didaktik, daß Lernen durch Belehrung geschehe. Die Lehrerarbeit solle in die Bereitstellung der »Sachen« verlagert werden.

Ihr Erfolg sei davon abhängig, daß der Schüler lernen will und sich das Lernen zur eigenen Sache zu machen sucht.

Wir zeigen deswegen Handschriften nicht als Beispiele für abstrakte Allgemeinmerkmale wie etwa Druck oder Verbundenheit, auch nicht zerlegt in Buchstaben als Symbolfiguren für Zeichendeuterei, wie es in der Literatur durchweg der Fall ist, sondern, weder gedanklich noch tatsächlich zerlegt, als Ganzheiten in ihrer vollen Komplexität. Wir bieten keinen theoretischen Bezugsrahmen, – er wird sich später entwikkeln –, keine Deutungsregeln. Wir bleiben bei der Sache allein, lassen sie reden, geben ihr Zeit, in uns Reaktionen auszulösen.

Neben die Handschriften werden biographische Daten der Schreiber gestellt. In der Wissenschaft wäre es zwar üblich, Ergebnisse aus Tests, Fragebogen oder Laborexperimenten zu benutzen. Aber diese Ergebnisse sind theoretisch reduziert, vorgeformt, artifiziell, also nicht, wie Thomae (1968) sagt, die einzige authentische Quelle des Persönlichkeitsforschers. Diese ist allein die natürliche Einheit des Lebenslaufes.

Die Beziehung von Schriftbild und Lebensbild jedoch werden nicht dozierend aufgewiesen, sondern jeder muß sie sich selbst suchen, sein Verstehen selbst schaffen. Nur auf diese Weise kann man sich ein Stück bleibender Kompetenz graphologischer Art erwerben. Es handelt sich um die Nachbildung des Weges der Graphologie, wie sie sich historisch entwickelt hat, aber auch des Weges, den der erfahrene Graphologe hat zurücklegen müssen, bevor er in den Besitz fachlicher Kompetenz gekommen ist.

Eigentlich würde es genügen, wenn jeder Leser seine Reaktionen auf das Angebot der Handschrift für sich formulieren und behalten würde. Es würden dann aber die Kontrolle, der Vergleich und die Möglichkeit zur Systematisierung der Befunde fehlen. Daher geben wir nach der Exposition von Schrift und Biographie jeweils eigene, aber auch Reaktionen anderer Betrachter bekannt. Die Aufgabe des selbständigen Verstehens wird dadurch nicht erspart.

Wir kommen mit dieser den Zugang zu den handschriftlichen Phänomenen eröffnenden Methode allmählich zu einer immer deutlicher werdenden natürlichen Ordnung und schließlich zu einer gestaltpsychologisch unterbauten Theorie, die im Schlußkapitel dargestellt wird.

1. Lebendigkeit / stark

Ein junger Wissenschaftler wird 1966 Assistent von Konrad Lorenz. Dieser gibt ihm den vage formulierten Auftrag, experimentell-ethologisch an Wildgänsen zu arbeiten. Es gab dafür aber kein Labor, keinen Versuchsplan. Die Regel lautete nur, er solle die Tierart, mit der er zu arbeiten gedachte, unter möglichst natürlichen Bedingungen gründlich kennenlernen. Das hieß, mit zwei ihm an den Fersen klebenden Gänsekindern den ganzen Sommer lang jeden Tag durch das Moor hinter dem Institut zu wandern, mit Gänsen zu leben.

Nach zwanzig Jahren berichtet er davon in seinem Buch »Das Rätsel Ödipus« (Norbert Bischof, 1985):

»Daraufhin konnte man sich zunächst einmal monatelang von den Ereignissen tragen lassen, in absichtsloser Präsenz. Die Weisheit des Zen empfiehlt dem angehenden Tuschemaler, er möge hingehen und zehn Jahre lang Bambus beobachten. Selbst zu Bambus werden. Dann – alles vergessen, sich hinsetzen und malen. Daß diese Art Vorbereitung auch in der Wissenschaft tauglich sein kann, habe ich in Seewiesen gelernt.«

Was bei Bischof absichtslose Präsenz genannt wird, nennt Martin Wagenschein in seinem bereits genannten Werk den unbefangenen, gelockerten, aber wachen Blick für das Charakteristische neuer Gestalten, während Klages rät, beim Betrachten eines Gebildes, dessen Charakter man kennenlernen möchte, den Verstand zum Schweigen zu bringen, nichts absichtlich beobachten wollen, sich dem Eindruck möglichst passiv anheimgeben. (Graphologie, 1932)

Dem allen entspricht das, was Freud als »gleichschwebende Aufmerksamkeit« bezeichnet hat. Er schlägt als technische Regel gegenüber allen Daten, die der Patient vorbringt, vor, nicht absichtlich aufzumerken, sondern alle Hilfsmittel, selbst das Niederschreiben abzulehnen, sich nichts Besonderes merken zu wollen, und allem, was man zu hören bekommt, gleichschwebende Aufmerksamkeit entgegenzubringen.

Wenn wir demnach bei unseren Schriftbeispielen im Sinne des exemplarischen Lernens die Sache selbst reden lassen wollen, dann müssen wir ihnen auch Gelegenheit dazu geben, indem wir zunächst schweigen. Wenn wir voreilig Fragen stellen, Gelerntes anwenden wollen, wird der Empfang gestört. Wer Lesefrüchte anzubringen sucht, wer gleich ein Merkmalsprotokoll aufstellen oder den Mittelwert der Lage der Grundstriche errechnen möchte, versperrt sich den Zugang zur Sache.

Die Schreiberin wurde bereits vor über 30 Jahren im Graphologischen Archiv des (1)
Verfassers vorgestellt. Mittlerweile hat sie die 80 erreicht und bietet immer noch dasselbe Bild. Obwohl von den Beschwerden des Alters nicht unerheblich belästigt, ist sie voller Freude darüber, leben zu dürfen, hält sich selbst für einen vom Glück begün-

(1)

Geil bevormundete. Jetzt weiß
sich die ganze Familie keinen
Rat mehr mit ihr und fürchtet
offenbar, daß ein geistiger Defekt
Gestalt annehmen könnte. Sie
erhofft nun von Ihnen einen
Rat, wie man sie Ulva behandeln kann, d.h. ob man sich
ernste Sorge um ihren Zustand
machen muß; sie ist jetzt an-

stigten Menschen. Sie hat eine viele Jahrzehnte lang dauernde Ehe mit einem sehr schwierigen Mann mit heiterer Gelassenheit zu ertragen verstanden und ihm nach dessen Tod ein pietätvolles, ressentimentfreies Andenken bewahrt, obwohl er sie um die Befriedigung ihrer mütterlichen Bedürfnisse durch eigene Kinder mit voller Absicht gebracht hat und sie viele Jahre lang mit pathologischer Eifersucht quälte. Sie hat als ehemalige Sängerin viele Schüler um sich, denen sie nicht nur in der organisch richtigen Ausbildung sängerischer Techniken vieles gibt, sondern denen sie durch ihre menschliche Wärme und optimistische Ausstrahlung einen Halt bietet.

Ohne Therapeutin zu sein, hat sie manchen Schülern starke Anstöße zur Weiterentwicklung ihrer Persönlichkeit gegeben. Ihre Anziehungskraft ist erstaunlich. Im übrigen ist sie eine durchaus praktische und realistische Natur, sie gibt keine Theorien weiter, sondern ihre Erfahrungen: und mit diesen vermittelt sie auch etwas von ihrer Kraft. Wenngleich christlich gesinnt, kann sie frommes Geschwätz von echter Gesinnung kritisch trennen und scheut sich nicht, ihre Meinung gelassen, aber deutlich kundzutun. Sie kann auch gut öffentlich reden.

Bei dieser ersten wie bei vielen folgenden Schriften haben wir die Äußerungen verschiedener Betrachter gesammelt, wie sie spontan vom Eindruck der Schrift provoziert wurden. Wie beim brain-storming war alles erlaubt, es gab noch keine Reflexion über die Eindrücke, kein kritisches Filter.

Zwar fanden sich bei vielen Betrachtern manchmal Hemmungen, Blockierungen aus Ängstlichkeit, oder dann, wenn etwas gesehen wurde, ein Unvermögen verbaler Art, Schwierigkeiten mit der Formulierung. Aber es kam doch immer viel unbefangen entstandenes Material zusammen, das späterer Kontrolle und Systematisierung dienen konnte. Selbst dann, wenn jemandem gar nichts einfiel, konnte es immer noch zu einer Wertung nach sympathisch und unsympathisch kommen, und auch das ist ein bedeutsamer Ansatz für spätere Reflexion.

In der Mehrzahl der Fälle ist dem Betrachter die Schrift sympathisch. Man springt emotional leicht auf sie an. Hervorgehoben wird zunächst vielfach die Kraft, Sicherheit und Selbstverständlichkeit der Bewegungsweise, das starke Vorwärtsgehen der Schrift, ihre Unverkrampftheit. Es wirkt alles spontan, ungezwungen, aber auch gut diszipliniert und ausgeglichen, aus einem Guß. Sympathisch seien vor allem ihre Wärme und Natürlichkeit, das starke Leben, das aus ihr spreche, etwas Ursprüngliches, Selbstverständliches, Glaubwürdiges, wodurch sie überzeugend wirke. Manche Betrachter fanden die Formen eher bieder und konservativ als persönlich, bezeichneten sie aber jedenfalls nicht als devot, subaltern oder kleinlich, sondern phantasievoll durchgebildet, ohne Manier, ohne Mätzchen. Nichts an der Schrift sei vernachlässigt oder defekt, aber auch nichts übertrieben herausgestellt. In der klaren Einfachheit der Formgebung sei nichts Stereotypes oder Klischeehaftes sichtbar.

Es gab auch einige mehr negativ gefärbte Reaktionen wie »allzu bieder bis spießig«, und vor allem »aufdringlich und bedrückend«. Wenn auch die meisten der beauftragten Betrachter diese Reaktionen nicht teilen konnten, haben sie doch ihre Berechtigung in der Person ihrer Urheberin, einer sehr zarten, passiven, etwas ängstlichen Natur von hoher Bildung, die vor soviel Kraft und Intensität einfach erschrocken ist.

Diese Aussagen betreffen jeweils das Ganze der Handschriftgestalt, der Schriftphysiognomie, so daß wir hier von ganzheitlichen, gestalthaften oder physiognomischen Daten reden können. Sie werden auch genannt Anmutungsqualitäten, Erscheinungscharaktere oder Wesenseigenschaften, um nur einige der hier gebrauchten Begriffe zu nennen.

In ihnen vermischen sich Aussagen über Schriftcharaktere mit denen über Persönlichkeitszüge, ja sind oft identisch mit solchen. Man könnte darin eine leichtfertige, eine unbegründete Vorwegnahme von Deutungen sehen. Aber wenn die Sache selbst so redet, dann ist das zunächst einfach hinzunehmen. Ob vielleicht Wahrnehmungstäuschungen vorliegen, Schwächen in der Formulierung, ablenkende Beeinflussungen aller Art, oder ob Wirklichkeit erfaßt worden ist, darüber entscheiden allein die biographischen Daten, die uns von dem betreffenden Schreiber zugänglich sind.

Die bisher gefundenen physiognomischen Daten der Handschrift sind zunächst ungeordnet notiert, so wie sie gekommen sind. Es lassen sich aber bei ihnen auch Gruppen unterscheiden, welche jeweils durch *maßgebende Ähnlichkeit* aller ihrer Mitglieder gekennzeichnet sind. Was ist maßgebende Ähnlichkeit? Arno Müller hat in einer experimentellen Untersuchung über Ähnlichkeit bei Handschriften (1960) unter Bezugnahme auf eine gestalttheoretische Untersuchung Goldmeiers (1937) gezeigt, daß das Ähnlichkeitserlebnis nicht zustande kommt durch Ähnlichkeit von Einzelmerkmalen der Schrift wie Unterlängenbetonung, Girlandenformung oder dergleichen, sondern durch Übereinstimmung von Gestaltqualitäten, also ganzheitlichen, physiognomischen Aspekten der Schrift. Er hat statistisch bewiesen, daß das eindrucksmäßig fundierte Ähnlichkeitsurteil eine objektive Grundlage hat. Die alte Definition der Ähnlichkeit als einer Identität in einzelnen Merkmalen ist damit überwunden. Und der Faktor ganzheitlich erlebter Ähnlichkeit erweist sich darüber hinaus in anderen gestalttheoretischen Untersuchungen (Ehrenstein, 1969) »als das wichtigste, Zusammenhang stiftende und Ordnung schaffende Prinzip der Wahrnehmung«.

Die riesige Vielfalt von Handschriften läßt sich daher durch das Prinzip der Ähnlichkeit zwanglos und sozusagen von innen her in einer Reihe von Gruppen miteinander verwandter Handschriften übersichtlich machen.

Wir ordnen hier also nicht mit Hilfe eines Systems, welches Schriften von außen übergestülpt wird, sondern es handelt sich um eine natürliche Ordnung oder Taxonomie, die aus der Feststellung von Verwandtschaften von Handschriften erwachsen ist.

Diese Ordnung beginnen wir hier mit der Zusammenfassung derjenigen Charakterisierungen, die vor allen anderen sonst hier gegebenen die lebhaftesten Aufforderungen aussprechen, die den Betrachter in besonderem Maße als wesentlich berühren. Zu ihnen gehören bei der vorliegenden Schrift ihre Wärme und Farbigkeit, ihre ursprüngliche und natürliche Art, ihre hohe Präsenz, ihre unmittelbare Überzeugungskraft. Für den mit diesen verschiedenen Ausdrücken gemeinten, jedoch nie ganz zu erfassenden Tatbestand gibt es in der Literatur demgemäß auch verschiedene Namen, die miteinander austauschbar sind und deren Reihe erweitert werden kann. Zu ihnen zählen etwa Formniveau, Ursprünglichkeit, Rhythmus, Eigenart, Gestalttiefe, Qualität des Antriebs wie auch Lebendigkeit, welchen Begriff wir hier stellvertretend für alle anderen benutzen wollen.

Genauso gut freilich könnte die Schrift in das Kapitel Vitalität eingeordnet werden, auch in das einer ausgeglichenen Affektivität oder angemessenen Steuerung. Bei den meisten hier abgebildeten Handschriften ergeben sich in den Ausagen über sie verschiedene Schwerpunkte, und es bleibt eine Ermessensfrage, in welche Gruppe man sie stellt. Es gibt also für die meisten Schriften nicht nur eine, sondern mehrere maßgebende Ähnlichkeiten mit anderen.

Es wird nun zweifellos Leser geben, welche die vorliegende Schrift mit der Biographie der Schreiberin in keine Verbindung bringen können, die nichts von dem sehen, was andere gesehen haben, oder die nur einen Teil davon sehen und vielleicht auch etwas ganz anderes, hier nicht Gesagtes. Man sollte den Mut aber nicht gleich aufgeben. In anderen Fällen wird einem der Zugang möglicherweise viel leichter fallen. Und man wird auch an Einsicht gewinnen, wenn man Kontrastgestalten dagegenhält, etwa Fälle von schwacher Vitalität oder von Depressivität. Unsere Methode besteht darin, daß Handschriften zu Gruppen auf Grund maßgebender Ähnlichkeiten zusammengestellt wurden, wobei dann im Überblick über die ganze Gruppe deutlicher werden kann, wie weit die jeweils zugeordneten Persönlichkeitsbilder ebenfalls solche Ähnlichkeiten aufweisen. Wer daher mit diesem ersten Fall nichts anfangen kann, wird bei anderen Fällen vielleicht mehr sehen und schließlich im Überblick über die ganze Gruppe und letztendlich über alle Gruppen des Buches verstanden haben, was für eine Art Lernprozeß ihm vorgeschlagen wird. Andere Hilfen können ihm dabei nicht gewährt werden. Wenn er seine eigene Kompetenz erwerben will, muß er auch seine eigenen Erfahrungen machen. Auch ein Kenner der Tiergestalten wie Konrad Lorenz betont die Unmöglichkeit, Gestaltwahrnehmung im »eigentlichen Sinn« zu lehren. Er empfiehlt als Mittel zur Überwindung dieser Schwierigkeit die Vermehrung des schlichten Beobachtens. »Was ein Beobachter an einem Objekt die ersten zwanzig Male absolut nicht zu sehen vermag, sieht er beim zweihundertsten Male dann doch«. (Konrad Lorenz, 1965)

2

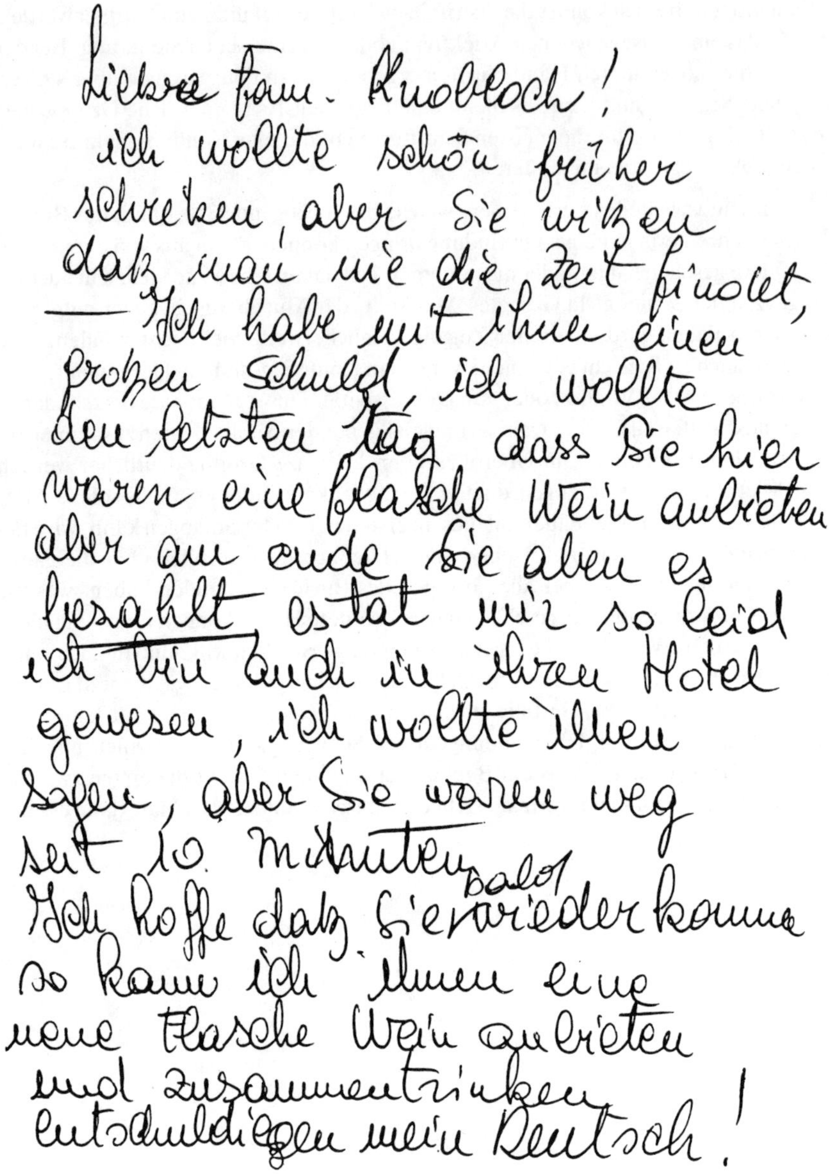
Liebe Fam. Knobloch!
ich wollte schön früher
schreiben, aber Sie wißen
daß man nie die Zeit findet,
— Ich habe mit Ihnen einen
großen Schuld, ich wollte
den letzten tag dass Sie hier
waren eine flasche Wein anbieten
aber am ende Sie aben es
besahlt es tat mir so leid
ich bin auch in Ihren Hotel
gewesen, ich wollte Ihnen
sagen, aber Sie waren weg
seit 10. minuten
Ich hoffe daß Sie bald wieder komme
so kann ich Ihnen eine
neue Flasche Wein anbieten
und zusammentrinken
entschuldigen mein Deutsch!

2 Eine Probe der damals 23-jährigen Schreiberin ist bereits bei Knobloch (1971) veröffentlicht worden. Sie arbeitete damals in der Trattoria ihres Vaters, in der sie, mehrerer Sprachen kundig, die Gäste mit feindosiertem Charme behandelte, ihre Augen und Ohren überall hatte, auch im größten Trubel auf einen kurzen Blick reagierte. Schon bei dieser Tätigkeit fiel ihre außerordentliche Intelligenz auf, ihre Bildung, und vor allem bestach sie durch eine höchst anziehende Heiterkeit. Inzwischen sind fünf-

zehn Jahre vergangen, sie schreibt nicht mehr Rechnungen in ihrer Trattoria, sondern in ihrer Vetrina di Artigianato, in der sie für Einheimische und Touristen Souvenirs von höherem Standard verkauft, Werke von Künstlern, die weitgehend nur für sie arbeiten. Sie hat sich zu einer energischen, zielsicheren Geschäftsfrau entwickelt, die mit Risikofreude und Optimismus das Abenteuer Selbständigkeit eingegangen ist.

Sie arbeitet dabei streng seriös, hat nicht nur gute Ware, sondern auch angemessene Preise, kann auch wegen zuviel gezahlter 1 000 Lire die halbe Stadt hinter einem Kunden herlaufen, um sie ihm wiederzugeben. Daß sie selbst häufig bestohlen wird, trägt sie mit Gleichmut. Obwohl das Geschäft ihre Kräfte in außerordentlicher Weise beansprucht, hat sie noch Zeit, sich um ein adoptiertes Kind zu kümmern, einen Haushalt zu führen, oder sich im wiederbelebten venezianischen Karneval als Kavalier zu verkleiden. Ihre menschliche Ausstrahlung hat sich im Laufe der Jahre trotz ihrer sehr viel stärkeren Belastung und Verantwortung gegenüber früher ungebrochen gehalten.

Dafür, daß der vorliegende Brief nicht in der Muttersprache der Schreiberin verfaßt ist, obwohl sie deutsch recht gut spricht und versteht, ist er doch ganz spontan, unbekümmert, ohne ängstliche Vorbehalte hingesetzt. Die Bewegung sprudelt sozusagen über die Fläche, sie füllt sie dicht aus. Insofern wäre diese Schriftprobe auch ein ausgezeichnetes Muster für das noch folgende Kapitel Funktionslust. Daß soviel temperamentvolle Aktivität nicht als leere Betriebsamkeit mißdeutet werden kann, dafür sorgen ihre Natürlichkeit, ihre Kraft, ihre Unmittelbarkeit. Bei aller Lebhaftigkeit ist die Schrift nicht hektisch, es bleibt durchaus eine gewisse Harmonie gewahrt, und auch die Steuerung wirkt angemessen. Sie wirkt instinktiv sicher, so daß ein in sich zusammenhängendes Bild auf der Fläche entsteht, in dem alles gut miteinander verwoben ist, ohne Lücken. Die Schulvorlage ist selbständig verarbeitet, es zeigt sich keine Manier, keine polierende Bearbeitung oder dergleichen.

(3)

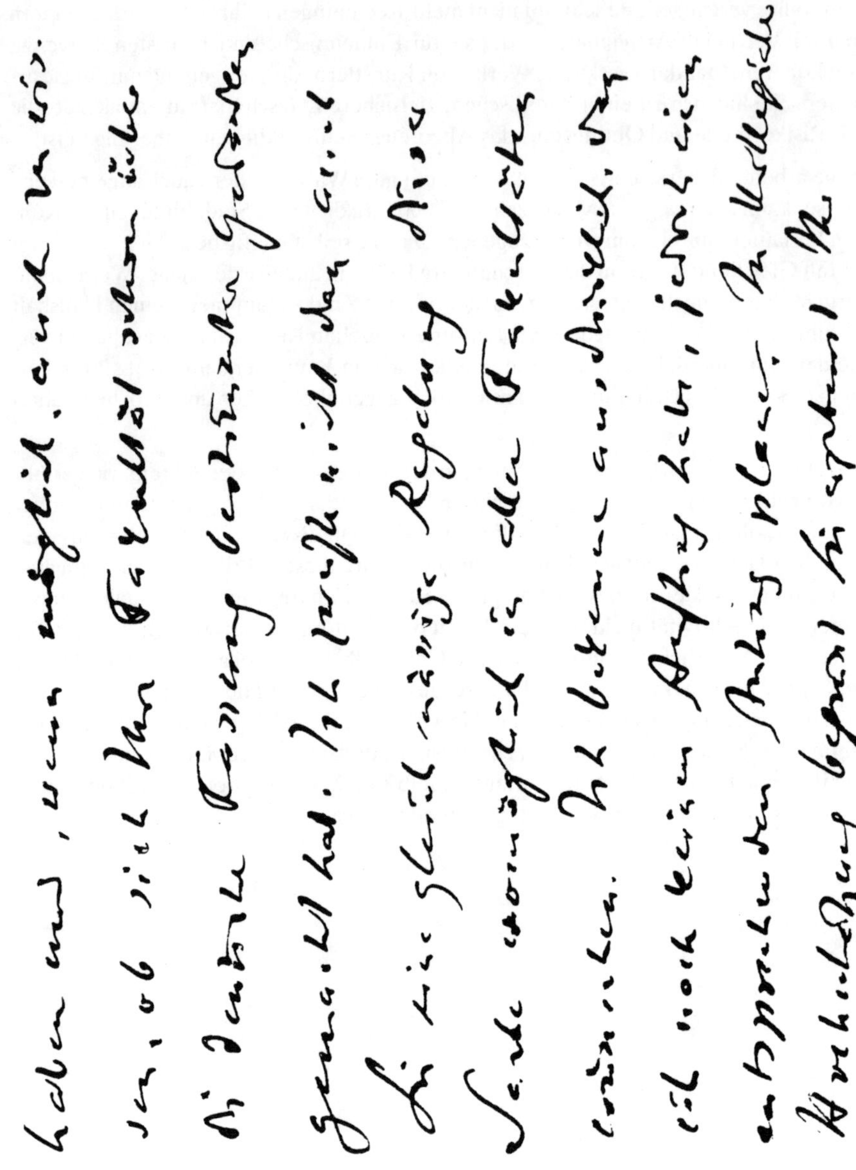

(3) Über diesen Schreiber, einen Professor der klassischen Archäologie, hat sein ehemaliger Schüler, der Kunsthistoriker Wilhelm Pinder, einen ausführlichen Nachruf verfaßt, aus dem wir einige Zitate bringen, die in besonderem Maße deutlich machen können, was Lebendigkeit meint. Die Quelle meiner vor fünfzig Jahren gemachten Abschrift war leider nicht mehr aufzufinden.

»... Es gibt Gestalten, die sich zwar nie dem Allernächsten, wohl aber jedem weiteren Kreis gegenüber zur Abstraktion, zum Vertreter ihrer Ideen, zu ihrer »Bedeutung« verflüchtigen lassen, Franz Studnicka aber, so stark seine geistige Persönlichkeit in seiner Wissenschaft weitergezeugt hat, ist in einem unmittelbaren, auch körperlichen Sinne *Gestalt*; er ist konkreter gewesen, als es den meisten anderen vergönnt ist. Er war in so hohem Maße stärkstes und einmaliges Leben, daß wir von seinem Anblick, seinem Klang der unvergeßlichen Stimme uns nicht trennen können, daß wir den Wunsch haben, seine Gegenwart mit allen Sinnen in uns festzuhalten, stärker noch als bei anderen, auch Verehrten, die sich williger von ihrer Erscheinung lösen wollen.

Wir, die ihn kannten, müssen das alles erlebt haben; dieser Tod war unglaubhafter als der Tod vieler anderer Menschen, auch solcher von Bedeutung. Der Klang von Studnickas Stimme kann den, der ihn lieben durfte, heute noch aus Traum oder Halbschlaf aufjagen. Und es will uns – so allgemein erschreckend die Vergänglichkeit uns auch immer berührt – nicht in den Kopf, daß das Leben selbst auf diese seine eigenste Prägung verzichten mußte.«

»Man hat dieses doppelte Gefühl: dieser Mann ist das Leben selbst, er hat das zugleich widerspruchsvolle und ganz Fraglose, das immer wieder neu Augenblickliche, das Unentrinnbar-Gegenwärtige wirklichsten Lebens«

»eher ein Waldgott als ein Professor der klassischen Archäologie«

»verblüffend-erlösender Hohn gegen alles Abgewetzt-Zivilisierte, vor allem gegen subalternes Dienertum«

»Alle seine Schüler, auch natürlich alle Menschen, die in seinen Gesichtskreis traten, erfaßte er, höchst illiberal, von ihrem Ganzen her: nach Stamm und Familie, nach Wuchs und Haltung, nach Gesinnung und Benehmen, nach Blut und Persönlichkeit, nach Sprache und Anzug. Die sogenannte Begabung, die Verwendung kam weit dahinter; sie kam freilich auch.«

»Der Mensch als Nutzbarkeit, als Mittel, als braver Diener eines Zweckes bestand zunächst nicht für ihn ... und doch konnte er jeden, mit niederdrückender Kraft sogar, gebrauchen, einspannen, zwingen, auch und gerade den Wertvollen.«

»Er war der geborene Lehrer durch Beispiel. Wer sein Schüler war, der wird diesen Menschen gleichsam immer hinter seiner Schulter fühlen und er wird, wennn er nicht ganz stumpf ist, gerade dem Elementaren, dem Vor- und Außerwissenschaftlichen dankbar sein, das mit dem Kraftdruck lebendigster Leidenschaft sich als wissenschaftliche Moral äußerte, aber im tiefsten Grunde etwas anderes, eben etwas Elementarisches war. In Wahrheit wirkte dieser Mann eben doch befreiend.«

»Er war *ganz*, und er war ganz *Gegenwart*.«

Bei dieser Schrift fällt vor allem die impulsive Entladung auf, das ungeduldig Drängende, Zuschlagende, Aggressive, aber auch die selbstverständliche Natürlichkeit, das Ungeschminkte, Unpolierte, dennoch aber Durchgearbeitete, vor allem scharf und präzise Gesteuerte. Hier ist nichts langweilig, nichts verschwommen, nichts unkonzentriert. Eine Stimme sprach von unverdünnter Essenz. Der Eindruck von Schärfe, ja Härte verträgt sich hier durchaus mit dem von Wärme.

(4)

auf ein wider sehen. fileicht in Somer Dar wier.
Frau Boronin mal holen. ~~Der~~ unser August hat ja
ein Auto. und Salzburg ist ja nicht so weit.
Die Kinder sind noch alle zuhause. die arbeiten
Drei in Betrib, fon Heiraten wil keiner was wisen
es were aber schon zeit. Den der August ist ja sch
Der Heinrich 26. und Hermann 20. und wier werd.
schon schön langsam alt. aber solange man gesund
geht es imer gut, Der Hermann hat jezt widerum
fiel arbeit in Frühjahr mit der Pfanzung.
Der saat. und nun wiel Ich schlisen mit die herz

Die Schreiberin, 56 Jahre alt, hat nur zwei Klassen einer noch dazu ungarischen Volksschule besucht. Als Volksdeutsche in Karpato-Rußland geboren, wuchs sie mit fünf Geschwistern zusammen auf einem kleinen Bauernhof auf, wo sie von Kindheit an hart arbeiten mußte. Auch nach ihrer frühen Heirat lebte sie unter primitiven Umständen in einem kleinen, immer feuchten Jagdhaus inmitten des Urwaldes. Sie versuchte ihr Heim so schön wie möglich zu gestalten, schaffte und arbeitete unermüdlich, verstand das wenig Vorhandene so einzuteilen, daß die allmählich wachsende Familie ihr Auskommen fand. Über ihre enge Welt hinaus interessierte sie sich für alles und suchte sich stets so gut wie möglich zu informieren. Obwohl selbst arm, hatte sie auch immer für Ärmere noch Hilfe, versteckte im Kriege einen Deserteur in einem hohlen Baum und versorgte ihn mit allem Nötigen. Nach der Flucht vor den Russen landete sie mit ihrer Familie in Deutschland und stellte sich sofort auf die für sie völlig neuen Lebensverhältnisse ein, ohne etwas von ihrer Eigenart preiszugeben. Der alten Heimat trauerte sie nicht unnötig nach. Sie baute energisch an einer neuen Existenz mit, ließ sich auch durch manche Widrigkeiten ihren Humor nicht nehmen. Sie hält auf ihre äußere Erscheinung sehr. Für ihren Mann und ihre drei Söhne ist sie der Mittelpunkt der Familie. (4)

Man kann diese Schrift lange betrachten. Sie blaßt nicht ab, wird nicht langweilig, verliert nicht ihre Wirkung. Die Formen sind schlicht, haben Kraft und Kontur, und zwar bis in die kleinsten Züge hinein.

Dies ist um so auffälliger, als man bei einer Frau aus »dienendem Stande«, die in autoritären Herrschaftsverhältnissen groß geworden ist, Züge von Beflissenheit oder Ängstlichkeit erwarten könnte. Und sie wirkt auch ungeachtet ihrer geringen Schulbildung keineswegs schülerhaft oder gar banal. Die energische, bisweilen heftige Bewegung ist gut gesteuert. Im Gesamteindruck dominieren das markante Profil, Wärme und Farbigkeit, durchhaltende Spannkraft.

(Schriftprobe und biographische Information stammen von Maria Ditfurth und sind erschienen im Graphologischen Archiv Nr. 111 der Zeitschrift für Menschenkunde.)

5

5 Romano Guardini, 50, 1885–1969, Kath. Theologe, wuchs im engen Familienbereich auf, von den Dingen des Lebens, die ein junger Mensch von selbst kennenlernt, so gut wie nichts erfahrend. Das Gefühl einer glücklichen Kindheit war ihm nie gegeben. Als junger Mensch war er immer ängstlich und lange Jahre hindurch sehr skrupulös und selbstquälerisch. Er hatte keine überschüssige Kraft zu vergeben, deswegen auch kein Bedürfnis, sich auszutoben. Wegen seines geringen Selbstgefühls, seiner Schüchternheit hat man ihn oft für abweisend und hochmütig gehalten. Dinge, die an-

dere spielend erledigen, machten ihm große Schwierigkeiten. Sein ganzes Leben lang litt er an schweren Depressionen, die ihn manchmal bis an den Rand der Selbstzerstörung führten. Er nannte seine Schwermut einmal den Ballast, der dem Schiff seinen Tiefgang gebe. Nach ihn unbefriedigt lassendem Studium der Chemie und Nationalökonomie fand er zum Dienst an der Kirche. Daß er infolge einer Denunziation eines Mitstudenten beinahe von der Priesterweihe ausgeschlossen worden wäre, bereitete ihm eine tiefe, lebenslange Enttäuschung. Er wurde auch im Priesterseminar magenleidend und blieb es sein ganzes Leben. Als Kaplan fand er nach eigenen Worten die menschliche Beziehung, welche der Seelsorger mit seiner Gemeinde haben muß, nicht. Er konnte mit Kindern nichts anfangen, vor allem auch nichts mit der Vereinsarbeit. Für ihn gab es den jungen Menschen erst in der Zeit der Reifejahre, und auch da erst, wenn er eine gewisse Bildung hatte. Er empfand das selbst als großen Mangel. Er unterschied den väterlichen Priester, der ganz vom Bewußtsein seines Amtes ausgeht, von dem brüderlichen Priester, der dieses Amt als Kraft in sich trägt. Er rechnete sich zum letzteren Typ. Große Erschütterungen waren ihm fremd, er war immer eher verhalten und kühl. Aber er hatte auch immer das Gefühl einer inneren Linie, von der aus er alle Entscheidungen seines Lebens traf. Durch den glücklichen Umstand, in der katholischen Jugendbewegung seinen Platz zu finden, bekam er die Möglichkeit, sich nach dieser Linie zu entwickeln und nicht nur zu dem führenden Geist dieser Bewegung zu werden, sondern auch als Schriftsteller außerordentliche Wirkungen auszuüben. Seine Freunde rühmten seine Bereitschaft zum Gespräch, seine Wachheit, seinen hohen geistigen Mut, seine Reinheit, seine Besonnenheit, seine moralische Autorität, die Aura des Menschlichen, die in jeder seiner Äußerungen ausstrahlte. Am stärksten wirkte er wohl durch seine rückhaltlose Wahrhaftigkeit. Obwohl immer treuer Diener der Kirche, scheute er nicht scharfe Kritik an der Ausbildung, die er als Priester bekommen hatte. Er sagt von sich, daß er wohl Einfluß gewinnen, aber nie habe wirksam befehlen können. Wo ihm nicht Vertrauen und Freiwilligkeit entgegengebracht wurde, sei er ohnmächtig gewesen.

Im Schwerpunkt aller Äußerungen über diese Schrift stehen ihre außerordentliche hohe Differenziertheit, die reichhaltige Moduliertheit und Subtilität der Formgebung. Man spürt das Bemühen um äußerste Präzision, um Kontrolle und Disziplin. Trotz der hohen Steuerung wirkt aber nichts verkrampft, die Bewegung fließt leicht und schnell. Angemerkt wurden auch Noblesse, Kühle, Tendenz zum Sich-Abgrenzen, harmonisierende Geschlossenheit, hohes ästhetisches Niveau. Einige Stimmen betonten etwas Preziöses, Elitäres, andere dagegen die trotz der so bewußten und alle Einzelheiten erfassenden Durchbildung der Formen doch auch vorhandene Natürlichkeit. Einige sahen Momente von Widersprüchlichkeit, ein dauerndes Schwanken, andere erlebten stärker die trotzdem erreichte Geschlossenheit. Es erwies sich angesichts der Vielfalt der Eindrücke als unmöglich, sie auf einen einfachen Nenner zu bringen.

(6)

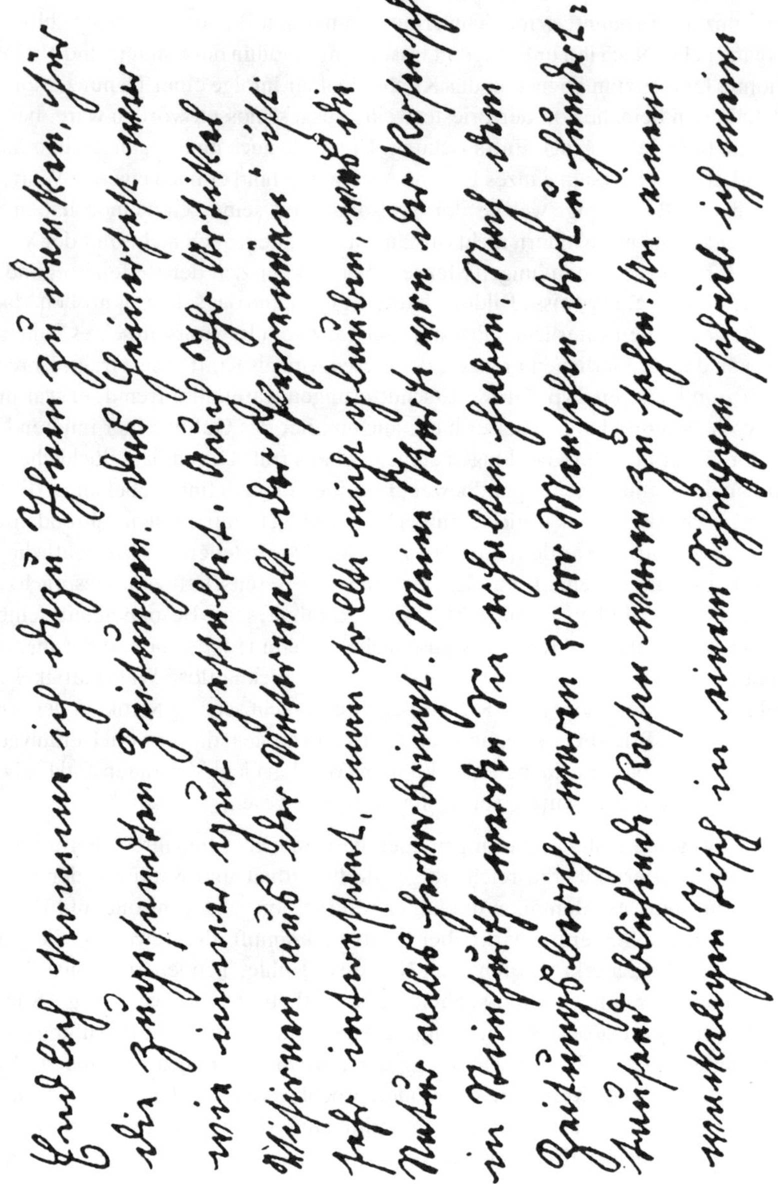

(6) Der Fall stammt aus der Sammlung des verstorbenen Graphologen Adolf Ziegler, dessen Text zu dem Schreiber hier wiedergegeben wird. Er erschien 1960 in einer Sammlung von losen Blättern der »Deutschen Graphologischen Studiengesellschaft«.

»Diese regelmäßige, von der Schulvorlage kaum abweichende und scheinbar sehr leicht zu deutende Handschrift birgt trotz ihrer Einfachheit eine ungeahnte Überraschung. Sie läßt zwar klar erkennen, daß es sich um einen durchaus zuverlässigen, rechtschaffenen, des Schreibens etwas ungeübten, praktisch veranlagten Menschen handelt. Wer aber würde hinter diesen disziplinierten, bedächtigen und konventionellen Schriftzügen die erstaunlich hohe, weit über dem Durchschnitt stehende ethische Haltung des Schrifturhebers vermuten, die in so kategorischer Konsequenz und Intensität, angesichts einer so wenig außergewöhnlichen Handschrift, einen seltenen Fall darstellt. Wer den Schreiber, einen geschätzten Schuhmachermeister, seit Jahren beobachten konnte, wird immer wieder beeindruckt sein von der lauteren Wesensart dieses energischen und tapferen Mannes, der ohne jegliches Geltungsbedürfnis, ohne Neid oder Bitterkeit ein schweres Schicksal lebensbejahend und vorbildlich meisterte.

Einige Daten aus dem Lebenslauf: Im ersten Weltkrieg schwer verwundet, nach Genesung sogleich wieder im Beruf tätig. Seine Frau seit der Geburt des einzigen Sohnes gehbehindert. Der Sohn fiel im zweiten Weltkrieg, 18jährig, auf der Krim. Als man dem Vater im Zusammenhang mit diesem Ereignis RM 300,– auszahlen wollte, lehnte er dieses »Blutgeld«, wie er sagte, entrüstet ab. Er war klarsehender Gegner des Nationalsozialismus und versorgte hungernde Juden unter persönlicher Gefahr mit Lebensmitteln. Als sein Haus bombardiert wurde, rettete er seine gehbehinderte Frau aus dem brennenden Gebäude. Sie brach zusammen, und während er Hilfe holen wollte, wurden ihr von einer Luftmine die Lungen zerrissen und ihm unterdessen seine zwei abgestellten Koffer mit dem Nötigsten gestohlen. – Später übernahm er die Leitung einer Maßschuhmacherei. Heute betreut er als 76jähriger Invalidenrentner eine alte, kranke Frau, die im gleichen Hause wie er wohnt.«

Demjenigen, der die deutsche Schrift nicht lesen kann, sei versichert, daß es sich hier um eine korrekte und fehlerfreie Wiedergabe der Schulvorlage handelt. Nun wirkt eine so korrekt Erfüllung der Norm bei großer Regelmäßigkeit oft genug stereotyp und langweilig. Davon kann hier nicht die Rede sein. Sie ist nicht starr, sie ist nicht monoton, die hohe Disziplin unterdrückt nicht ihre Lebendigkeit.

Vielleicht trifft hier die Charakterisierung »kernig« am besten zu. Aber auch Wärme wurde von Betrachtern genannt, ruhige Festigkeit, Gelassenheit, Rückgrat, Unbedingtheit der Haltung. Für ein Alter von 70 Jahren zeigt die Schrift ein immer noch ganz erhebliches Maß von kräftiger Spannung. Man gewinnt vor allem den Eindruck eines zähen Durchhaltens. Es findet sich keine Verkrampftheit, so daß man sagen kann, die hohe Steuerung sei dem Antrieb angemessen und erdrücke ihn nicht. Drang, Funktionslust und Affektivität scheinen weniger ausgeprägt, doch verdeckt hier gerade die hohe Gesteuertheit deren Zutagetreten. Wenn man sich aber hier zwischen Passioniertheit oder Pedanterie entscheiden müßte, würde die Entscheidung wohl meistens auf das erstere fallen. Was die Präsentation angeht, so ist die Schrift zwar korrekt, aber keine bloße Imitation der Schulvorlage, sondern sie hat ein durchaus eigenes Profil. Sie wirkt bei aller Schlichtheit originell. Diese Originalität demonstriert sich demgemäß auch nicht an besonderen Zügen der Repräsentation, der Selbstdarstellung.

Anzumerken bleibt, daß die »ungeahnte Überraschung«, die den Kollegen befallen hat, durchaus nicht geteilt wurde von anderen, denen diese Schrift zu Gesicht kam. Die Überraschung rührt ganz offenbar daher, daß der Berichterstatter mehr von der Korrektheit der Schrift angesprochen wurde als von ihrer Lebendigkeit, wobei im vorliegenden Fall auch noch eingefahrene Sehkonventionen eine Rolle gespielt haben mögen.

7

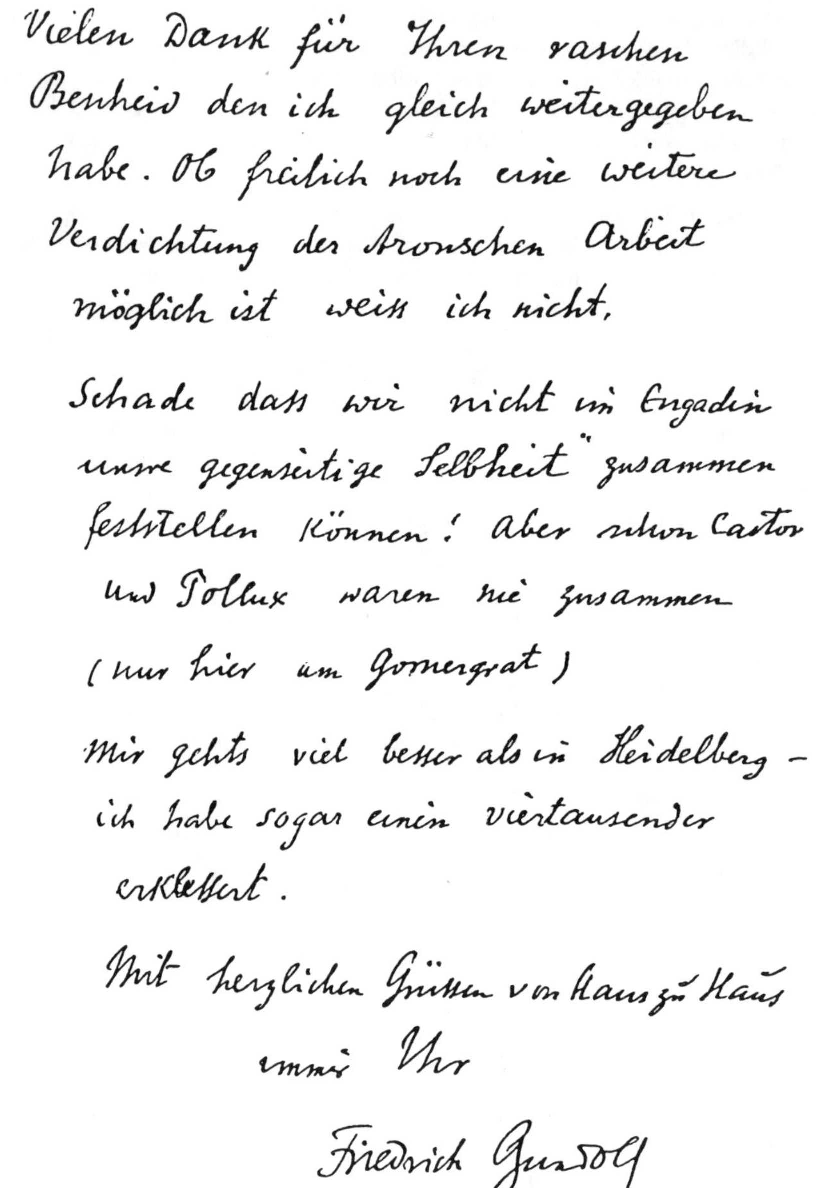
Vielen Dank für Ihren raschen Bescheid den ich gleich weitergegeben habe. Ob freilich noch eine weitere Verdichtung der Aronschen Arbeit möglich ist weiss ich nicht.

Schade dass wir nicht im Engadin unsre gegenseitige Selbheit" zusammen feststellen können! Aber schon Castor und Pollux waren nie zusammen (nur hier am Gornergrat)

Mir gehts viel besser als in Heidelberg – ich habe sogar einen viertausender erklettert.

Mit herzlichen Grüssen von Haus zu Haus

immer Ihr

Friedrich Gundolf

Friedrich Gundolf ist nicht nur durch seine germanistischen Arbeiten bekannt ge- 7
worden, sondern vor allem als Lieblingsschüler von Stefan George, der ihn später verstoßen hat. In der Literatur über George wird seiner ausführlich gedacht. Wir entnehmen ihr einige Hinweise. Äußerlich war er zurückhaltend, ja voller Scheu, seine Vorlesungen kosteten ihn Selbstüberwindung, er gab sich daher bei diesen streng und trocken. In Gesellschaft dagegen sowohl bescheiden, ohne Prestigedenken oder Standesbewußtsein, als auch hinreißend herzlich, voller Witz, großer Sprachgewalt, Fülle und Prallheit des Ausdrucks, von üppigem Wortschatz, in seinen Einfällen oft von spielerischer Brillanz. Man spricht auch von einem unwiderstehlichen Zauber einer Unschuld und Zutraulichkeit ohne Vergleich. Daran schließt sich der manchmal erhobene Vorwurf an, ihm sei der Übergang aus dem Jünglings- zum Mannesalter nicht gelungen. Er selber sagt, daß es ihm an einer eigentlichen Heimat in sich selbst fehle, er bedürfe eines Mittelpunktes außerhalb. Man schreibt ihm eine geniale Fähigkeit des Verstehens und Deutens zu; ein subtiles Gefühl für das spezifische Gewicht der Sprache. Es gibt auch Gegenstimmen, die seine Bücher aufgeblasen und aufgeschönt nennen, bei treffenden Einsichten hohl. Er zeige ein Ineinander von Kraft und Schwäche, von Dichte und Leere. In den Jahren nach dem Krieg, der seine zarte Gesundheit geschwächt und zerrüttet hatte, befiel ihn oft tiefe Schwermut. Die alte Lebensfreude und Zuversicht gewann er nicht mehr zurück.

Seine Bedrücktheit stammt aber wohl in ebenso hohem Maße aus der Tatsache, daß sein Meister, Stefan George, ihn eines Tages verworfen hat. Es gibt die Ansicht, daß Gundolf hauptsächlich daran gestorben ist.

Ein Jahr vor Abfassung des vorliegenden Briefes hat der 48-jährige Schreiber eine durch Krebs notwendig gewordene Magenoperation durchgemacht. Er starb drei Jahre später an derselben Krankheit.

Es ist deswegen verständlich, daß manche Betrachter zunächst vom Eindruck der Gestörtheit, Unsicherheit, Schwächlichkeit, Lustlosigkeit angerührt werden. Es wird aber zugleich damit auch sichtbar ein erhebliches Bemühen um Steuerung der Bewegung, Disziplinierung, Kontrolle und Formgenauigkeit.

Und während nun manche Steuerungsformen sich sozusagen organisch mit dem Antrieb verbinden, angemessen wirken, gelingt sie hier nur mit allergrößter Mühe, mit viel Verkrampftheit. Diese jedoch hindert nicht den Ausdruck des Subtilen und Differenzierten in der Schrift, die insbesondere von sensiblen Beobachtern notierte Arglosigkeit, Naivität, vor allem Jugendlichkeit. Die Schrit sei sehr fein modelliert, habe viele Schattierungen, wirke teils kränklich, teils aber lebendig und reichhaltig.

8

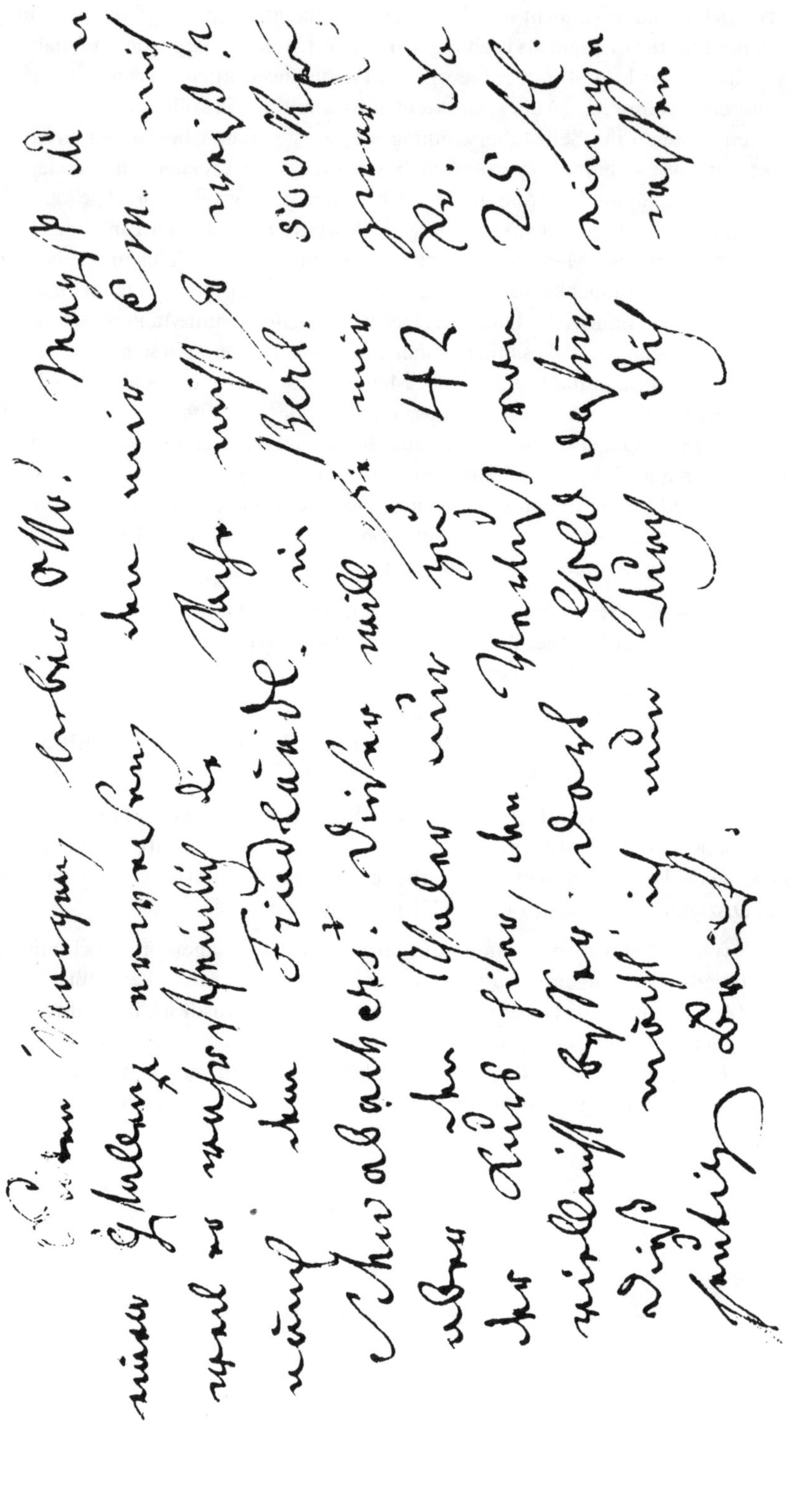

Jean Paul, 32, (1783–1825), war mit seinen Romanen der beliebteste Dichter seiner 8
Zeit, von außerordentlicher Wirkung vor allem bei den Frauen. Er machte den Roman zur führenden literarischen Gattung in Deutschland. In ärmlichen Verhältnissen aufgewachsen, jahrelang Hunger leidend, das Theologiestudium aus Geldmangel nach drei Jahren abbrechend, erlebte er seinen literarischen Erfolg um das dreißigste Lebensjahr. Trotz allen Schwierigkeiten arbeitete er unablässig mit ungeheurem Fleiß, las schon als Knabe alles, was ihm in die Hände kam, die sieben täglichen Unterrichtsstunden als Schüler reichten ihm nicht aus, er speicherte riesige Stoffmengen, im Gedächtnis wie auf Papier. Er las Bücher aller Wissensgebiete. Trotz seiner elenden Lage blieb er stolz und paßte sich beispielsweise nicht den damals noch besonders strengen Kleidervorschriften an. Vor allem ging er nie von seiner Linie ab, von schriftstellerischer Tätigkeit leben zu wollen. Es gelang ihm als erstem deutschen Schriftsteller, ohne Abhängigkeit von einem fürstlichen Gönner oder von einem staatlichen Amte zu leben. Mit seinem ersten Romanerfolg, dem Hesperus, wurde er schlagartig berühmt, gelangte in die höchsten gesellschaftlichen Kreise, die ihn als sehr angenehmen Gesellschafter mit unerschöpflichem Witz, als eine einfache, milde, liebevolle und wahrhaftige Persönlichkeit beschreiben.

Auch große Geister seiner Zeit rühmen die quellende Fülle seiner Prosa, seine Beschreibungskraft, seinen Witz, seine Gedankentiefe. Die einzige kritische Anmerkung zielt darauf, daß er diesen Reichtum ohne jedes Maß hat überfließen lassen. Seine Schwächen bestehen in Überschwenglichkeit, aber auch Weitschweifigkeit und Mangel an strenger Form. Form findet sich, wie Gundolf sagt, zwar auch bei ihm, aber nur da, wo der gehobenste Zustand selbst rhythmisch wird. Ein Beispiel dafür im folgenden Zitat:

»Die Alpen standen wie verbrüderte Riesen der Vorwelt fern in der Vergangenheit verbunden beisammen und hielten doch der Sonne die glänzenden Schilde der Eisberge entgegen. – Die Riesen trugen blaue Gürtel aus Wäldern und zu ihren Füßen lagen Hügel und Weinberge und zwischen den Gewölben aus Reben spielten die Morgenwinde mit Kaskaden wie mit wassertaftnen Bändern und an den Bändern hing der überfüllte Wasserspiegel des Sees von den Bergen und sie flatterten in den Spiegel und ein Laubwerk aus Kastanienwäldern faßte ihn ein.«

Für die Schriftbeschreibung stützen wir uns auf eine einzige Stimme, nämlich die von Friedrich Gundolf, der mit einer Analyse der Handschrift Jean Paul's einer der ersten war, die einen Beitrag zur »Litterar-Graphologie«, wie er es nennt, geleistet haben. Er muß damals etwa neunzehn Jahre alt gewesen sein, so daß die Zitate aus seiner Arbeit nicht nur Jean Paul zeigen, sondern auch einen plastischen Eindruck von der Frühreife des Jünglings Gundolf geben können.

Die Arbeit ist erschienen im Jahre 1900 in den »Graphologischen Monatsheften«, 4. Jahrgang. Gundolf bespricht dort fünf Handschriften aus vier verschiedenen Lebenszeiten Jean Paul's. Er versucht aber nicht, den Charakter des Schreibers aus der Schrift zu erfassen, sondern prüft umgekehrt die Frage, ob der ihm bekannte Charakter des Dichters und das, was ihn seine Werke gelehrt haben, durch die Schrift ergänzt, aufgehoben oder bestätigt wird. Er schreibt: »Als ersten Eindruck aus den Werken Jean Paul's empfängt jeder denjenigen eines überquellend reichen Geistes, welcher in seiner Fülle auf und nieder wogt, funkelt und blitzt und sich trübt wie das Meer beim Sturm oder die Flammen einer Feuersbrunst«. Ein anderes Zitat: »In solcher Unregelmäßigkeit aller Elemente, welche dieser Handschrift für den fühlenden Beschauer den Stimmungston fiebernder Lebendigkeit hinzufügen, bekundet sich nun in Wahrheit die große Eindrucksfähigkeit des Urhebers, seine außerordentliche »Reagibilität«.

Er sei erfreut, »das Drängende, den fliegenden Atem, das Überstürzende mancher Werke Jean Paul's, begründet in seiner Impulsivität und dem Temperament des Genies hier sinnlich in seiner Schrift wiederzufinden«.

»Die Seele, in der eine solche Handschrift sich formen konnte, mußte jedem Hauche mitschwingen können, hingebend, weich, leicht zur Freude und zu jedem Überschwang bereit sein, aber auch leicht verstimmt, verletzt, ja sehr kränkbar, empfindlich, gereizt, ja launenhaft.«

»Trotz ihrer wilden Lebendigkeit entbehrt diese Schrift nicht der Gelassenheit und Würde«.

»Bei großer Intensität und Extension fehlt aber eine Art geistige Energie, den Reichtum des Geistes zu gestalten und den des Gemütes zusammenzufassen: daher im Geistigen Geschmacklosigkeit, Pedanterie etc.; im Sittlichen oft zerfließende Weichheit.«

Er zieht schließlich das Fazit, daß es nicht nötig sei, das aus dem Werk und das aus der Handschrift Jean Paul's Erforschte auseinanderzuhalten, da beides als übereinstimmend erkannt wurde.

Ob die von Gundolf gewählte Methode nachahmenswert ist, sei dahingestellt. Sie kann sich der Frage nicht entziehen, ob nicht doch in die Schrift etwas hineingesehen wurde, was schon vom Schreiber bekannt war. Wenn man aber die Schriftprobe Jean Paul's unbefangen betrachtet, so kann man wohl selbst ein Urteil darüber gewinnen, ob etwas Wirkliches gesehen worden ist.

9 Wenn die Schreiberin, 55, als offen, herzlich, heiter und unverwüstlich geschildert wird, so ist das zunächst nichts Besonderes. Erst die Lebensumstände geben diesen Mitteilungen ihr eigentliches Gewicht. Sie ist eine sehr kleine, ca. 1.30 m große Person mit angeborenem Hüftleiden, was sie hinken läßt. Sie ist in allerärmsten Verhältnissen groß geworden. In ihrer Lehrstelle als Schneiderin sagte ihre Meisterin von ihr: sie sieht alles, weiß alles, würde aber nie etwas ausplaudern. Während ihrer Lehrzeit verliebte sie sich in einen Soldaten, bekam ein Kind von ihm, wurde von zu Hause fortgejagt, zog das Kind allein groß, ohne je den Vater des Kindes zu benennen. Nach dem Krieg nahm sie eine Stelle als Verkäuferin an und hat während ihrer ganzen Arbeitsjahre nicht ein einziges Mal gefehlt. Selbst lebte sie in bescheidensten Verhältnissen, um ihrem Sohn den beruflichen Start zu erleichtern. Später ging sie eine Vernunftehe ein und pflegte ihren kranken Mann viele Jahre liebevoll, obwohl er als unzufriedener Querulant galt. Sie hat niemals eine wohltätige Unterstützung in Anspruch genommen. Ihr Stolz hätte es ihr verboten. Sie ist immer noch unermüdlich aktiv und vielseitig interessiert, mit ihrem Leben zufrieden.

9

seit und was macht Klein-Ullmann, er
wird sich sicher schon gut entwickelt
haben bei seinem Appetitt. Lege Euch auch
ein Bildchen bei das wir damals bei
uns gemacht hatten. Ich sehe ja schrek=
lich zerzaust aus darauf, aber Ihr kennt
mich ja alle. Kommt Omi aus Treysa
über die Ferien zu Euch nach Wies=
baden oder umgekehrt.?
Eine Neuigkeit habe ich noch zu berich=
ten, wenn alles klappt bekomme ich
Weihnachten ein Enkelchen. Ha-Ha!
So nun will ich meine Zeilen beenden
mit vielen, herzlichen Grüssen an
Euch alle zusammen, auch an Frau

Wenngleich diese Schrift nicht das ästhetische Niveau und die differenzierte Durchgestaltung unserer Beispiele von Vertretern europäischer Hochkultur erreicht, so bleibt ihre Lebendigkeit doch davon unberührt, und ihre einfachen Formen haben durchaus ein eigenes Profil. Identität, also Reife und Geschlossenheit der Persönlichkeit, gibt es eben doch auch auf einfachstem Bildungsniveau.

2. Lebendigkeit / schwach

Wenn man Ihnen diese Zeilen (10)
bringen wird, hat es mich doch
erwischt. Nichts und niemand
hätte es verhindern können.
Jedenfalls haben Sie mir sehr
geholfen, nun zu verhindern,
daß alles an anderen Orten
offenbar geworden wäre und
dafür danke ich Ihnen sehr.
Mit diesen Zeilen gebe ich Ihnen
mein Einverständnis, alles was
Sie erfahren haben, auszuwerten.
Die Gewissensqual, die maßlose
Angst kann ich nicht beilegen
Hätte ich mehr Selbsterhaltungstrieb besessen, wäre es mit mir
wohl anders gekommen
Nochmals vielen Dank.

10 Die Schreiberin, 30, spricht hier von ihrer Gewissensqual, maßlosen Angst, von ihrem Mangel an Selbsterhaltungstrieb. Das hört sich an, als habe sie Furchtbares begangen, und könne das nur durch Auslöschen ihrer Existenz sühnen. In der Tat ist das ihr Abschiedsbrief, nach welchem sie Selbstmord begangen hat, und zwar, um völlig sicher zu gehen, in der Kombination dreier verschiedener Todesarten. Aber sie hat in der Tat nichts begangen, das sie auf diese schreckliche Weise hätte sühnen müssen. Begangen haben in ihrer Kindheit andere etwas an ihr, was nun bei ihr den nicht seltenen Mechanismus in Bewegung setzte, daß jemand, dem es so schlecht ginge wie ihr, dies auch durch seine eigene Schlechtigkeit verdient habe. Gewissensqualen hätten aber andere leiden sollen. Die Schreiberin war in ihrem Betrieb recht angesehen, hatte es von einer Ausgangslage als Hilfsarbeiterin zu einer Vertrauensstellung gebracht, war im Kreise ihrer Mitarbeiter sehr beliebt. Sie bemühte sich auch um ein gehobenes Bildungsniveau. Ihr Selbstmord wirkte daher für alle völlig unerklärlich. Lediglich ihr Psychotherapeut kannte die Hintergründe. Graphologische Aussagen über die Schreiberin wären demgemäß zu ihrer Lebenszeit auf heftigen Widerspruch gestoßen. Es ist nicht selten so, daß Depressive ein heiteres und kontaktbereites Benehmen zeigen, ihre Umwelt also völlig über ihren wahren Zustand hinwegtäuschen. In solchen Fällen sind graphologische Aussagen schwer zu verifizieren.

Die Schrift wirkt zermürbt und erloschen. Die Bewegung ist auf das Notwendigste reduziert, eine noch ausreichende Steuerung verhindert den Zerfall, der sich in einigen Verschreibungen schon durchsetzt. Die Formen sind noch lesbar, aber nur schwächlich artikuliert und manchmal schon verwaschen. Diese wenigen physiognomischen Qualitäten dominieren so sehr, daß alle anderen beschreibenden Angaben zur Schrift überflüssig wirken.

11 Es handelt sich hier um einen katholischen Jugendführer, 20, ein Vorbild seiner Gruppe, dem seine religiöse Lebensauffassung besondere Ernsthaftigkeit wie aber auch Festigkeit zu verleihen schien. Er litt jedoch an schwerem Grübelzwang, maß sich an völlig übersteigerten sittlichen Anforderungen und quälte sich mit Versündigungsideen, derer er nicht mehr Herr wurde. Nachdem in seinen Briefen schon monatelang vorher Selbstmordideen eine gewisse Rolle gespielt hatten, ohne daß er übrigens im geringsten damit kokettiert hätte, nahm er sich schließlich das Leben.

Man kann sich vorstellen, daß hier Betrachter vor allem angesprochen werden durch die übermäßige Artikulation, Präzision und konzentrierende Reduktion der Formgebung. Man könnte auch von dürrer Nüchternheit sprechen, wenngleich die Einzelformen durchaus ihr Gesicht haben. Man kann nicht sagen, daß die Formgebung monoton, banal oder gewöhnlich wäre. Aber sie ist unverkennbar auch von hochgradiger Starre, man könnte sagen Gefrorenheit, es fehlen alle Züge, die sonst einen leichten, lockeren und spontanen Ablauf kennzeichnen. Die Bewegung ist zum Stillstand gekommen. Nur ein leichtes Zittern ist noch feststellbar, am besten im Überblick über die ganze Seite. Die Schrift wirkt trotz aller schmerzhaften Starre doch noch nicht leer.

Auf jeden Fall aber muß man mit einer erheblichen Lebensstörung rechnen, mit völligem Ausfall von dranghaften Zügen und auch solchen der Funktionslust. Die Af-

(11)

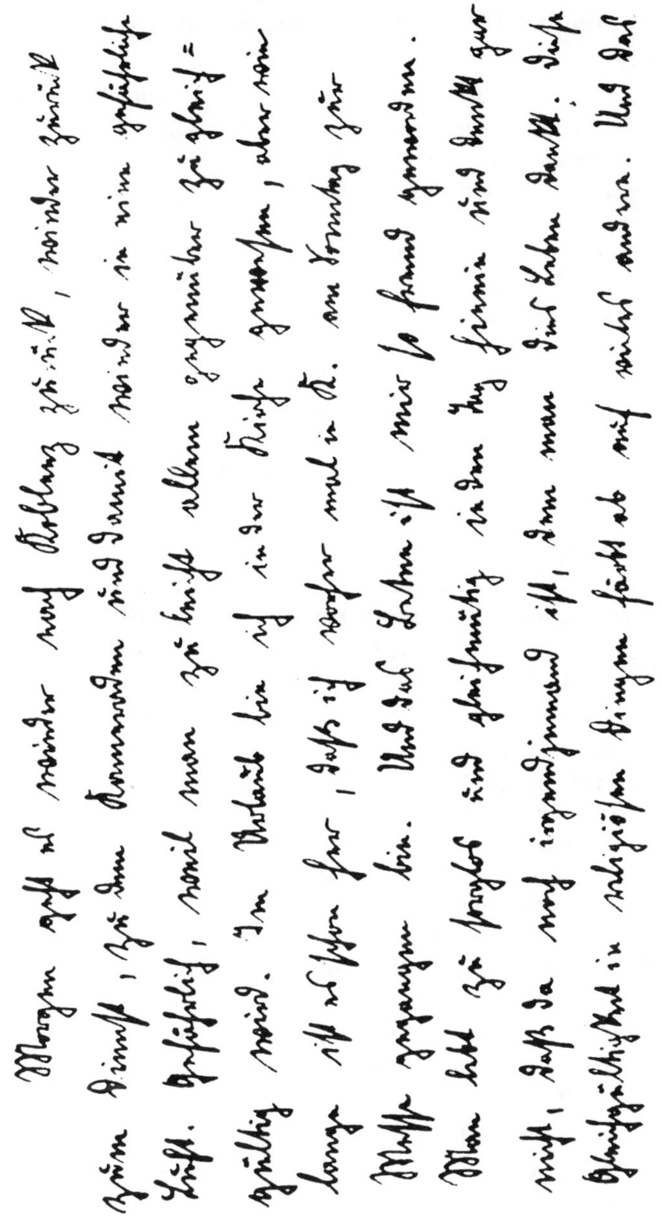

fektivität ist durch Übersteuerung unterdrückt, aber immer noch spürbar. Tendenzen der Präsentation in Gestalt musterhafter Disziplin, Überdeutlichkeit und Präzision überwiegen bei weitem solche der persönlichen Selbstdarstellung. Was die Identität angeht, so könnte die übermäßige Gewolltheit des Duktus auf Pseudoidentität hinweisen, auf Maske oder Pose, aber dem widerspricht doch ein erkennbarer Rest von persönlichem Profil, nicht zuletzt auch der Eindruck von tiefer Ernsthaftigkeit und Leiden. Es ist eben nichts Flaches in der Schrift, nichts Banales und erst recht nichts Ordinäres.

In diesem Schriftstück läßt sich die Selbstanklage wegen religiöser Gleichgültigkeit nicht übersehen. Man wird an die typischen Klagen suizidgefährdeter Melancholiker erinnert. Die psychiatrische Literatur berichtet von Äußerungen der Betroffenen, daß sie versteinert, gleichgültig, leer, unlebendig, tot, ausgebrannt seien. Viele sagen ausdrücklich, daß sie nicht traurig sein könnten, und sie leiden darunter, seelischen Schmerz nicht empfinden zu können. Das bedeutet, daß jemand, dem diese Dinge geläufig sind, schon durch den Inhalt des Schriftstücks auf die richtige Interpretation gebracht werden würde. Da kann man natürlich dem Vorwurf nicht entgehen, man sähe in die Schrift hinein, was man schon wisse. Und da ist auch nicht selten die Möglichkeit der Irreführung gegeben. Man kann einen Inhalt falsch interpretieren, ja auch Opfer einer Täuschung werden. Dergleichen nun ist hier allerdings wegen der Authentizität des Dokuments nicht zu befürchten.

Man kann sich daher der Frage zuwenden, wie jemand schreibt, der solches mitteilt.

(12) Frau, 27, stammt aus dem untersten Großstadtproletariat, aus dem sie sich mit verzweifelter Anstrengung frühzeitig befreit hat auf dem einzigen Weg, den sie damals sah: als Mitglied einer Girl-Truppe, wenig später als Solo-Tänzerin in Night-Clubs, dann durch reiche Heirat.

Nach schlimmen Kindheitserlebnissen fing sie schon zwölfjährig an, sich innerlich von ihrer Umgebung abzusetzen, da sie sich für etwas Besseres hielt. Im Laufe der Jugendjahre baute sie sich ein Persönlichkeitsbild auf, an dem sie dann ein Leben lang mit fanatischer Verschrobenheit festhielt: sie wünschte ein faszinierendes Rätselwesen zu sein, nahm eine starre statuarische Haltung und Gestik an, ihre Mimik vermied das Lächeln und betonte den großäugigen Blick. Sie entwickelte einen bizarren Originalitätstrieb mit pseudoesoterischen Neigungen, suchte sich ganz rational kalkulierend aus, welche »Perversion« wohl am besten zu ihr passe – es sei der Sadismus, fand sie, – las mit großer Anstrengung entsprechende Bücher und zog sich weitgehend auf den Umgang mit sich selbst zurück. Sie war frigide; Männer interessierten sie nur, wenn sie sie anderen Frauen wegnehmen konnte. Wenn sie von einer Reise heimkam, fragte sie die Kinderschwester nicht: »Wie geht's meinem Kind?« sondern »Wie geht's den Katzen?«

Diese, wie auch einige andere Tiere, blieben später ihr einziger naher Kontakt. – Menschen waren ihr zu minderwertig.

Im ersten Eindruck dominiert hier etwas Starres, Sperriges, Gewaltsames, Verschrobenes, Infantiles. Von differenzierter Lebendigkeit kann man hier gewiß nicht sprechen, wohl aber angesichts der intensiven, verbissenen Art des Weitergehens von vitaler Belastbarkeit. Ungeachtet verzerrter Buchstabenformen ist die Schrift deutlich lesbar, wenngleich das Fehlen von Buchstaben offenbar nicht bemerkt und daher auch nicht korrigiert wird. Der Gesamteindruck bleibt disharmonisch, es stößt sich sozusagen alles im Raum.

(12)

Nochmals herzl. Glückwunsch zur
Geburt Eures ersten Söhnchens.
Ich habe bis jetzt gewartet auf
nähere Nachricht von Euch aber
leider hab ich weiter noch nichts
gehört. Ich hoffe dass alles gut
gegangen ist u. der Junge
gesund ist u. vor allem Du auch. Bist
Du zu Haus oder in der Klinik?
Dem Telegramm nach zu urteilen
ist das Bübchen wohl [illegible]

(13)

Handtasche" aus Spitzen mitge=
bracht! Meine Freunde, in meinem
so freudarmen Leben war riesen=
groß!! Es fehlt jetzt nur noch
das passende elegante Sommerkleid

(13) Diese 60-jährige Witwe, in guten Umständen lebend, wird von ihren Bekannten als gut und großzügig, schönen Dingen gegenüber sehr aufgeschlossen, ja manchmal sogar als humorvoll bezeichnet. Sie erwartet aber, daß man ihr alle Arbeiten und Schwierigkeiten abnimmt, und sie verläßt das Haus fast nur, wenn sie von jemandem abgeholt wird, da sie zur Platzangst neigt. Sie klagt ständig über die verschiedensten Krankheiten und Schmerzen, deren organische Ursache bisher nicht gefunden werden konnte. Sie gibt auch an, Stimmen zu hören, und ist der Überzeugung, daß ihr

14

a stehen sooo prächtige Kunst-Werke darin,
sie doch diese einfachen Menschen nie „gesehen“, –
schweige denn besessen haben! --- Ja - und?;

Vom “Sehen” kommt doch das Begehren!

Krankheiten von fremden Wesen angehext werden, die all ihr Tun mit elektrischen Apparaten überwachen und steuern. Diese Züge treten allerdings nur als Tendenz auf, haben mit den Jahren nur geringfügig zugenommen, so daß sie wohl als eigenartig und schwierig, aber nicht als wirklich gestört angesehen wird.

Langsam und deutlich gemalt, plastisch artikuliert, infantil, musterschülerhaft, auch verschroben. Die Gestaltung wirkt zwar banal, aber offensichtlich ist »Schönheit« angestrebt. Man kann nicht von Leere sprechen, aber doch wohl von Flachheit. Die Bewegung läuft nicht, sie verkrampft sich oftmals.

14 Diese Frau von etwa 40 Jahren fällt vor allem durch die Tatsache auf, daß sie ihre ganze Umgebung mit zahllosen Briefen beglückt, in denen sie sich aufgeregt über Unrecht beklagt, das man ihr antue, über Diebstähle und dergleichen. Sie ist gewöhnlich sehr erregt, schimpft auf der Straße unaufhörlich vor sich hin, benimmt sich gegenüber anderen Mietern des Hauses nicht nur unverschämt, sondern auch schamlos enthemmt. Nach ihrer Ansicht wird sie von allen verfolgt, und sie wehrt sich dagegen mit Aggressionen.

Die ersten Eindrücke von dieser Schrift sind recht dissonant. Auf der einen Seite läßt sich die erhebliche Starre nicht verkennen, das zwanghafte Herauspressen von Formen, die gewaltsame Überdeutlichkeit, auf der anderen Seite aber macht sich auch erheblich Erregbarkeit bemerkbar, etwas Lärmendes, Sich-Breitmachendes. Da gibt es keine freien, leichten und lockeren Züge, keine Natürlichkeit, und das Ganze hat etwas Befremdliches, Absurdes, Verschrobenes. Bei den vielen Unterstreichungen und auch Überstreichungen, die manchem als erstes auffallen werden, handelt es sich nicht um physiognomische Daten, sondern um bewußt gesetzte, inhaltsbezogene Signale, welche auf die besondere Wichtigkeit des Gesagten hinweisen sollen. Unterstreichungen sind daher Mittel, die jedem Schreiber zur Verfügung stehen, wohl auch von jedem irgendwann einmal benutzt worden sind. Ihr häufiges Auftreten hier ist zwar auffällig, besagt aber nichts anderes, als das die Schreiberin das, was sie sagt, besonders wichtig nimmt.

15 In dem Zimmer des Schreibers, 30, türmte sich der Müll bis an die Decke, so daß er sich nur noch auf einer schiefen Ebene bewegen konnte. Er hatte Angst davor, das Zimmer zu verlassen, lebte am liebsten in totaler Zurückgezogenheit, benahm sich keineswegs auffällig. Von ärztlicher Seite wurde er als schizophren bezeichnet. Seine intellektuellen Fähigkeiten, also etwa die Darstellung eines Sachverhalts betreffend, sind dabei gut erhalten.

Die Schrift bietet vor allem das Bild weitgehender Zwanghaftigkeit und Starre. Die Formen werden überdeutlich herausgepreßt. Leer oder monoton kann man sie aber nicht nennen. Die Formgebung zeigt trotz ihrer geradezu peinigenden Gezwungenheit doch noch eine gewisse Modulation.

15

Des Weiteren wurde mir gesagt, dass leere Zimmer oder Wohnungen von
enannten Altbauwohnungen, die nach wie vor nur durch das Wohnungsamt vergeben
rden, nur an Flüchtlinge oder Ausgebombten mit Familie zugeteilt werden.
Da ich auf diesen Wege nicht zum Zuge kommen kann, habe ich es versucht,
dere Möglichkeiten auszuschöpfen.

16

Für Deine Bemühungen wegen Ar
vielen Dank. Ich fahre doch nicht jed
Tag nach Köln. Außerdem bin ich im
Augenblick nicht fähig außer meinem
Haushalt eine Arbeit anzunehmen.
ne Gesundheit läßt sehr zu wünschen

16 Die Schreiberin, 40, von Beruf Hausfrau, war eine auffällig unruhige, oft frech und unverschämt auftretende Person, sehr ängstlich, im praktischen Leben oft hilflos, sehr mißtrauisch, kleinste Nachteile witternd, sich aber auch von jedem beschwatzen lassend. Manchmal wurde daran gedacht, sie psychiatrisch behandeln zu lassen.

Es gibt Betrachter, die hier nur das Ordentliche sehen, die Erfüllung der Schreibnorm. Bei den meisten aber drängt sich sofort das Stereotype, Monotone, Leere und auch Zwanghafte auf, und bei den anderen kommt dieser Eindruck sozusagen im zweiten Akt. Hier fehlt die lebendige Modulation der Form, das Spontane, Sprechende, Atmende.

Diskussion

Die Schriftgruppen des ersten und zweiten Kapitels sind auf Grund maßgebender Ähnlichkeiten zusammengestellt worden. Was diese Ähnlichkeit jeweils ausmacht, erschließt sich dem Betrachter am stärksten durch den wechselnden Blick auf beide Gruppen. Es fallen dann dem vergleichenden Auge mehr und mehr Gegensätze auf, die sich umschreiben lassen mit lebendig, sprechend, atmend, authentisch, profiliert, reichhaltig, präsent, unmittelbar, ausstrahlend, echt, überzeugend, eindeutig auf der einen, blaß, dürftig, leer, monoton, flach, starr, dünn oder kalt auf der anderen Seite. Je besser die maßgebende Unähnlichkeit zwischen den Gruppen erkannt wird, um so besser auch die maßgebende Ähnlichkeit zwischen Mitgliedern jeweils einer Gruppe. Sucht man in den Biographien der ersten Gruppe unserer Schreiber nach verbindenden Zügen, dann finden sich vor allem Unbestechlichkeit, Übereinstimmung mit sich selbst, Unverwechselbarkeit, Eindeutigkeit, Glaubwürdigkeit, Substanz, innere Wahrheit, um nur einige der den Tatbestand eher umkreisenden als genau fixierenden Namen zu nennen.

Auch zeigen alle unsere Schreiber die antike Tugend der Magnanimitas, der Großherzigkeit, also die Abwesenheit von bösartigem Ressentiment oder hämischem Nivellieren anderer. Auffällig ist bei den meisten die Fähigkeit, schwere Schicksalsschläge klaglos zu ertragen, sie zu verarbeiten. Hoffnungsgläubigkeit und Bejahungskraft sind stärker als Depressionen. Einige sind in besonderem Maße durch elementare Erlebnisfähigkeit und starke Ausstrahlung gekennzeichnet. Es besteht Offenheit für immer neue Erfahrungen, die Erlebnisfähigkeit bleibt auch im hohen Alter ungeschwächt.

Die zweite Gruppe dagegen verbinden vor allem Störungen der Erlebnisfähigkeit, das Gefühl der Zukunftslosigkeit, der inneren Leere und Gleichgültigkeit, der allgemeinen Interessenlosigkeit. Das Leben scheint nicht zu lohnen, die Zeit zerfließt einem zwischen den Fingern, die Welt wird einem fremd.

Daraus kann sich ein Dauerzustand von Erlebnisarmut entwickeln, von innerer Ereignislosigkeit bis zur Stumpfheit, lähmendem Mißmut, einem Verzicht ohne Aufbäumen, Bescheidung mit dürftigen Glücksmöglichkeiten. Es gibt weder Hoffnungen noch Enttäuschungen.

In schweren Fällen werden Zustände des völligen Ausgebranntseins erlebt, der Versteinerung der Gefühle, bei der sogar die Fähigkeit zum Trauern über den eigenen Zustand verlorengegangen ist. Allerdings liegt es außerhalb der Reichweite der Schriftpsychologie, Suizid oder Psychose prognostizieren zu können.

Geschädigte Erlebnisfähigkeit kann aber auch Kompensationsmechanismen hervorrufen. Es lassen sich dabei zwei Hauptgruppen unterscheiden.

Wo nicht erlebt wird, soll wenigstens Erleben dargestellt werden. Es ist immer wieder auffällig, wie die Stereotypie, Monotonie oder Leere mancher Schriften im Gegensatz steht zu der abenteuerlichen Farbigkeit der Biographie des Schreibers. Der Lebenslauf ist voller Sprünge, ganz von außen bestimmt, berufliche Tätigkeiten und vor allem Beziehungen zu anderen wechseln planlos, Lebenssituationen werden dramatisiert, man ist im Mittelpunkt auf einer Bühne eines experimentellen Theaters. Die Beobachtung des Erlebens anderer, etwa von Trauernden bei einem Begräbnis, ist sozusagen Seelennahrung.

Kompensatorische Praktiken anderer Art bestehen in der Schuldzuweisung an andere, in Rachegefühlen, im Nivellieren der Werte anderer und Suche nach deren schwachen Stellen. Die angemessene Wahrnehmung anderer wird durch negative Grundeinstellung blockiert. Bindung, Loyalität oder Solidarität gibt es nicht. Partner sind Objekte der eigenen Wünsche und Triebe, bleiben fremd, unverstanden und austauschbar.

3. Vitalität / stark

17

Hoffentlich kommst Du mit den Kindern durch
diese Schrecken hindurch. Ich muss hier in
dieser unfreiwilligen Muße so viel an Euch
denken. Ist denn Dein Mann nach Hause
gekommen und der Schwager? Wie und wovon lebt Ihr?
Ich hoffe aber bald in Deutschland zu sein und
dann mit über 60 Jahren von neuem anzufangen. Nicht gerade leicht, aber wenn ich nur
Muttchen gesund wieder finde, werde ich auch damit fertig. Sobald ich in Deutschland bin melde
ich mich.
Seid Ihr Du und die Kinder von Herzen ge-
grüßt.
Dein Vater.

Rimmer – Mosede Lejren
per Greve-Strand
Danmark.

17 Selbständiger Kaufmann, 60, Brief aus dem Flüchtlingslager, stammte aus einer armen kinderreichen Familie von Bauern, Fischern und kleinen Handwerkern. Nach einer Schlosserlehre bildete er sich in Abendkursen weiter auf technischem und kaufmännischem Gebiet. Mit 25 Jahren besaß er schon eine blühende Fabrik für landwirtschaftliche Maschinen. Im ersten Weltkrieg aber brachte seine ungetreue und lebenslustige Frau zusammen mit seinem Compagnon die Fabrik schnell zum Konkurs, während er an der Front war. Nach dem Kriege arbeitete er wieder sehr hart, um eine neue Existenz für seine Kinder und seine zweite Frau zu gründen. Als der zweite Weltkrieg ausbrach, hatte er schon wieder Haus und Besitz und ein sehr gutgehendes Geschäft, verlor wieder alles im Osten. Mit über 60 fing er wieder einmal von vorn an. Neben seiner ungeheuren Arbeitsleistung las er sehr viel, vor allem klassische aber auch schöne Literatur und Philosophen, war auch ein begeisterter Freund der schönen Künste. Da er immer mit sehr wenig Schlaf auskam, verbrachte er halbe Nächte mit dem Anhören seiner Beethoven-Konzerte und Wagner-Opern. Die Mühsal seines Lebens hat er ohne Einbuße an seinem Charakter bewältigt, ohne Opportunismus oder faule Anpassung, allerdings mit ziemlicher Härte. Sein Vorbild war eigentlich der preußische Offizier – idealisiert, wie er ihn sah. In seinen erstaunlich eleganten Umgangsformen spiegelte er den Landadel, unter dem er sich in seinen entscheidenden Jahren viel bewegt hat. Geselligkeit liebte er sehr, war ein gar nicht platonischer Verehrer der Frauen, rauchte viel mehr als andere vertragen hätten, war dem Alkohol auch nicht abgeneigt. Seine Erholung fand er im Wald und an der See, er wanderte und ritt gern, war auch ein begeisterter Gärtner. So stark er war, stand er doch ziemlich unter dem Pantoffel seiner nicht ansehnlichen, herrischen zweiten Frau, hielt sich allerdings bei anderen schadlos.

Die Schrift dieses Mannes provoziert in der überwiegenden Mehrzahl der Fälle Stellungnahmen wie: heftig, robust, aggressiv, direkt, dranghaft, scharf, geladen, hektisch, leidenschaftlich, aber dabei doch auch gut gesteuert, ziemlich ungehemmt, aber nicht eigentlich enthemmt, auch nicht starr oder verkrampft. Es fällt auch auf, daß trotz des getriebenen und stoßweisen Ablaufs der Zusammenhang auf der Fläche nicht durch Lücken gestört wird, das Gewebe ist sicher nicht ganz gleichmäßig, aber doch auch dicht. Es gibt auch Bemerkungen wie: ehrlich und glaubwürdig, hier wird nichts vorgemacht, nichts Infantiles, keine Mätzchen, das Ganze aus einem Guß, in einem Zuge dahin. Zum Eindruck von Härte wird auch Wärme notiert.

Sehr bezeichnend sind auch die Momente der Dranghaftigkeit erfaßt, kaum dagegen solche der Funktionslust. Die Stimmungslage ist schwer erfaßbar, um so deutlicher die hohe Erregbarkeit. Angesichts solcher Massivität des Antriebs ist die Steuerung noch auffällig gut gelungen, der Charakter der Homogenität ist immer noch ausgeprägter als etwa der konflikthafter Zerrissenheit. In der Präsentation sind keine Normverletzungen sichtbar, die Schulvorlage wird in etwas vereinfachter Form übernommen. Es wird auch nicht mehr repräsentiert als nötig, es überwiegt Natürlichkeit, ohne besondere Stilmomente.

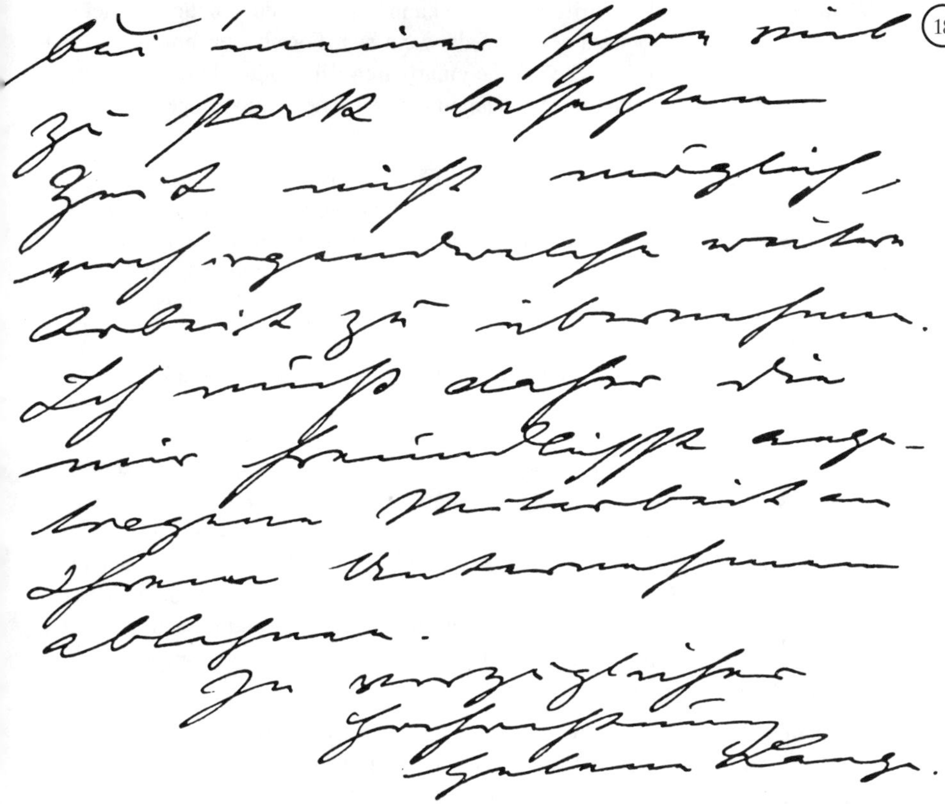
bei meiner schon viel
zu stark besetzten
Zeit nicht möglich-
noch irgendwelche weitere
Arbeit zu übernehmen.
Ich muß daher die
mir freundlichst ange-
tragene Mitarbeit an
Ihrem Unternehmen
ablehnen.
In vorzüglicher
Hochachtung
Helene Lange.

(18)

Helene Lange, die bedeutendste Repräsentantin der deutschen Frauenbewegung, lebte von 1848 bis 1930. Sie war eine stattliche, schöne und selbstsichere Erscheinung, wirkte mühelos überlegen, war eine Rednerin von großer Frische und Originalität, urwüchsig, humorvoll, im Stil von kämpferischer Schärfe, als Erzieherin von bedeutendem Charisma, dabei aber auch streng. Gegenüber Radikalität und Pathos zeigte sie sich als pragmatische Natur, nahm dergleichen nicht ernst. Sie konnte mit Geld umgehen, hervorragend organisieren. Über ihr Privatleben schwieg sie völlig, sie fand es nicht wichtig. Sie legte aber Wert auf ihre gesellschaftliche Stellung und schätzte sogar elegante Geselligkeit. Ihre Schülerinnen versuchte sie zu liberaler Gesinnung, Freiheit und Selbstverantwortung zu erziehen. Aber auch der sachliche Unterricht kam bei ihr nicht zu kurz, es ist niemals eine Schülerin von ihr im Examen durchgefallen. Sie gebrauchte übrigens gerne das Wort »Kraftbildung«. (18)

Zunächst eine Übersetzung der deutschen Schrift:

Sehr geehrter Herr Dr.

Es ist mir leider bei meiner schon viel zu stark besetzten Zeit nicht möglich, noch irgendwelche weitere Arbeit zu übernehmen. Ich muß daher die mir freundlichst angetragene Mitarbeit an Ihrem Unternehmen ablehnen.

In vorzüglicher Hochachtung
Helene Lange

Wenn man die deutsche Schrift nicht lesen kann, hat man den Vorzug, Antriebsgestalten ungestörter erleben zu können, als wenn sich Formbeobachtungen dazwischendrängten. Wer sich in Graphologie einarbeiten will, sollte allerdings europäische Schriftvorlagen kennen und sich auch in die deutsche Schulvorlage mit der Zeit einzulesen verstehen.

Im vorliegenden Fall besitzen wir eine Charakterisierung der Schreiberin auf Grund der Schrift in einem Buch aus dem Jahre 1894, »Öffentliche Charaktere« von O. Zix. Die Schrift von damals stammt aus dem Alter von 46 Jahren, ist demgemäß etwas lockerer und leichter als die hier vorliegende aus dem Alter von 58. Die Verfasserin geht von der Schrift sofort in die Deutung, ohne die Vermittlung sachlicher oder eindrucksmäßiger Schriftbeschreibung.

»Mehr Nützlichkeits- als Schönheitssinn. Strebsam, geschäftig. Spannt ihre Seile weit aus. Schafft sich Raum und freies Wirken. Verfolgt ausführbare Ziele. Entwikkelt alle Fähigkeiten. Nimmt Verstand an. Ordnet sich nicht gerne unter, dirigiert lieber. Verschafft sich Gehorsam. Nötigt zum Heil. Dient dem allgemeinen Besten freudig und aus Überzeugung. Gehorcht erkannter Wahrheit. Ist mutig, uneigennützig, freundlich gesinnt, gutherzig, willfährig, von Herzen höflich. Besonnen, ausdauernd. Unentwegt den Hauptzweck im Auge behaltend; gegen Äußerlichkeiten gleichgültig. Vertraut auf die gute Sache und das Gute in den Menschen. Fühlt sich tüchtig und der Aufgabe gewachsen. Gibt sich ganz her, läßt ihre Persönlichkeit im Beruf aufgehen. Schreckt vor Konsequenzen nicht zurück. Hat keine Ruhe, bis es gelungen ist. Wird gezogen mit unwiderstehlicher Gewalt.«

Wenn man daraufhin die Schrift ansieht, so widerspricht diesen doch sehr entschieden formulierten Eindrücken fast nichts. Etwas einwenden könnte man gegen die Formulierung »nötigt zum Heil«, denn die Schrift mutet zwar sehr sicher, dominierend, aber nicht eigentlich fanatisch an. Aber die expansive, kraftvolle, dabei gut gesteuerte Motorik fundiert aufs Beste den glücklichen Satz »schafft sich Raum und freies Wirken« oder die dranghaften Züge etwa werden gut übersetzt mit »wird gezogen mit unwiderstehlicher Gewalt«.

Es fällt auch etwas sehr Direktes, Unbekümmertes auf. Das entspricht dem »gegen Äußerlichkeiten gleichgültig«. Hier gibt es nichts Umständliches, nichts Überflüssiges. Sie wirkt sehr bestimmt.

(19) Die obere Probe stammt aus dem Alter von 19, die untere aus dem von 68 Jahren.

Mann von kleiner, schmächtiger Figur, äußerlich ganz unscheinbar, physisch zart, sein ganzes Leben lang oft kränklich, daher gezwungen, sich auch bei festlichen Gastmählern aus seiner Thermosflasche mit Haferschleim zu bedienen. Er lebte auch sonst asketisch, gönnte sich nichts, obwohl er in größtem Stile hätte verbrauchen können. Er war eine der großen Persönlichkeiten seines Berufes, eine europäische Spitzenkraft, von unerschöpflicher Arbeitskraft, die ihm erlaubte, fast mühelos Nächte durchzuarbeiten und seine Mitarbeiter nach einem anstrengungsreichen Tage gegen Mitternacht vorwurfsvoll zu fragen, ob sie denn schon müde seien. Er hatte ganz früh

19

einen steil aufsteigenden und das ganze Leben lang anhaltenden beruflichen Erfolg. Berufsspezifische Rechenvorgänge erledigte er ohne Rechenmaschine oder Computer in seinem Kopf. Seine Aktivität war ganz eindeutig auf seinen Beruf konzentriert, während Ehe, Familie, musische oder sonstige Interessen eine geringe oder gar keine Rolle spielten. Urlaub oder Ablenkung und Zerstreuung kannte er nur vom Hörensagen, er hatte dergleichen nicht nötig. Im persönlichen Leben wirkte er kühl und verhalten, während seine Arbeitsweise temperamentvoll und betriebsam war. Nichts wirkte hier von langer Hand geplant und organisiert, sondern es wurden ununterbrochen Dutzende von Entscheidungen getroffen, die nicht mehr rückgängig gemacht wurden. Sein außerordentliches Gedächtnis erlaubte ihm, sämtliche Termine von Wochen im voraus im Kopf zu haben und immer genau zu wissen, was wann getan werden muß. Seine Haltung hatte dogmatische Züge, aber war auch von absoluter Unbestechlichkeit allen möglichen Verlockungen gegenüber.

Die Kommentare zu dieser Schrift sind recht unterschiedlich, beginnen oft mit Äußerungen der Antipathie, wie etwa, daß man mit diesem Mann nichts zu tun haben wolle, er also unangenehm wirke, ungemütlich, unsensibel. Gerade jüngere Betrachter fühlen sich eher abgestoßen durch den konservativen Stil der Formgebung, der in ihren Augen autoritär und reaktionär ist. Es fallen auch Bezeichnungen wie Kanzleirat oder Beamter. Andere stellen fest Härte und Unbeirrbarkeit, aber auch hohe Korrektheit, Präzision, Disziplin. Nichts ist verschwommen oder undeutlich. Es wird aber auch erwähnt die kraftvolle Sicherheit, der störungsfreie Ablauf, nichts sei nur gemalt, die hohe Korrektheit der Form hemmt keineswegs die Bewegung, die in einem Zuge dahingeht, wobei die höchstkonzentrierte Spannung nicht bedroht ist von Verkrampfung oder Starre.

In unserem System hätte daher diese Schrift zunächst Platz unter den Mustern von hoher vitaler Spannkraft, wobei noch zu bemerken ist, daß der Schreiber nach eigener Aussage im vorliegenden Text wegen einer überstandenen Grippe noch nicht in bester Form ist. Sie könnte aber auch sein ein Muster für hohe Gesteuertheit sowie für einwandfreie Präsentation und eindrückliche Repräsentation. Betonte Selbstdarstellung kann oft Pose sein, Anspruchshaltung oder Geste der Domination, aber die Selbstdarstellung wird hier nicht wenig getragen von dem natürlichen Kräftefonds.

Vergleicht man die Schriftprobe des 19-jährigen mit der des 68-jährigen, so fällt die hohe Übereinstimmung in der Formgebung auf. Man könnte ohne weiteres ein B der einen gegen ein solches der anderen Schrift austauschen, ohne daß es auffiele. Das gilt aber auch für einfache Grundstriche, deren Verbindungszüge immer wieder einmal den unteren Teil des Grundstrichs kurz überdecken, bevor sie weitergeführt werden. Eine solche Konstanz und Homogenität der Formen ist äußerst selten. Ganzheitlich gesehen ist aber durchaus ein Unterschied feststellbar darin, daß die jüngere Probe schülerhafter, gezwungener wirkt, die ältere souveräner und lockerer.

20

mich wie neugeboren. Mit den
Kindern waren wir schon mit dem
Schlitten draußen. Die Zeit geht
zu schnell hin und Oma müßte
sich teilen können. – Das kleine
Volk ist zu goldig! – Sieglinde freut
sich, daß nun nicht soviel „Mami"
gerufen wird und ich genieße es, so
gefragt zu sein.
Nochmals alles Gute und Schöne wünschend
bin ich mit herzlichen Grüßen Ihre G.

20 Ein weiteres Beispiel für vitale Antriebsstärke in höherem Alter. Hausfrau von 70 Jahren, in Haushalten nähend, konnte mit 50 Jahren noch drei Tage und Nächte durcharbeiten, braucht auch heute nur fünf Stunden Schlaf. Sie hatte niemals Urlaub. Dabei ist sie leidend, muß am Stock gehen. Durch ihre Nebenarbeiten hat sie das Studium ihrer Kinder möglich gemacht und unterstützt jetzt ihre Enkel. Sie ist unverdrossen, heiter, treu und anhänglich, obwohl sie vom Leben eigentlich nur harte Arbeit und die Vorwürfe ihres Ehemannes kennt. Sie kann übrigens nicht nur nähen, sondern ist manuell vielseitig begabt und wird mit allen technischen und handwerklichen Problemen des Haushalts fertig. Sie zeigt viel Initiative und unbedingte Zuverlässigkeit, besonders in Krisensituationen.

In der Schrift ist auffällig, wie schnell und zwanglos der vorhandene Raum ausgefüllt wird; trotz mancher Störungen und Verbesserungen dominiert immer noch eine bemerkenswerte Flüssigkeit, eine hohe Funktionslust. Während in Schriften höheren Alters oft ausgeprägte Steuerung überwiegt, ist hier immer noch viel spontane Entladung sichtbar, wenngleich völlig ausreichend kontrolliert.

21 Die Schreiberin, jetzt 24, begann mit 19 Jahren eine Ausbildung im steuerberatenden Beruf, war aber in der Lage, bereits nach drei Monaten den erkrankten Inhaber weitgehend zu vertreten. Sie wird gerühmt als eine Persönlichkeit von ungewöhnlich hoher Intelligenz, großem Berufsinteresse, schneller Denkweise, Erkennen großer Zusammenhänge, Begabung für Finanz-, Steuerwesen, juristische Probleme. Sie löst alle Aufgaben mit Überlegenheit. Ihr Auftreten ist repräsentativ, attraktiv und sicher, sie ist in Verhandlungen flexibel und diplomatisch, kann aber auch besonders kritische und qualifizierte Mandanten überzeugen. Sie ist auch verschwiegen und absolut zuverlässig.

Bei ihren Mitarbeitern gilt sie zwar als sehr ehrgeizig und zielstrebig, zeigt Durchsetzungsdrang, aber arbeitet auch sehr gut im Team mit. Wie die meisten vitalen Naturen freilich beurteilt sie andere nach dem Maßstab ihrer eigenen Kräfte und ihres Engagements, erwartet also von anderen manchmal zuviel.

Bei dieser Schrift gab es gewisse Dissonanzen in der Zuordnung. Diese betrafen vor allem die Frage, ob hier wegen der großen Leichtigkeit und Sicherheit des Vortrags hauptsächlich Funktionslust im Spiele wäre, oder doch auch eine gewisse unruhige Dranghaftigkeit. Keine Dissonanz gab es freilich in der Beurteilung der hohen Spannkraft, der ungemein geschickten Organisation des Antriebs, die Verbindung natürlicher, spontaner Selbstsicherheit mit virtuoser Gekonntheit.

(21)

Er ist geprägt von der Landschaft,
der Natur mit der er lebt und
arbeitet, kraftvoll und ungestüm, dabei
nicht ohne Gefühl, dennoch unfähig zum
richtigen Ausdruck. Seine Frau – hoch-
schwanger – hat dagegen die Neigung, in
etwas höhere Dimensionen zu gleiten.
Ihr Bedürfnis, sich ihm mitzuteilen,

22

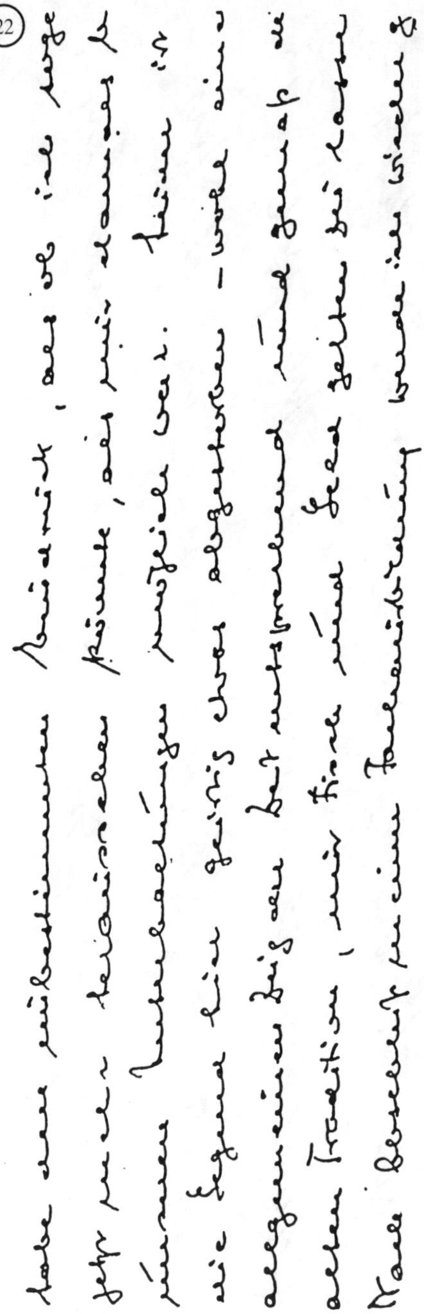

23

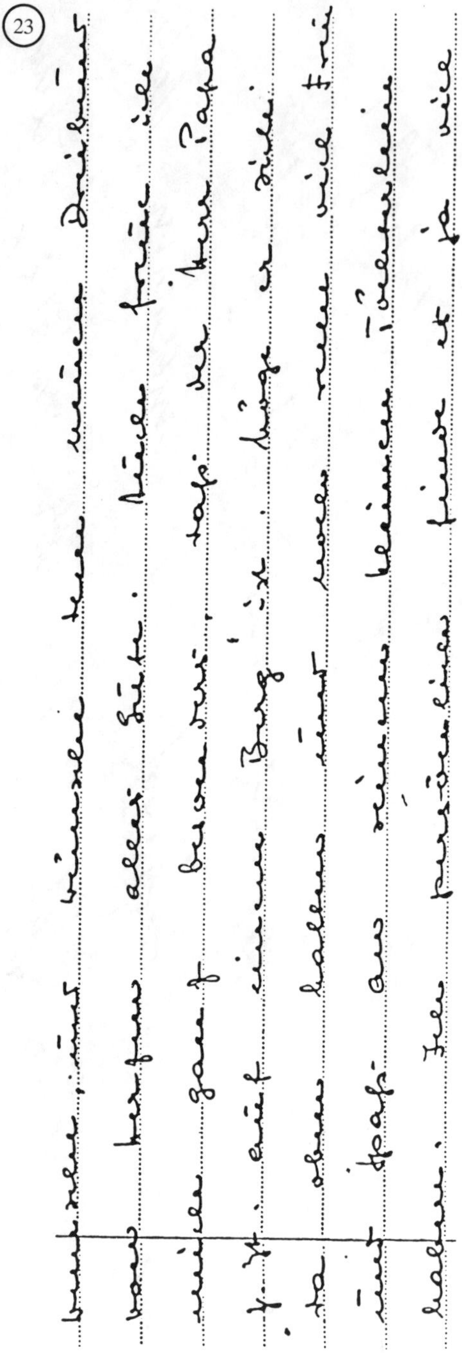

In Überleitung zum nächsten Kapitel der schwachen Vitalität zeigen wir Paare von (22)
Handschriften, die ähnlich wirken, sich aber maßgebend durch Stärke bzw. Schwäche
des Antriebs unterscheiden. Beide Schreiber sind Ärzte, etwa 30 Jahre alt, in ihrem (23)
Fach tüchtig, persönlich recht sympathisch und kultiviert. Aber der eine nun ist ein ehrgeiziger, pragmatisch orientierter Mann, zäh und zielstrebig, unternehmenslustig und expansiv, systematisch auf eine hohe Position hinarbeitend, die er Jahrzehnte nach Abfassung der Schriftprobe auch erreicht hat. Der andere dagegen ist eine eher beschauliche, wenig ehrgeizige, hochsensible, nachdenkliche, philosophisch und musisch orientierte Persönlichkeit, kein Freund harter Konfrontationen, von besonderem Verständnis für seine Patienten, alles in allem also recht verschieden von seinem stark nach außen gerichteten, tatkräftigen Kollegen.

Was die Handschriften angeht, so ist eine äußerliche Ähnlichkeit vor allem hier gegeben durch Einzelmerkmale wie Linksschräglage, etwa gleiche Höhe und Weite, betonte Gliederung, allgemeine Schreibgewandtheit, zugeknotete Kreisformen in der Mittelhöhe und anderes.

Die Frage, wem nun welche Schrift zuzuordnen sei, hat schon viele Betrachter in Verlegenheit gebracht. Dabei gibt es eine maßgebende Unähnlichkeit, welche die Schriften deutlich unterscheidet. Auch wer diese Schriften zunächst verwechselt hat, lernt mit der Zeit den Unterschied zu sehen, und zwar eindeutig und ohne Rückfälle. Der wesentliche Unterschied liegt darin, daß in der einen Schrift die Bewegung vom Zeilenanfang bis zum Zeilenende gleichmäßig, gespannt, elastisch und locker über die Fläche geht, leichtfüßig und unverkrampft, während die andere Schrift keineswegs in einem Zuge dahingeht, sondern in Bruchstücken, immer wieder blockierend und sich festfahrend. Dadurch wirken auch bei der zweiten Schrift die Wortabstände wie Lücken, während sie im ersten Fall den Bewegungsfluß optisch nicht unterbrechen, sondern in ihn eingebettet sind.

24

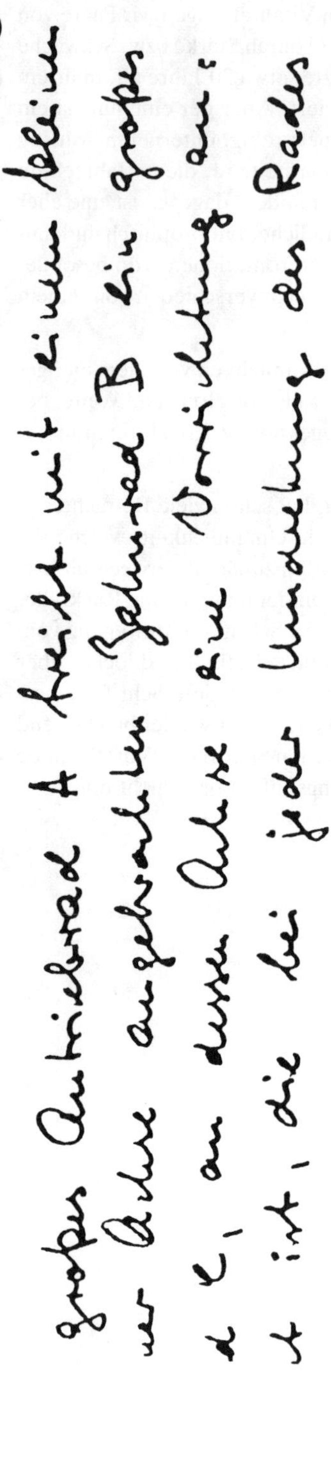
großes Antriebsrad A treibt mit einem kleine
ner Achse angebrachten Zahnrad B ein großes
d C, an dessen Achse eine Vorrichtung an
t ist, die bei jeder Umdrehung des Rades
; einen Hebel hebelt u. wieder fallen läßt.

25

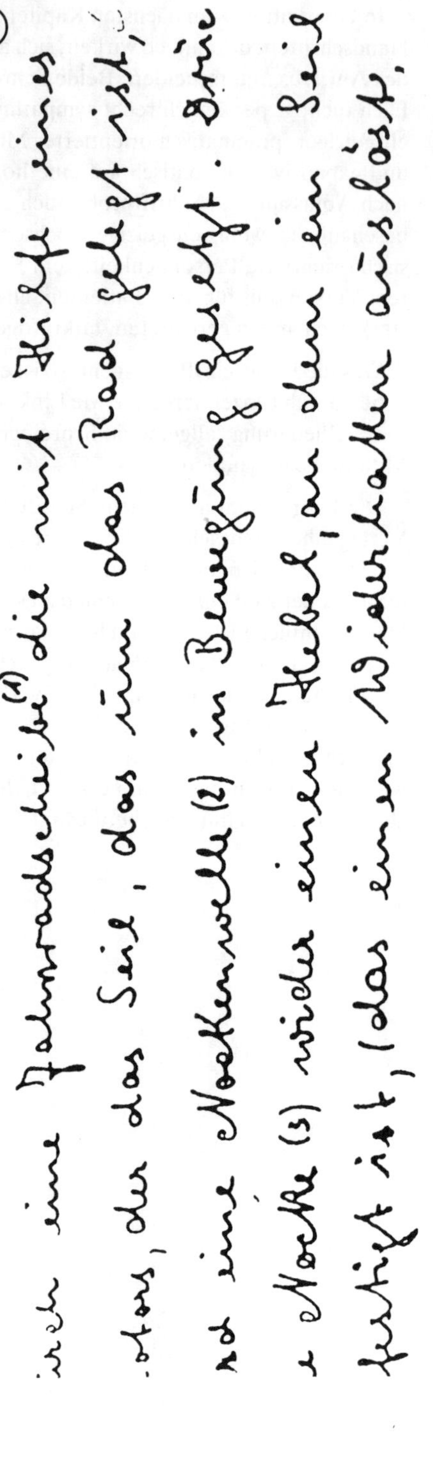
nen eine Fahrradschleife(1) die mit Hilfe eines
otors, der das Seil, das um das Rad gelegt ist,
nd eine Nockenwelle (2) in Bewegung gesetzt. Die
e Nocke (3) wieder einen Hebel an dem ein Seil
festigt ist, (das einen Widerhaken auslöst,

Auch bei den folgenden Beispielen ähnlicher Handschriften läßt sich wieder die Be- 24
deutung der maßgebenden Unähnlichkeit durch einfache Beschreibung der Charaktere erhellen. Beide Schriften stammen von Abiturienten, die sich um Eintritt in 25
dieselbe berufliche Laufbahn beworben haben und hierfür psychologisch untersucht worden sind. Der eine von ihnen trat frisch, munter, dabei diszipliniert auf, zeigte sich rasch und sicher in allen praktischen Aufgaben, konnte sich bei Belastungen steigern, ohne nervös zu werden, fand mit seiner Umgebung schnell Kontakt und hob sich vom Durchschnitt seiner Altersgenossen durch gewisse Führungseigenschaften ab.

Der andere Bewerber fiel auf durch ein liebenswürdig entgegenkommendes Wesen von servilem Anstrich, war zugleich überhöflich wie distanzlos (er zog beispielsweise während der Prüfung einen Fotoapparat aus der Tasche und stellte das Ansinnen, die Prüfer zum Andenken fotografieren zu dürfen), faßte seine Aufgaben von der bequemsten Seite an, strengte sich nie voll an, sondern begnügte sich mimisch mit Demonstrationen eines guten Willens.

Vergleicht man nun beide Schriften in bezug auf ihren Ablauf miteinander, so geht dieser bei der oberen Probe straff, aber ohne Verkrampfung, gut gesteuert in einem Zuge dahin, während die untere Schrift etwas Lasches und Zerlaufendes an sich hat, wobei man die natürliche Antriebsspannung schon als schwach, aber auch den Willen zur Steuerung als nicht vorhanden bezeichnen muß.

Die durch Einzelmerkmale bedingte Ähnlichkeit erweist sich demgemäß als peripher und unmaßgeblich, während die zentrale und maßgebende Unähnlichkeit in der Verschiedenheit der Antriebsstärken beruht. Und diese ist es, welche die Verschiedenheit beider Charaktere verstehen läßt.

26

zeit war am 12. Februar 1939 beendet. Bis zu
meiner Einberufung zum Heeresdienst war ich
Angestellter bei der genannten Behörde. Zur Erweiterung meiner beruflichen Kenntnisse u. Vorbereitung auf die Prüfung für den mittl. Staats-

27

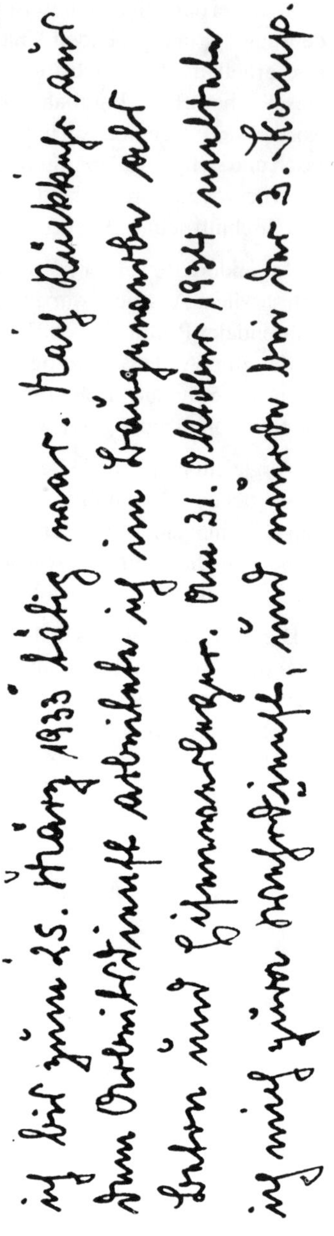
ich bis zum 25. März 1933 tätig war. Nach Rückkehr aus
dem Arbeitsdienst arbeitete ich im Baugewerbe als
Beton und Eisenverleger. Am 31. Oktober 1934 meldete
ich mich zum Wehrdienst, und wurde bei der 3. Komp.

Von den beiden etwa 20-jährigen Schreibern dieser Proben ist einer ein frischer, (26)
selbstbewußt natürlich auftretender Mann, mit seiner erheblichen Spannkraft auch
starken Anstrengungen gewachsen, dabei spontan mitgehend und sich steigernd. Er (27)
kann sich als Führer bei der Truppe sehr gut durchsetzen, ohne zu künstlichen Mitteln der Überhöhung seiner Autorität greifen zu müssen. Er fällt auch bei anspruchsvoller Arbeit als gründlich und gewissenhaft auf. Gelegentlich ist an ihm eine flackernde Erregbarkeit festzustellen; er neigt zu cholerischen Wallungen, hat sich aber im ganzen gesehen doch recht gut in der Hand.

Der andere ist ein mäßig begabter Verwaltungsangestellter, der durch seine unkonzentrierte und oberflächliche Arbeitsweise auffällt. Vor Hindernissen gerät er in übermäßige Erregung und wird dann gelähmt. Sein Interessenkreis ist höchst beschränkt, er wirkt recht langweilig. Aber es fehlt auch an Gemüt und Ansprechbarkeit, er ist in der Gruppe ein beziehungsschwacher Einzelgänger, scheu und servil.

Die Ähnlichkeit beider Schriften ist erfahrungsgemäß für viele Betrachter so groß, daß der erhebliche Unterschied zwischen den Charakteren nicht recht glaubhaft wird. Bei längerer Beschäftigung jedoch beginnen sich die Schriften zu differenzieren. Die eine ist in jedem einzelnen Zuge nicht nur präzise, sondern zugleich auch kernig, von kräftiger Individualität, die andere wirkt schlapp und weich, woran auch der forciert in den Aufstrich verlagerte Druck nichts ändert. Die maßgebende Unähnlichkeit ist also hier in der verschiedenen Stärke der Antriebsspannung zu sehen. Sie bedingt allein die maßgebende Unähnlichkeit auch zwischen den Persönlichkeiten.

4. Vitalität / schwach

... ..., u. die Kasse zahlt auf Antrag nix für K-karte.

Man hatte Dir doch gesagt, 37.50, u. auf die Frage „AOK" hatte man gesagt, dann kein Einzelzimmer, es sei denn Zuzahlung. Man musste annehmen, dass 37.50 privat Einzelzimmer bedeute.

Ich kann mir nicht denken, dass die Kasse ohne „K-schein" überhaupt was bewilligt u. Du hast doch nirgendwo einen abgegeben. Wie sehen die andern Patienten . ? ?

Neulich hat man hier einem AOK Patienten 280 M Zuzahlung für den „Chefarzt" abverlangt. Seine Antwort: Den möchte ich gern mal kennen lernen, er war doch die ganze Zeit in Urlaub!!

~~Obs~~ Oberschwestern sind immer Biester u. es wäre gut, wenn Du Dir Dein Gefangenen Dasein erleichtern könntest, zumal die 24-h doch „in der Luft" Länge. (- Hier kommt das Ganze - s.o. - hier .. .

28 Jurist, etwa 60, zeigte von frühester Jugend an ein vital stark reduziertes Verhalten, wirkte unjugendlich, schwunglos, fast apathisch. In seiner Familie finden sich mehrfach schwer depressive Charaktere. Sich selbst gut kennend, seine Depressionen fürchtend, verlangte er von seiner Frau, einer sehr vitalen, heiteren, lebensfrohen Person, Verzicht auf Kinder. Er wollte nicht mehr seinesgleichen in die Welt setzen. Mit Hilfe dieser Frau blieb er trotz seines mürrischen, verbitterten, kontaktarmen Wesens einigermaßen lebensfähig. Ohne Grund verfolgte er sie aber jahrzehntelang mit Eifersuchtswahn. Daß er ihre Gedanken nicht lesen konnte, brachte ihn zur Verzweiflung. Es kam sogar zu Handgreiflichkeiten von seiner Seite. In höherem Alter nahm sein Eifersuchtswahn ab, doch glaubte er immer noch von seiner Frau, daß sie nach seinem Tode das Leben einer lustigen Witwe führen würde. Seinen Beruf übte er an einem ruhigen Platze ordentlich aus, wurde aber wegen Krankheit früh pensioniert. In seinem Betrieb galt er als gütig, verständnisvoll und hilfsbereit. In seiner Schwächeren gegenüber unangefochtenen Position konnte er sich als hilfloser Helfer beweisen. Sein einziger Ausgleich war die Musik.

Gegenüber den vorhergehenden Schriftproben dieses Kapitels hebt sich diese kraß ab durch ihren Mangel an Kraft und Stabilität, durch ihre Gestörtheit, Dürftigkeit und Gequältheit. Lebenskraft wie Lebensfreude wirken stark herabgesetzt. Leer oder nichtssagend kann man aber die Schrift nicht nennen. Die Formen sind zwar dürr und kahl, aber auch ohne beschönigenden Aufputz. Das Leiden äußert sich hier unmaskiert, nicht durch einen glatten Vortrag übertüncht oder hinter Manier versteckt. Und trotz der schweren Angeschlagenheit ist doch noch genug Steuerungskraft vorhanden, um die Schrift lesbar zu halten.

29 Hausfrau, 45, ihr Leben lang unter schwersten Trennungsängsten leidend, lebte nur in anderen, zuerst in Mutter und Geschwistern, dann in Mann und Kindern. Symbiotische Bedürfnisse dominierten, es kam niemals zu einer Bildung eines starken Ich. Schon in der Jugend wurde sie bei Entfernung von der Mutter so krank, daß man sie wieder mit dieser schnell zusammenführen mußte. Ihrem Ehemann starb sie schnell nach. In ihrer Familie wurde sie von allen geliebt und umsorgt, da sie Beschützer-Instinkte wachrief. Ehemann und Söhne behandelten sie mit viel Zärtlichkeit als Tochter bzw. Schwester. Bis in ihr Alter blieb sie mädchenhaft in Wesen und Erscheinung. Trotz einer sehr zarten vitalen Grundlage hat sie aber doch immer geleistet, was in ihren Kräften stand, und zwar bis zur allerdings schnellen Erschöpfung. Sie tat jedoch stets nur, was man von ihr erwartete. Eigene Interessen oder Bedürfnisse kannte sie nicht. In glücklichen Beziehungen antwortete sie mit Dankbarkeit und Treue, bei schlechten Erfahrungen mit Wehrlosigkeit und Nicht-Begreifen.

Weiche, zerlaufende, nur schwach gesteuerte Strichführung. Ein gewisses Bemühen um ästhetisch befriedigende Formgebung ist vorhanden, aber es fehlt an Profil, an Farbe. Man kann nicht von Leere sprechen, aber doch schon von einer gewissen Flachheit und Dürftigkeit.

(29)

kauf und dann die Verlegung des gesamten Waren-
lagers in einen neu erstellten Verkaufspavillon
waren schrecklich. Wir sind restlos am Ende. Die Er-
öffnung war für kommenden Montag geplant,
aber die Zeit läuft uns davon. Nächster Termin:
Donnerstag. Und darum fahren meine beiden
Männer nicht nach Frankfurt. Wernerchen ist
mit im Geschäft tätig. Er entlastet uns sehr. Aber
eine rechte Freude ist das Geschäft nicht mehr.
Mieten und Gehälter steigen, das Warenlager wird
immer größer, die vielen ärgerlichen Dinge im
Ablauf eines Tages machen einen mürbe, und

(30)

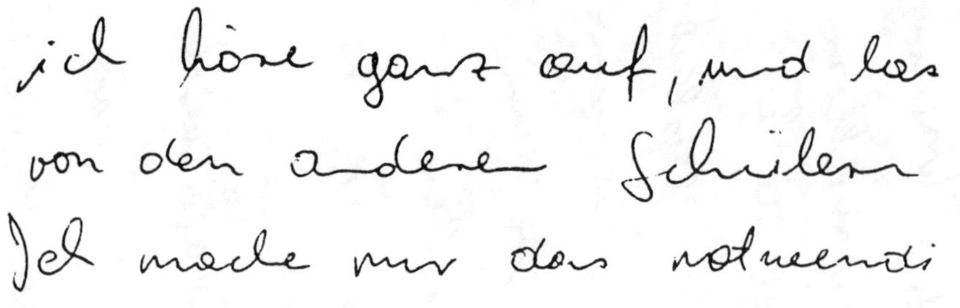

(30) 30-jährige Kontoristin, uneheliches Kind, immer umhergeschoben, geprügelt und unterernährt, dabei trotzdem sehr lernwillig, fleißig und zuverlässig, aber durch ihre geringe vitale Belastbarkeit und ihre Geschädigtheit sehr unsicher, ängstlich und irritierbar.

Trotz den erheblichen Bewegungsstörungen, welche die Schrift zerrupft und verschlissen erscheinen lassen, gibt es doch auch eine Gegenbewegung in immer wiederholten Steuerungsversuchen, so daß auch immer wieder gelungene Formen möglich sind. Es fehlt durchaus nicht an einem wenngleich sehr schwachen Profil, die Schrift ist keineswegs leer oder monoton, und sie würde wahrscheinlich sehr viel mehr Gesicht zeigen können, wenn die Störungen geringer wären.

(31)

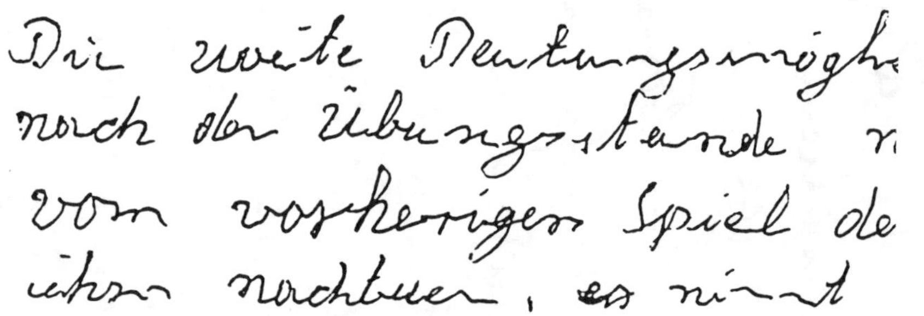

(31) Die 17-jährige, recht begabte Schülerin hat einen breiten Interessenkreis, geht im Kontakt leicht aus sich heraus, wirkt offen und sympathisch. Nach kurzer Zeit aber verliert sie den Faden, wird unkonzentriert, ihre Sprechweise wird undeutlich, und man kann merken, daß schon ein gewöhnliches Gespräch ihr zuviel werden kann. Sie regt sich dann stark auf. Schon die Bewältigung des Alltags bedeutet für sie eine erhebliche Überforderung, gegen die sie mit aller ihr möglichen Anspannung und auch mit Ehrgeiz ankämpft.

Der Gesamteindruck wird hier durch das Zerfließende, Zerfahrene, Kraftlose ausschlaggebend bestimmt. Doch besteht noch ein großer Unterschied zu ungesteuerter Enthemmtheit. Es ist immer noch ein Bemühen um Steuerung und um Deutlichkeit spürbar. Auch ist bei aller Dürftigkeit die Schrift keineswegs monoton, sondern noch einigermaßen natürlich.

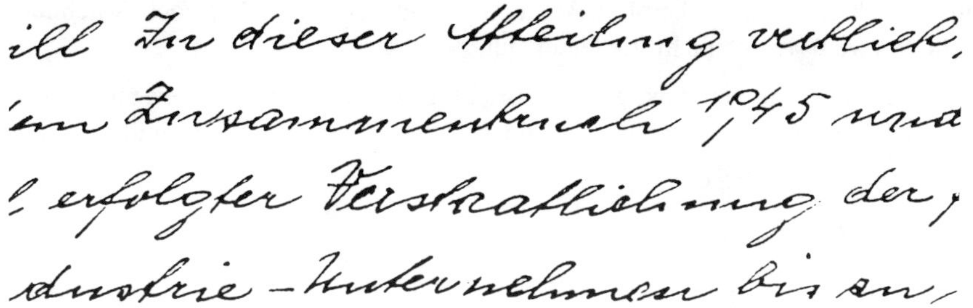 32

Bei dieser eine gute Schreibroutine, eine durchgehende, wenngleich krampfhafte Steuerung und präzise Formgebung verratenden Schrift könnte man im Zweifel darüber sein, ob die vitalen Störungen in Gestalt von Buchstabenzerstückungen genügen, um von gestörter vitaler Spannkraft sprechen zu können. In der Tat ist die jetzt 40-jährige Schreiberin früher eine ausgezeichnete Arbeitskraft gewesen, eine Sekretärin mit hervorragenden Zeugnissen, in denen auch ihr unermüdlicher Einsatz und ihre Belastbarkeit in schwierigen Situationen hervorgehoben wurden. Doch haben ihr Flüchtlingsschicksal und andere persönliche Katastrophen sie so angeschlagen, daß sie in der Tat nicht mehr zu irgendeiner Sekretariatsarbeit fähig war. Es fehlte ihr nicht am besten Willen, an eisernem Bemühen, aber sie versagte schon bei leichten Aufgaben. Die seinerzeit abgegebenen graphologischen Urteile über sie haben ihre Schwächen wohl gesehen, aber doch ihre Tüchtigkeit noch bejaht. In der graphologischen Praxis kann man immerhin nicht selten feststellen, daß jemand, der über seinen vitalen Höhepunkt deutlich hinaus ist und mehr oder weniger große Störungen in der Schrift aufweist, doch dank hoher Intelligenz, besonderer Kenntnisse und Erfahrungen, Ökonomie im Umgang mit seinen Kräften und ernsthafter Arbeitshaltung an bestimmten Plätzen noch voll brauchbar sein kann. 32

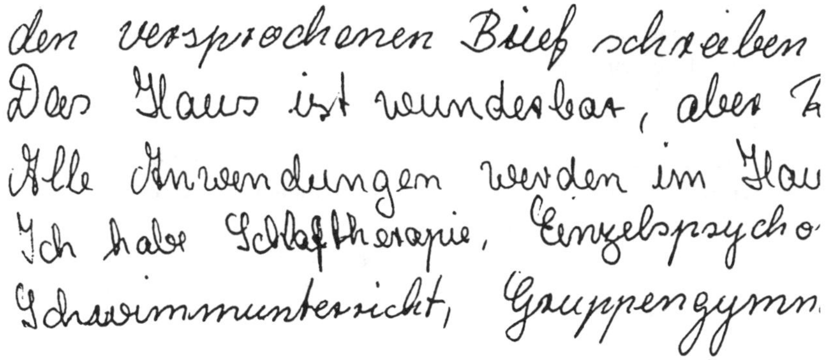
den versprochenen Brief schreiben
Das Haus ist wunderbar, aber
Alle Anwendungen werden im
Ich habe Schlaftherapie, Einzelpsycho
Schwimmunterricht, Gruppengymn
33

Die etwa 40-jährige Verkäuferin ist in ihrer Arbeit zuverlässig, kann den Kunden zweckmäßig, aber auch geduldig und liebevoll beraten. Ihre vitale Belastbarkeit ist aber sehr gering, sie schafft die Doppelbelastung durch Beruf und Haushalt nicht, steht immer an der Grenze eines Zusammenbruchs. Ihre familiären Verhältnisse set- 33 zen sie seelisch unter starken Druck, sie findet weder Verständnis noch Anlehnung. Zu helfen weiß sie sich nicht, sie leidet still.

Die Schrift ist mit viel Anstrengung sorgfältig gemalt, aber auch sehr unsicher, sie steht mehr als daß sie liefe, aber sie hat doch auch eine gewisse Wärme und ist bei aller Gehemmtheit nicht unspontan.

Diskussion

Unsere Beispiele des dritten Kapitels zeigen trotz großer Variationen im Ablauf einheitlich ein kräftiges In-einem-Zuge-Dahingehen. Die Bewegung kann dabei heftig sein, impulsiv, aber auch langsam und zähflüssig, locker und leicht; doch die hier bedeutsamste physiognomische Qualität bleibt eben das kraftvolle Vorwärtsgehen.

Im vierten Kapitel dagegen dominierten Schwächlichkeit, Lahmheit, Stehenbleiben, Gestörtheit.

Um allerdings erscheinen zu können, brauchen Wesensqualitäten eine materielle Grundlage. Zu jedem Wesen gehört nach Auffassung der Gestalttheorie eine Struktur, auch Gefüge genannt. Eine solche materielle Basis oder Struktur ist beispielsweise in der Musik durch die Tatsache der Luftschwingungen gegeben, ohne die uns keine musikalischen Erlebnisse vermittelt werden könnten. Es ist durchaus möglich, wie Einstein gesagt hat, die neunte Symphonie von Beethoven als Luftdruckkurve zu schreiben. Das mag wissenschaftlich von Wert sein, bleibt aber für unser Erleben ohne Belang.

Auch die im ersten Kapitel besprochene Lebendigkeit hat eine materielle Grundlage, ist strukturell verankert, bleibt aber als eine wesentlich atmosphärische oder essenzhafte Qualität grundsätzlich mit Merkmalen nicht beschreibbar. Hingegen ist bei den Erscheinungsformen der Vitalität in der Handschrift eine Struktur durch die Gestalt der physiologischen Bewegung gegeben. Die Gestalttheorie rechnet ausdrücklich den Antrieb zu den dynamischen Strukturen samt ihren Änderungen in der Zeit ihres Entstehens, Wandelns und Vergehens. Diese Struktur wird beschrieben mit den physiologischen Merkmalen der Intensität und Expansion, also auf die Schrift bezogen mit Druck, Schnelligkeit und Verbundenheit auf der einen, Größe und Weite auf der anderen Seite. Es ist dies ein naturgegebener Zusammenhang, in welchem bei jeder Schrift dessen einzelne Seiten verschieden akzentuiert sind, also ein besonderes Größenmaß und einen besonderen Schwankungsspielraum besitzen. Eine materielle Grundlage anderer Art ist der Strich der Schrift selbst, mit dem man sowohl physiognomische wie strukturelle Daten verbinden kann.

Man könnte sich nun vorstellen, daß die ideale Struktur stärkster vitaler Spannkraft einen besonders hohen Druck, eine große Schnelligkeit und weitgehende Verbundenheit sowie größtmögliche Ausgiebigkeit zeigen könnte. Ein solches Monstrum gibt es aber nicht. Das Moment des kraftvollen Vorwärtsgehens, welches vor allem physiognomisch vitale Spannkraft bezeichnet, kann in druckstarken wie druckschwachen

Schriften gegeben sein, schnellen und langsamen, verbundenen und unterbrochenen, ausgiebigen und reduzierten. Man würde daher mit ihnen keine Gestalt eines kraftvollen Antriebs etwa nachbilden können. Ebensowenig kann man mit einem dieser Merkmale allein den Grad von vitaler Spannkraft zureichend erfassen. Dies ist nur dem unzerlegten, ganzheitlichen Eindruck möglich. Und nur durch diesen läßt sich ursprüngliche Kraft von vorgetäuschter Dynamik unterscheiden, welche einzelne Bewegungsmerkmale übertreibend gebraucht, im Eindruck also Schwäche durch Willkür zu kompensieren sucht. Und es wäre auch ohne ihn nicht möglich, bloße Schreibgeläufigkeit von vitaler Bewegungskraft zu unterscheiden.

In der graphologischen Literatur ist es üblich, daß diese Merkmale einzeln gedeutet werden, so daß etwa schon der Druck allein für sich gesehen so etwas wie Dynamik bedeuten soll. Aber Dynamik ist ein ganzheitlicher physiologischer Tatbestand, den man nicht an einem einzigen Merkmal erkennen kann, sondern nur an dem oben genannten Komplex von Intensität und Expansion. Jedes einzelne Merkmal dieser Gestalt bedeutet für sich gesehen nichts. Man kann auch keines davon gedanklich aus der Antriebsgestalt herauslösen, denn dann wäre sie zerstört. Sie ist entweder als Ganzes da oder gar nicht. Die herkömmliche Graphologie kennt den Begriff der ganzheitlichen Struktureigenschaft nicht, sondern nur den der physiognomischen Qualität und des gestaltungsunabhängigen Einzelmerkmals. Daraus ist eine verhängnisvolle Entwicklung entstanden, derzufolge den Einzelmerkmalen eine riesige Menge von Deutungen zugeschrieben wird, die sie aus eigenem Recht nicht besitzen. Vitale Antriebsstärke läßt sich nur ganzheitlich erfassen, nicht durch Addition von Bedeutungen einzelner Merkmale. Hierüber mehr im theoretischen Schlußkapitel.

Ungeachtet der grundsätzlichen Verschiedenheit von Wesen und Struktur kann man bei der Schriftbeschreibung die von beiden gelieferten Daten vorteilhaft miteinander verbinden. Man kann also von aggressivem Druck sprechen, von zerhacktem Bewegungsfluß, von enthemmten Erweiterungen oder hektischer Beschleunigung der Schrift.

Eine materielle Grundlage allerdings ganz anderer Art ist der Strich der Schrift, den man physiognomisch beispielsweise als dürr, starr, zerrupft, elastisch oder flüssig beschreiben kann.

Überblickt man das biographische Material unserer Schreiber, so fällt bei der vitalen Gruppe auf, daß sie durch einen ganzen Komplex von Persönlichkeitszügen wie aber auch durch Gemeinsamkeiten in der Bewältigung von Lebensschicksalen verbunden sind. Da ist zunächst die hier meist weit überdurchschnittliche Arbeitskraft, die Unermüdlichkeit und Belastbarkeit auch bei großen Schwierigkeiten, Verschleißfestigkeit und Regenerationsfähigkeit bei oft geringem Schlafbedürfnis, dann eine auf natürlichem Kraftgefühl basierende Selbstsicherheit, starke persönliche Ausstrahlung bis zu charismatischen Zügen, Kampfesfreude und Steigerung der Kräfte bei Hindernissen. Vor allem handelt es sich bei dieser Gruppe durchweg um erfolgreiche Lebenspraktiker, theoretisch meist wenig interessiert, umsomehr getrieben zum Handeln, zum Eingreifen, Zupacken, Organisieren. Auch schwere Krankheiten können den natürlichen Impetus nicht immer lähmen.

Demgegenüber zeigt die Gegengruppe weit weniger profilierte, lebenstüchtige, selbstbewußte oder tatkräftige Persönlichkeiten. Leichte Erschöpfbarkeit, Müdigkeit, Lahmheit, Resignation dominieren. Allerdings finden sich auch hier Persönlichkeiten, die ihre vitale Schwäche durch sorgfältige Ökonomie im Umgang mit ihren Kräften auszugleichen verstehen, ganz abgesehen von den Fällen hoher Spezialbegabung, bei denen mangelnde Quantität in der Arbeitsleistung durch Qualität kompensiert werden kann.

5. Drang

1917

Kaulbachstr. 63.

34

Sehr geehrter Herr Kasper
das schlechte Wetter hat mich
zu Hause gehalten u. ich stehe
Ihnen gern an einem der
nächsten Tage zur Verfügung,
Vor- od Nachmittag, wie es
Ihnen paßt. Nur bitte ich Sie
eine Karte zu schreiben mit/über die
Zeit Ihres Kommens, damit
man sich nicht verfehlt.

Hochachtend
Gräfin Reventlow.

34 An keinem geringeren Ort als im »PRINZIP HOFFNUNG« von Ernst Bloch findet man sie erwähnt als »die prachtvolle Franziska Reventlow«, aber auch bei Rilke, Hermann Hesse oder Theodor Heuss.

1871 geboren, aus adeligem Haus, aufgewachsen ohne die Liebe der Mutter, welcher das kräftige Temperament des Kindes unverständlich war, immer unter dieser Lieblosigkeit leidend, im Internat von unbeugsamem Trotz, schon als junges Mädchen furchtlos und unbändig, ging auf das Lehrerinnenseminar und schloß mit dem Examen ab, ohne den Beruf aber jemals auszuüben. Aus einer kurzen Ehe brach sie aus in die Münchener Bohème, wo sie eine elementare Anziehungskraft auf bedeutende Männer ausübte und bis heute eine unvergessene Figur dieses Milieus geblieben ist.

Ungezählte flüchtige und dauernde Liebesverbindungen, von der großen Leidenschaft bis zum leichten Abenteuer und der bezahlten Hingabe, verlor aber niemals ihre souveräne Haltung und wahrte stets Diskretion, war in allen intimen Angelegenheiten von undurchdringlicher Verschwiegenheit. Jede auch nur leise an Frivolität streifende Redensart war ihr verhaßt. Fast immer in schlechten materiellen Verhältnissen, denen sie auch trotz härtester Arbeit nicht entgehen konnte – so übersetzte sie etwa 8 000 Seiten aus dem Französischen für einen Verlag – trotz dauernder Störungen der Gesundheit, Wechsel von Zuständen seligsten Glücks und tödlicher Verzweiflung, handelte sie nur nach eigenen Gesetzen, unbekümmert um Konventionen und gesellschaftliche Vorurteile. Sie starb mit 47 Jahren. Der Tod rettete sie vor einem unglücklichen Alter, dem sie nicht mit gestilltem Lebensdrang, abgeklärtem Gemüt und ruhigem Verzicht hätte begegnen können.

Aussage der Schwester:

»... und sie hat zuviel Möglichkeiten, zuviel expansive Kraft und Lebensfreude, als daß ein einzelner ihr gerecht werden könnte. Jeden ergreift sie ganz, wird aber nur zum kleinsten Teil von ihm ergriffen.«

Aussage des Freundes:

»Nach einer Dominante ihres Charakters oder vielleicht gar nach *der* Dominante gefragt, würde ich antworten: durch nichts abzubiegender Unabhängigkeitsdrang ...«

Über sich selbst:

»Könnte man nur noch zwanzig Jahre jung sein. Das Leben geht so unerhört vorbei. Man wird verrückt, wenn man darüber nachdenkt.«

»In mir ist wieder einmal der universelle Lebenssturm mit dem Untergrund von verstärkter Daseinsberechtigung und der Qual, daß wir uns zu sehr lieben, was bei mir immer ein Unglück ist, für mich und den anderen.«

»Grausames Rätsel, das Zeichen, unter dem mein ganzes Leben steht. Warum gerade jetzt? Wenn ich das eine halten möchte, braust tausend anderes über mich her, und ich wirbele mit.«

»Manchmal möchte ich wünschen, daß ich schon alt und wunschlos wäre. Aber mein Herz ist noch allzu jung, quälend jung, und die Gesundheit, die mir endlich wieder zurückkommt, macht mich noch viel viel jünger. Nun möchte ich nur leben, leben jeden Augenblick, mich reut jede Stunde, die nichts in sich hat, mir ist so erwartungsvoll, wie in der allerersten Jugend.«

»Ich will und muß einmal frei sein, es liegt nun einmal tief in meiner Natur, dies maßlose Sehnen und Streben nach Freiheit.«

Übersetzung der deutschen Schrift:

»Sehr geehrter Herr Kestner,

Rolf erzählte mir neulich, daß er Sie getroffen hätte, und hat mir einen Gruß ausgerichtet. Dürfte ich Sie wohl gelegentlich daran erinnern, daß Sie mir noch Abzüge der Bilder sowie von Rolf und mir zusammen schicken wollten.«

Zwei Schwerpunkte bilden sich hier. Der erste betrifft Formen der Repräsentation oder auch Vortragsqualitäten wie souverän, herrisch, suggestiv, radikal, schnörkellos, Abwesenheit alles Gefälligen, bloß Verbindlichen, während der zweite bezeichnet werden kann mit Zustand hoher Dranghaftigkeit, eruptiven Entladungen, hektischen Getriebenseins, Enthemmtheit. Der Bewegungssturm überrennt gewissermaßen die Formen, sie werden an vielen Stellen aufgesogen in originellen, aber auch rücksichtslos anmutenden Neubildungen. Hier besteht nicht nur Gleichgültigkeit, sondern eher herausfordernde Ablehnung der Norm. Die Schrift könnte daher zwanglos ihren Platz finden in dem Kapitel über die negative Präsentation, also unter den Fällen der Ablehnung jeder Norm, aber auch in dem Kapitel hoher Affektivität oder dem der Untersteuerung. Schablonenhaft oder monoton ist sie gewiß nicht, sie wirkt im Gegenteil originell, hat Ausstrahlungskraft, aber das Gewaltsame, Gewollte, manieristisch Übersteigerte läßt doch den Eindruck einer natürlichen Lebendigkeit oder Ursprünglichkeit nicht aufkommen.

besser als wir, ...
nicht viel mehr leisten können. Ich
Wenn Ihnen dieser Vorschlag zusagte, dürfte ich
und Ernst ... die übrigen Aphorismen bis
Rundschau Frage, würden wir vielleicht ganz
einen Vortrag über die Sache machen – ich
könnte ich das Material dafür bekommen.
Ich bin prinzipiell dagegen, schon einmal gebrauchte
Abbildungen wieder zu bringen, es ist ja auch für
den Absatz des Buches nicht wertvoll, wenn
nichts Neues abgebildet wird, denn

Ernst Kirchner, bedeutender Graphiker und Maler, der bis zu seinem Tode durch Selbstmord 1938 unermüdlich produzierte in einer fieberhaften Arbeitsweise; er zeichnete wie andere schreiben, oft an einem Tage mehr als 50 Blätter voll, wobei es ihm gelang, in der Skizze ohne Mühe etwas hinzuwerfen, jede feinste, erste Empfindung festzuhalten, wie er selbst sagt, während er sich schinden müsse, das Bild auf der Leinwand bewußt zu vollenden. Auch bei schwerer Krankheit verringerte er sein Arbeitspensum kaum, war dabei durch Rauschgift und Alkohol schon früh geschwächt, oft von völligem physischem Verfall nicht weit entfernt, durch viele Heilanstalten wandernd, übersteigert selbstbewußt, unbändig ehrgeizig, für alle, mit denen er umging, äußerst schwierig, da er sich mißachtet, ja verfolgt fühlte. Selbsteinsicht fehlte ihm dabei nicht. Er schreibt: »Ich habe nicht die Art, unter Menschen warm zu werden. Das ist Schicksal und vielleicht einer der schwersten Gründe, weshalb ich Maler wurde. Die Kunst ist ein guter Weg, seine Liebe zu den Menschen zu bezeugen, ohne sie zu inkommodieren.« Seine Bilder seien »Schmerzen, die gezeichnet sind«. Er war ein hervorragender Analytiker der eigenen Werke, schrieb unter einem Pseudonym über sich selbst, hat allerdings auch Arbeiten vordatiert, um Priorität gegenüber anderen Malern vorzutäuschen. In Material und Technik hat er immer neue Möglichkeiten gefunden. Als sein innerer und äußerer Zerfall immer weiter fortschritt, wollte er seine Frau überreden, mit ihm zugleich Selbstmord zu begehen, wobei er ihr verschiedene Vorschläge machte, etwa im brennenden Hause mit den Bildern und ihr den Tod zu finden. Da sie vor ihm floh, begann er, seine Bilder mit einem Revolver zu durchschießen und mit einem Messer überall seinen Namen herauszuschneiden. Als er seine fliehende Frau nicht einholen konnte, schoß er sich eine Kugel durch den Kopf. (35)

Ihre hektische Unruhe, das Wilde, Gewaltsame, Getriebene, Verzerrte, Übersteigerte, Vibrierende, Gehetzte, Schreiende machen die Schrift zu einem Muster von Dranghaftigkeit. Die ursprüngliche Kraft ist dabei sicher nicht gering, trotz schwerer Bewegungsstörungen spürt man noch einen enormen Auftrieb, und es fehlt auch keineswegs an immer wiederkehrenden Bemühungen um Steuerung, so daß einzelne Worte klar und leserlich sind, andere dagegen wieder aufgelöst. Man kann auch trotz dem Halo-Effekt der Zerstörtheit doch noch einen Vortrag von großer Souveränität und Unabhängigkeit erkennen. Wo die Formen glücken, sind sie präzise, stark profiliert und sogar natürlich. Auch die schwersten Störungen beeinträchtigen nicht den Eindruck hoher Glaubwürdigkeit.

36

Hanna Reitsch, 60, (1912–1979), die erfolgreichste Fliegerin unserer Zeit, hat ihr erstes Buch »Fliegen mein Leben« genannt. Damit ist auch eine süchtige Abhängigkeit ausgedrückt. Wenn sie nicht fliegen konnte, lebte sie eigentlich nicht. Sie war flugsüchtig, wie man alkohol- oder nikotinsüchtig sein kann, und dieser Sucht fiel alles übrige in ihrem reich angelegten Leben zum Opfer. Partnerschaft mit einem Mann gab es nicht für sie, ihr Partner war die Lust der Höhe. Diese Besessenheit brachte sie zu außerordentlichen Leistungen. Sie flog mit 25 Jahren als erste im Segelflug über die Alpen, probierte im gleichen Jahr die erste deutsche Hubschrauber-Konstruktion aus und testete als erster weiblicher Flugkapitän der Welt Sturzflugbremsen für Kampfflugzeuge. Als Testpilotin flog sie fast alle Prototypen, darunter die fliegende Bombe, stürzte sich mit Bombern in ein Netz fingerdicker Drahtseile, um den Frontfliegern vorzuführen, wie sie Ballonsperren durchbrechen konnten. Mit einem Raketenjäger verunglückte sie und erlitt einen vielfachen Schädelbruch. Nach kurzem Aufenthalt im Krankenhaus stieg sie auf den Dachfirst ihres Hauses, um dort ihre Gleichgewichtsstörungen wegzutrainieren. Nach dem Kriege stellte sie mit 66 Jahren einen neuen Weltrekord im Segelflug für Frauen auf. Der Segelflug war das Schönste für sie, weil es da oben so still sei und man von einer Naturkraft getragen werde. (36)

Ihre intellektuelle Differenzierung jedoch blieb früh stehen. Politisch war sie völlig unkritisch, glaubte an Hitler, weil dieser nett zu ihr war und ihr das Fliegen ermöglichte. Es bereitete ihr furchtbare Enttäuschungen, nach dem Kriege die Wahrheit zu erfahren und sie leugnete diese, selber unschuldig, aus Schamgefühl für die anderen. Sie blieb trotz ihrer Erfolge und Anerkennungen, die sie fast bis zu ihren letzten Tagen erfuhr, freundlich und bescheiden.

Übersetzung der deutschen Schrift:

»aber leider ist die »Haltung« eine große Enttäuschung gewesen. Aber das sind ja »kleine Fische« gegen Ihr jetziges schweres Schicksal. Ich bin ganz erschüttert. Arme arme Elisabeth. Herzlich Ihre Hanna.«

Die übermäßig sich entladende Bewegung, die vom Raum spontan, sozusagen bedenkenlos Besitz ergreift, sich auch manchmal im Raum stößt, die Vernachlässigung der Formen, die ganz einem möglichst schnellen und reibungslosen Ablauf untergeordnet sind, das alles bietet hier eine besondere Gestalt der Dranghaftigkeit. Besonders insofern, als ihr in der Entladung das Massive, Scharfe, Stoßweise fehlt, welches die meisten unserer anderen Drangschriften auszeichnet, sondern hier ist die Flüssigkeit manchmal so groß, daß man auch an Funktionslust denken muß. Ein Betrachter sah, ohne die Schreiberin zu kennen, etwas Fliegendes in dieser Schrift. Jedenfalls findet man nichts Haftendes, Klebendes, Verwürgtes oder Verklemmtes. Die Bewegung entfaltet sich großräumig, locker, spontan und selbstverständlich.

Es geschieht aber auch kaum Arbeit an den Formen. Sie haben wenig Profil. Auch die Steuerung, etwa durch räumliche Gliederung ist gering. Die Bewegung ergießt sich sozusagen instinktiv, in den Raum, ihn zwanglos und naiv ausfüllend.

(37)

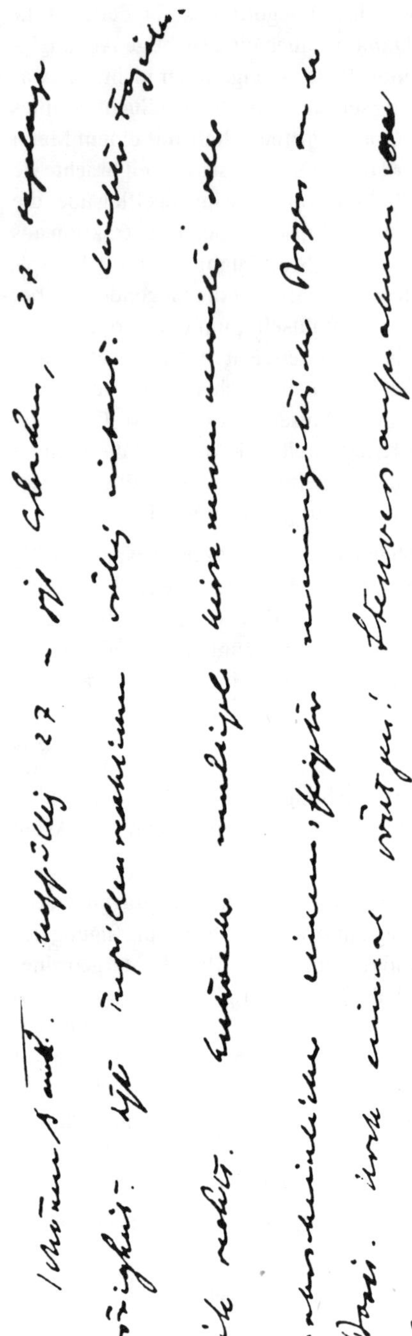

(38)

wenn ich erkenne, dass
die paar Tage in Hamburg doch
ganz nett gewesen sind. Wenn
Du Deinen neuen Anzug bestellst,
so suche Dir aber auch einen schönen
und guten Stoff aus und lass Dir
von dem Schneider nicht herein-

Der Schreiber, 50, kam 1918 als hochdekorierter Offizier nach Hause, studierte Medizin mit rasendem Eifer, verarbeitete die Fachkenntnisse in kürzester Zeit, rauchte unsinnig. Mit zunehmenden Kenntnissen entwickelte sich mehr und mehr ein hemmungsloser Ehrgeiz, ein Mehr-Scheinen-Wollen als Sein, kam bald mit allem und jedem in Streit, machte Schulden. Auf seine Umgebung wirkte er wie Dynamit, jeder fühlte sich bei ihm als Stümper, bis sich zeigte, daß sein Besserwissen ein scheinbares war. Wegen seiner rasenden Arbeitsweise unterliefen ihm auch unerträgliche Fehler, der innere Wert seiner Arbeiten war sehr fraglich. Das Aufkommen des Nationalsozialismus benutzte er, um in der Partei Karriere zu machen. Erfolg ging ihm über alles, Ehrgeiz und Machthunger dominierten. Als sein Hund sich einmal während einer längeren Abwesenheit der ihn betreuenden Person angeschlossen hatte, erschoß er ihn aus Eifersucht. Dabei war er künstlerisch begabt, hatte ein feinsinniges Verständnis für Literatur. In ruhigeren Zeiten voll einsichtig, blieb er bis in seine schlimmste Zeit noch ein ausgezeichneter Selbstkenner. Er konnte gelegentlich auch sehr liebenswürdig und heiter sein, wenngleich er meist hektische Unruhe ausstrahlte. (37)

Die meisten Betrachter finden diese Schrift unsympathisch, sie sei ebenso kalt und dürr wie gehetzt und unruhig. Man nennt sie bis zum Zerreißen gespannt, gewaltsam verzerrt, verschmiert und verkleckst. Sie durchdringe den Raum wie mit einer Säge, versuche die Fläche zu beherrschen, verliere sich aber in der Weite. Die Formen sind radikal vereinfacht, wie nackt. Sie ist allerdings auch lesbar, auf das Wesentliche reduziert. Die Verdeutlichungen durch Nachbesserungen sind zweckmäßig. Es fehlt also bei aller Hektik und Gewaltsamkeit nicht an einer gewissen Steuerung.

Kaufmann, 50, hochbegabter, mit allen Wassern gewaschener, spekulativer Händlertyp, der zwar durch intensiven Einsatz seine Firma hochbrachte, sie mit der Zeit aber durch riskante Geschäfte zu ruinieren begann. Er war als Vorgesetzter eine harte Autorität, mischte sich aber vor allem in alles ein, widerrief jeden Morgen, was er gestern abend noch angeordnet hatte, so daß seine Leute niemals wußten, woran sie mit ihm waren. Auch in der Familie führte er ein autokratisches Regiment. Sich selbst stellte er nicht in Frage, Kritik kam nie an ihn heran. (38)

Ein Bild außerordentlicher vitaler Spannkraft, energischen, ja wuchtigen Vorwärtsdrangs, der den gegebenen Raum intensiv ausfüllt. Die Spannung oszilliert jedoch. Es gibt willkürliche und unrhythmische Blockierungen neben starken wie auch schwächlichen Entladungen. Das Ganze ein starker Strudel ohne deutliche Struktur. Man kann auch nicht direkt von Stereotypie sprechen, aber doch von einer gewissen Glätte und Flachheit.

39

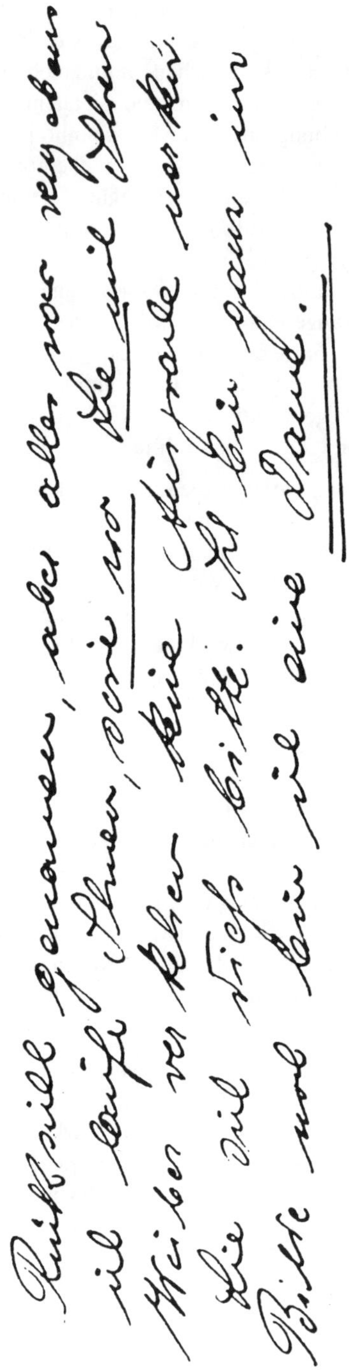

40

Die Schreiberin, eine kleine Schneiderin von etwa 35 Jahren hielt ihre Umgebung in (39) Atem durch zahlreiche Affären, vor allem aber durch ihr lautes und dramatisierendes Gebaren, ihre hemmungslosen Beschimpfungen. Ihre Erlebnisschwäche suchte Kompensation in Anlässen zum Aufgeregtsein. Der junge Mann, der seinerzeit diesen Brief erhielt, hatte übrigens nicht das Geringste verbrochen.

Es gibt zwar in der Graphologie die Ansicht, man solle vom Inhalt des Geschriebenen bei der Deutung keine Notiz nehmen. In der Tat kann man durch den Inhalt eines Schreibens beträchtlich in die Irre geführt werden. Aber im vorliegenden Fall braucht man nicht zu befürchten, einer Fälschung aufzusitzen, sondern hier handelt es sich um ein Originaldokument einer verschmähten Liebhaberin. Und wenn sie schreibt, »noch bin ich eine Dame«, dann läuft man wohl nicht Gefahr, die Schrift für damenhaft zu halten, sondern sie bleibt massiv ordinär. Die geschleuderte, überhastete, Buchstaben verschluckende, dann sich wieder in Verhäkelungen festfahrende Bewegung zeigt ein Muster dranghafter Unruhe, mit geringer Steuerung, schwacher Prägnanz in bezug auf Klarheit und Deutlichkeit. Aber die Schrift ist ebenso erregt wie leer, banal, unglaubwürdig.

Frau von 60 Jahren, für ihr Alter noch erstaunlich vital, von theatralischem Auftre- (40) ten, außerordentlichem Macht- und Geltungsbedürfnis. Ihre Umgebung versucht sie mit allen Mitteln zu dominieren, scheut dabei nicht vor Beleidigungen und Verleumdungen zurück, kann auch handgreiflich werden. Mit ihren Kindern ist sie überworfen, macht ihnen Schwierigkeiten wo sie kann und versucht sie sogar materiell zu ruinieren.

Wie im vorhergehenden Fall wird man auch dieser Schreiberin nicht leicht abnehmen, daß sie immer Dame geblieben sei und dazu sogar noch ein innerlich kultivierter Mensch. Auffällig sind hier zunächst die außerordentliche Massivität der Bewegung, die ordinäre Formgebung, die keine Luft mehr lassende Beschlagnahme des Raumes. Verglichen mit der vorhergehenden »Dame«, ist diese hier für ihre Umgebung weit bedrohlicher durch ihre viel stärkere Vitalität.

Diskussion

In den hier bezeichneten Fällen haben wir Aussagen gefunden wie Unruhe, Wildheit, Gewaltsamkeit, Getriebenheit, Gehetztheit, eruptive Entladung, Hektik, Enthemmtheit, Überdruck, Massivität, Ungebremstheit und sie unter dem Oberbegriff der Dranghaftigkeit zusammengefaßt.

Der Drang hat aber auch eine Struktur, die mit denselben Begriffen beschrieben wird wie lebendige Bewegung schlechthin. Der Hauptakzent dieser materiellen Gestalt des Dranges liegt in den meisten Fällen auf dem Druck und auf der Schnelligkeit, dazu auch oft auf erheblicher Expansion, so daß die Mehrzahl der Bewegungsmerkmale übermäßig ausgeprägt ist. Wo der Druck eher niedrig bleibt, nehmen Schnelligkeit und allseitige Raumerfüllung oft zu. Diese graphologische »Luftdruckkurve« ist für unsere Zwecke hier zwar wenig bedeutend, aber man kann durchaus ihre einzelnen Teile zur Schriftbeschreibung verwenden, wenn sie ein physiognomisches Vorzeichen erhalten. Man kann also von blockierendem oder erlöschendem Druck sprechen, von gepreßter Enge oder enthemmter Weite, und man hat dann die physiognomische Qualität zusammen mit ihrer materiellen Basis erfaßt.

So wie die Schriftbilder auch für den ungeübten Betrachter sehr deutlich eine maßgebende Ähnlichkeit in Gestalt des dranghaften Moments aufweisen, so sind auch die Übereinstimungen von typischen Verhaltensweisen der Schreiber recht hoch. Wenn wir von ungehemmten Triebentladungen absehen, ergibt sich hier vor allem ein gesteigerter Lebensdrang, alles wird mit ganzer Person getan, ohne Rücksicht auf Gefahren und Risiken, die Kerze wird an beiden Enden angezündet, nichts kann aufgeschoben werden, man setzt sich ohne Vorbehalte voll ein, nichts Halbherziges ist zu erkennen, es gibt kein Vor und Zurück. Immer wird die ganze Kraft eingesetzt, Ziele werden mit größter Ungeduld angestrebt, es gibt nur »alles oder nichts«, einen hohen Energieverbrauch bis zum Raubbau. Die Persönlichkeitswirkung ist oft sehr suggestiv, doch besteht auch die Tendenz, alle zu beschäftigen, in Unruhe zu bringen. Auf niedrigem Niveau besteht Aktionismus, Nervenkitzel wird gesucht. Bezeichnend ist auch oft das sofortige Zusammenklappen bei Mißerfolg. Der dranghafte Typ ist ein schlechter Verlierer. Herausforderungen werden gesucht, Machtproben eingegangen, Kraftakte geleistet.

6. Funktionslust

41

41 Armenischer Kaufmann, 35, der in Deutschland studiert hat, schon als Student auffallend durch kraftvolle Natürlichkeit und völlige Unbefangenheit, aber auch lebhafte Ansprechbarkeit und Äußerungsweise. Vor allem ist er von ungewöhnlicher lebenspraktischer Klugheit, die ihn überall kaufmännische Möglichkeiten sehen läßt, an denen andere vorübergehen. Dies hat ihm ermöglicht, nach der Flucht aus seiner armenischen Heimat zunächst in osteuropäischen Ländern Unternehmen aufzubauen, bis er schließlich gezwungen war, nach Übersee zu gehen, wo er wiederum ein Textilunternehmen gründete und zu erheblichem Umfang brachte. Er ist aber nicht nur materiell interessiert, sondern sein Kunstverständnis, sei es für altes Porzellan oder modernste Musik, ist erheblich. Er spricht mindestens zehn Sprachen, und zwar nahezu vollkommen, mit außerordentlicher Differenziertheit im Ausdruck und einem unerschöpflichen Vokabular. Er blieb sein Leben lang ein für sich ganz bedürfnisloser, einfacher und liebevoller Mensch.

Obwohl der Schreiber nur ein schmales Blatt zur Verfügung hatte, nur etwas breiter als die Hälfte einer gewöhnlichen Schreibseite, entfaltet er sich doch darauf ganz lokker, fühlt sich offenbar nicht eingeengt. Diese Zwanglosigkeit hat auch keinen Einschlag von Enthemmtheit oder Dranghaftigkeit, sondern sie spiegelt schlichte Natürlichkeit. Das lebhafte, euphorisch gefärbte Temperament ist ausreichend gesteuert. Weder Präsentation noch Repräsentation sind bei ihm ein Thema. Er zeigt weder ängstlich etwas vor, noch demonstriert Ansprüche.

42 Diese fast 70-jährige Schreiberin mußte vor über 50 Jahren Deutschland fluchtartig verlassen, brachte sich zunächst auf einzelnen Stationen dieser Flucht mit Modellschneiderei durch, was sie gelernt hatte, baute später in den USA eine kleine Fabrik für Textilerzeugnisse auf. Dabei schleppte sie jahrelang einen untauglichen Ehemann mit, der, viel älter als sie, sie an der Arbeit zu hindern suchte, weil ja doch alles keinen Zweck habe. Trotz dieser Doppelbelastung brachte sie sich und ihn mit unverdrossenem Lebensmut durch. Sie weiß sehr genau, was sie will, setzt sich energisch und zielbestimmmt durch, bleibt dabei aber angenehm, spontan und offen, findet überall Freunde. Sie leistet viel Arbeit in ganz unverkrampfter Art, begegnet Schwierigkeiten flexibel, ist bei ihren Mitarbeitern sehr angesehen. Nach dem Tode ihres ersten Mannes fand sie eine zweite, diesmal glückliche Ehe.

Für eine Frau dieses Alters fällt die Schrift vor allem auf durch ihre unbefangene Natürlichkeit, jugendliche Frische, großzügige Lockerheit. Keine Steifigkeit findet sich hier, keine Umständlichkeit oder Verlangsamung. Sie wirkt bemerkenswert unverbraucht.

42

Die Sonne scheint so zu sagen täglich
dafür ist es auch feuchter (was nicht
so angenehm ist, aber da Aircondition
ist eine Notwendigkeit geworden ist –
und wir nicht mehr arbeiten, läßt
es sich ganz gut leben. –
Wie wir nach Florida gekommen
sind und warum werde ich Dir ausführlich schreiben (kein leeres Versprechen)
Jetzt muss mir erst meine aufgehäufte
Correspondence nachkommen
Wenn Du kannst schreibe mir Deine
Adresse in der Schweiz – Fred fährt ~~Ende~~
Mitte Aug. nach Luzern seinen Bruder
besuchen und dann nach Wien.
Alles Gute + hoffentlich tragen die Ferien

43

ragend. Wird am 30. Juni eine Engländerin heiraten und dann soweit ersichtlich ein ganz bourgeoises liebes Leben, mit Pantoffeln, Fernsehen usw. Aber er ist, was man so sagt, glücklich und lebt eine junge Managerexistenz zur Zufriedenheit seiner Bosse.

Diplomatin, 50. Als sie pensioniert wurde, bescheinigte man ihr in einem Zeitungs- 43
artikel nicht nur hervorragende Leistungen, sondern auch ein für ihren Beruf ungewöhnliches Maß von Unbekümmertheit. In der Tat verkörpert sie zwar noch den aussterbenden Typ der »grande Dame«, beherrscht gesellschaftliche Rituale mit selbstverständlicher Sicherheit, ist aber im Auftreten vor allem von zwangloser Natürlichkeit, Direktheit, temperamentvoller Anteilnahme. In ihrem Amt war sie eine große Vermittlerin, eine berühmte Gastgeberin mit erheblicher Anziehungskraft für Menschen aller Art, wobei auch die ausgefallensten Typen von ihr integriert wurden. Sie hat keinerlei Vorurteile, akzeptiert jeden, wie er ist. Sie begeistert sich schnell, hat ein nie erlahmendes Interesse an Menschen, ist aber auch literarisch, kunsthistorisch und musikalisch nicht nur interessiert, sondern auch gebildet. Sie bekommt niemals zuviel. Auch nach ihrer Pensionierung findet man sie selten zu Hause, sie ist auf Reisen in der ganzen Welt, reist zu Freunden, schreibt Bücher, organisiert Ausstellungen und ist immer tätig. Obwohl von lebhafter Mitteilsamkeit, kann sie auch intensiv zuhören. Neben ihrer Neigung zu unzähligen gesellschaftlichen Kontakten hat sie auch die Fähigkeit zu lebenslanger, gleichbleibender und durch Komplikationen ungetrübter Beziehung zu ihren Freunden.

Besonders kraftvoller, elastischer, in einem Zuge dahingehender Antrieb, sich ebenso zwanglos entfaltend wie sehr gut gesteuert, ein eindrucksvolles Bild ungebrochener Funktionslust, aber auch großer Natürlichkeit und Vortragssicherheit. Obwohl man sagen könnte, sie sei voller Lebensdrang, ist sie doch nicht eigentlich dranghaft, weil ihr dazu die quälende Intensität fehlt, das zu sehr sich Entladende, Hemmungslose, welches unsere Muster von Drangschriften zeigen. Anzumerken sind auch Wärme Geradlinigkeit, Unkompliziertheit, aber auch große Eindeutigkeit und Glaubwürdigkeit.

44

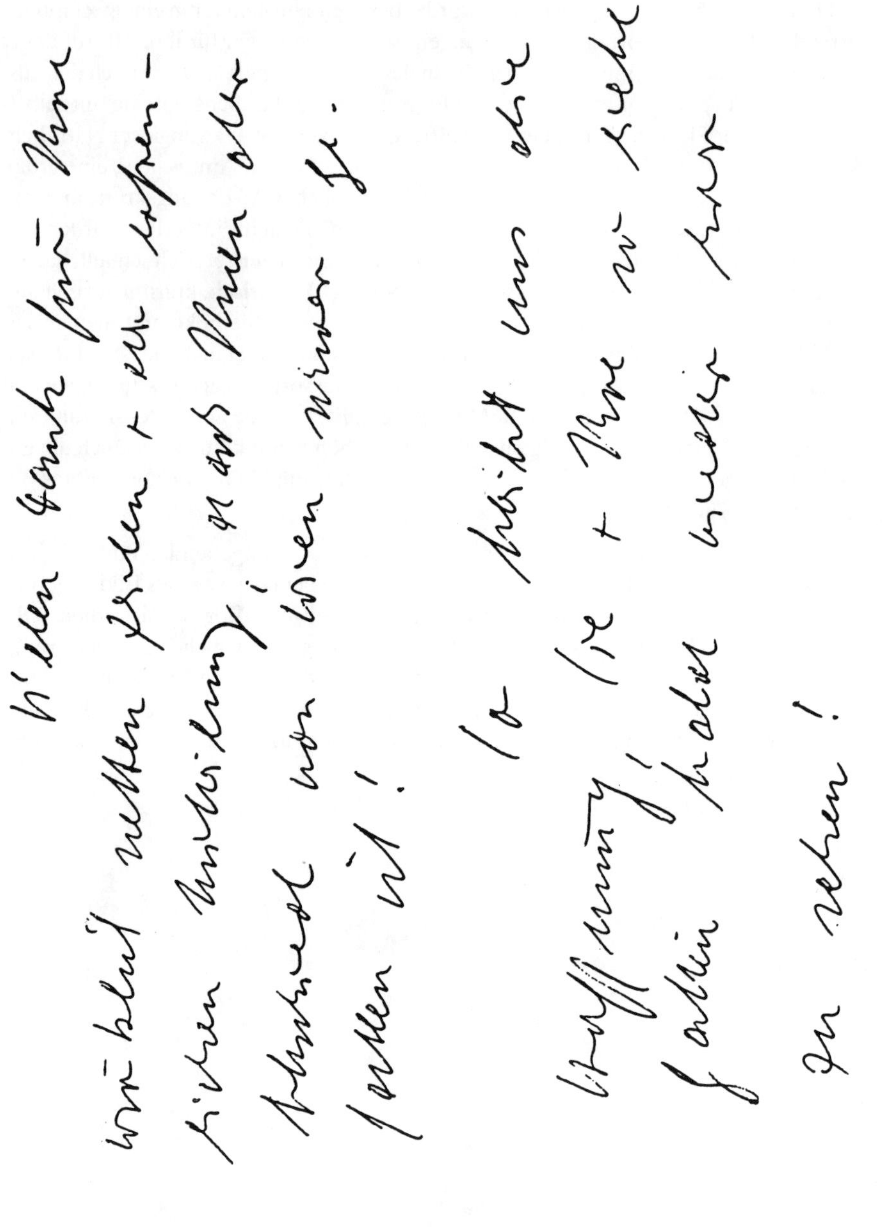

44 Psychologin, 40, die ihre vielfältigen Aufgaben in Beruf und Haushalt, aber auch dazu eine weitreichende und anspruchsvolle Geselligkeit mit ganz außerordentlichem organisatorischem Geschick zu bewältigen weiß, immer in Betrieb, aber dabei stets gelassen und freundlich, vor allem von spontaner Hilfsbereitschaft. Wenn man sie braucht, hat sie immer Zeit für einen. Sie greift aber auch unaufgefordert zu, wo es notwendig ist. Sie ist absolut zuverlässig. Ihr Urteil über Menschen ist von theoreti-

45

schem Ballast frei, sie zeigt da sehr viel gesunden Menschenverstand und kann vor allem Menschen witzig und plastisch beschreiben. Sie hat auch einen ausgedehnten Bekanntenkreis, kennt in ihrem Bereiche jede Persönlichkeit von einiger Wichtigkeit, ist eine unerschöpfliche Quelle von Informationen, die freilich nicht für jeden sprudelt, denn sie ist auch sehr diskret.

45 Hier finden wir nicht nur einen sehr spontanen, natürlichen, unbekümmerten Ablauf, sondern vor allem eine Organisation in Richtung auf größtmögliche Zweckmäßigkeit, so daß die Schrift dadurch etwas nüchtern wirkt, obwohl keineswegs temperamentsarm. Der Strich wirkt zugleich flexibel wie zäh. Manche Formen sind mehr angedeutet als ausgeführt, aber die Lesbarkeit bleibt erhalten. Es dominiert der Charakter lockerer, großzügiger und zugleich vital geladener Ungezwungenheit.

Wenn der Generaldirektor, 50, eines großen englischen Werkes sich vor seine Arbeiter stellt und erklärt, daß es trotz einer 33-prozentigen Umsatzsteigerung dieses Jahr keinen Bonus geben werde, wenn er selber mal einen Arbeiter, der gegen die Anordnung keine Schutzvorrichtung bei seiner Tätigkeit trägt, mit der bloßen Faust niederschlägt, und der Geschlagene sich wieder aufrappelt und sagt: »Es soll nicht wieder vorkommen«, und auch danach kein Aufschrei der Gewerkschaft erfolgt, kein Gerichtsverfahren oder dergleichen, sondern allgemeine Zustimmung innerhalb der Belegschaft, dann muß es sich wohl um eine außergewöhnliche Persönlichkeit handeln.

Schon sein Äußeres ist dominierend, er ist groß, kräftig, durchtrainiert, aber vor allem hat er eine starke Ausstrahlung und unmittelbare Überzeugungskraft, ist sehr gesellig, freundschaftlich, betreibt seine sportlichen, literarischen und technischen Hobbies mit ebensolcher Begeisterung wie seine Arbeit.

Seine Haupttätigkeit in mehr als 25 Jahren war die eines Krisenmanagers, der notleidende Firmen übernahm, sie neu organisierte und an seinen Nachfolger übergab, sobald sie wirtschaftlich wieder auf einer gesunden Basis standen. In dieser Funktion hat er einen ungewöhnlichen Schatz von Erfahrungen gesammelt, darüber auch Bücher geschrieben. Sich selbst bezeichnet er als Generalisten, er mag das Gefühl der Gesamtverantwortung, der Zusammenfassung vieler verschiedener Elemente, er will gerade genug aus vielen unterschiedlichen Fachgebieten lernen, um informiert, aber nicht perfekt zu sein. Er ist ein ausgeprägter Mann der Praxis, Theorien begegnet er mit einer Mischung von Mißtrauen und milder Ironie, sieht vor allem aber das A und O seines Erfolges in der Fähigkeit, sich anderen mitzuteilen. Nach seiner Ansicht bestimmt die Fähigkeit als Kommunikator den erfolgreichen Manager. Schwache Stellen deckt er mit Sympathie und in konstruktivem Geist auf, versteht zu unterrichten, zu überzeugen und zu motivieren. Er kann außer der Information ebenso wirkungsvoll Beweggründe, Gefühle und Stimmungen vermitteln. In der englischen Presse hieß es, daß er mit seiner Freundlichkeit, seinem Humor und seiner ansteckenden Begeisterung das gegenseitige Mißtrauen, das so häufig in der Industrie zu finden sei, beseitigt habe. Er sage Mitarbeitern, was im Direktionszimmer vorgehe, und diese sagen ihm, was in den Fabrikhallen los sei.

Zu den ersten Eindrücken gehören hier das kraftvolle, dabei lockere und großzügige Ausströmen der Bewegung, eine spezifische Verbindung von Festigkeit und Lokkerheit, dazu kommen Wärme, Natürlichkeit, Frische, Unbefangenheit und Unkompliziertheit. Der Ablauf ist nirgendwo gestaut, gebremst, gehemmt, jedoch angemessen gesteuert. Der Vortrag ist sicher, selbstverständlich, ohne Mätzchen, aus allem spricht ungezwungene Souveränität.

(46)

Er erwartet vor allem gutes Ein-
fühlungsvermögen – Mitdenken
eine gewisse Fürsorglichkeit
Durchsetzungsvermögen und
Diskretion. – Das Sammeln vieler
Informationen aus den unterschiedl.
Aktivitätsbereichen und die Verarbeitung.
Herr [redacted] ist für ein paar Tage
im Urlaub würde sich danach dann
gerne telefonisch mit Ihnen unter-

46 Wenn eine Mutter von sieben Kindern sich nicht mit ihrer Rolle als Hausfrau begnügt, sondern aktiv in der Geschäftsführung eines sehr großen Dienstleistungsunternehmens mit über tausend Leuten mitarbeitet, so dürfte das der Beweis für eine ungewöhnliche Tätigkeitsfreude sein, auch für vitale Belastbarkeit und Durchhaltevermögen. Es handelt sich bei der Schreiberin nicht um die Befriedigung ehrgeiziger Ambitionen, sondern um das Bedürfnis nach Auswirkung aller ihrer Kräfte. Sie scheint von unerschöpflicher Arbeitsfähigkeit, bleibt auch nach großen Anstrengungen frisch, ist immer präsent, praktisch äußerst klug, in der Beurteilung von Menschen ebenso gerecht wie zu prägnanten und tiefgehenden Urteilen fähig. Sie gibt sich mit vollkommener Natürlichkeit, äußert ihr starkes Temperament offen, neigt aber keineswegs zur Formlosigkeit. Sie findet überall spielend Kontakt, hat Charme und Mutterwitz, ist eine Persönlichkeit aus einem Guß, mit sich im reinen, daher von ungetrübt starker Ausstrahlung auf ihre Umgebung.

Kraftvoll strömender, vor allem sehr gut organisierter Ablauf, der wegen seiner lockeren und großzügigen Art ungeachtet expansiver Raumdurchdringung nicht zu intensiv oder gar massiv wirkt. Vor allem dominiert Bewegungslust und unbefangene Natürlichkeit. Die Schrift könnte ihren Platz haben bei den Fällen starker Vitalität, aber auch denen der angemessenen Steuerung und der gelungenen Repräsentation.

Diskussion

Die Vielzahl von physiognomischen Kennzeichnungen für Funktionslust wie besonders flüssig, spielerisch, unbefangen, großzügig, spontan, locker, unkompliziert, unbekümmerte Natürlichkeit schrumpft in unserer graphologischen »Luftdruckkurve«, also auf der materiellen Ebene der physiologischen Bewegungsmerkmale, zusammen auf schwachen Druck, mittlere bis große Geschwindigkeit und Betonung allgemeiner Expansion.

In den Biographien unserer Schreiber haben wir Qualitäten wie Weltoffenheit, Unbefangenheit, lustvolle Vertiefung in Aufgaben ohne Zweckgebundenheit, breiteste Kontaktfähigkeit, spontanes Zugehen auf Menschen und Dinge, Toleranz, Durchlässigkeit der Gefühle, Neugierde auf alles Kommende, Freude an Experimenten, Abwesenheit von Perfektionismus oder Neigung zu Extremen, Wirklichkeitssinn, soziale Intelligenz, scheinbare Mühelosigkeit beim Arbeiten, Fähigkeit zum Experimentieren und Improvisieren. Probieren geht hier über Studieren. Man nimmt alles, wie es kommt, kann Kompromisse machen, läßt sich auf alles ein, bleibt bis ins hohe Alter offen für neue Möglichkeiten.

7. Dysphorie

mir gestanden? Hast Du, wie beabsichtigt, manchmal den guten Toni Haug aufgesucht? Schaue
doch mal nach ihm um und erheitere ihn etwas, er
scheint etwas an Examensfolgeerscheinungen zu leiden.
Und die Verlobung - Hanni - Grit? Vieles bleibt
Dir zu erzählen, da ich wenig schreibe u. wenig höre.
- In 8 Tagen fahre ich nach Italien. - Er-

47 Diplom-Kaufmann, 30, sehr zarte, in sich gekehrte, von Traurigkeit wie von einem Schleier umgebene Persönlichkeit, sehr verletzbar, hatte in seiner Jugend erhebliche Schwierigkeiten mit dem Studium, und zwar nicht aus Mangel an intellektueller Begabung, sondern an Konzentration, stabilisierte sich aber im Lauf des Lebens genügend, um eine höhere berufliche Position ausfüllen zu können. Die pessimistische Grundnote seines Wesens blieb aber deutlich erhalten.

Die Schrift kann den Raum weder ausfüllen noch gliedernd beherrschen, der Strich ist zart und zitterig, doch sind die Formen gut durchgebildet und nicht ohne Lebendigkeit.

48

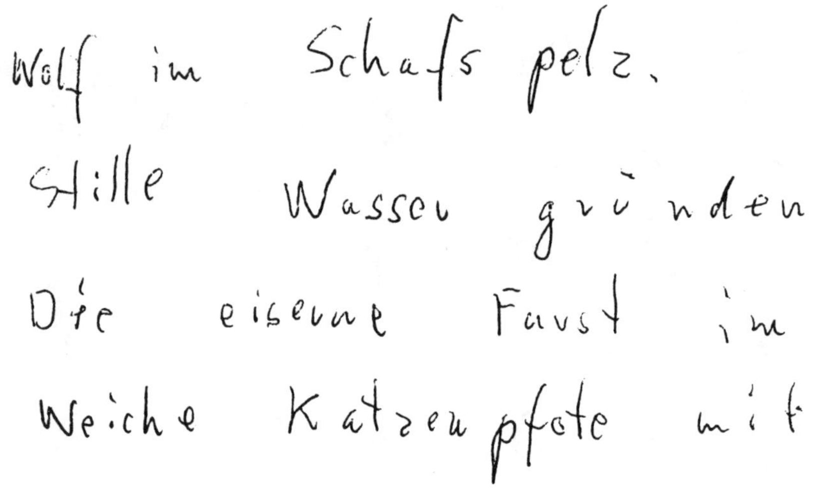
Wolf im Schafs pelz.
Stille Wasser gründen
Die eiserne Faust im
weiche Katzenpfote mit

48 Künstlerisch sehr begabtes junges Mädchen, 25, witzig, einfallsreich, charmant, angenehm in der Zusammenarbeit. Insofern wäre eine Expertise, welche sie als schwer depressiv, geschädigt, lebensuntüchtig bezeichnet hätte, von jedem, der sie kannte, zurückgewiesen worden. Um so unerwarteter kam es für ihre Freunde, daß sie eines Tages Selbstmord beging. Da erinnerte man sich erst, daß sie schon längere Zeit vorher immer wieder einmal von einer solchen Absicht gesprochen hatte, ohne daß man sie ernst nahm.

Zarte, verzitterte, schwächliche, zeichnende Strichführung, spannungsarm, zwischen den Zeilen und Worten bleibt Leere.

49

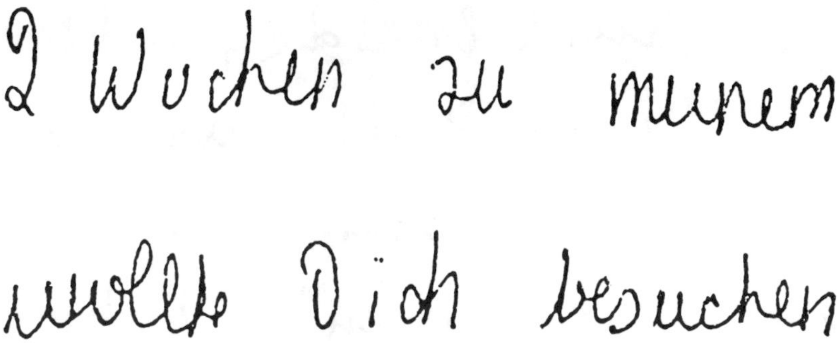
2 Wochen zu meinem
wollte Dich besuchen

Der Schreiber, 17, ist für seine schulischen Aufgaben nicht schlecht begabt, gibt sich auch Mühe, flüchtet aber bei Enttäuschungen in Drogen und hat schon mehrere Selbstmordversuche hinter sich. Im Umgang ist er höflich und angenehm, aber lahm, uninteressiert, wenig ansprechbar. Wenn er an jemandem einen gewissen Halt gefunden hat, klammert er sich verzweifelt daran. 49

Sehr zarter, spröder, schwächlicher Strich, die Bewegung steht, die Raumausfüllung ist lückenhaft.

50

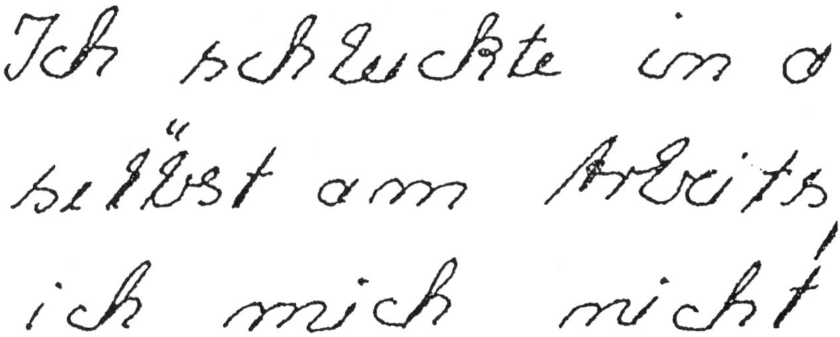
Ich schluckte
selbst am
ich mich nicht

Der oft arbeitsunfähige mittlere Beamte fällt in erster Linie auf durch seine stotternde Sprechweise, die ihn oft ganz verstummen läßt, seine skrupelhafte, ängstliche und sich selbst anklagende Art, seine Angst vor Menschen, die ihn oft geradezu erstarren läßt. Es fehlt ihm keineswegs an Pflichtgefühl und Arbeitswillen, aber die vitale Belastbarkeit ist hier so gering, daß er seiner Arbeit, die häufig einen lebhaften Kundenverkehr von ihm fordert, nicht mehr gewachsen ist. Doch erkennt er sich selbst ganz gut, versucht für sein persönliches Leben zu Entscheidungen zu kommen, blockiert aber schon bei geringen Schwierigkeiten völlig. 50

Spröder, starrer Strich, dazu eine erhebliche Übersteuerung, die Formen sind angestrengt herausgearbeitet. Zwar ist die Bewegung blockiert, aber es bietet sich noch nicht das Bild einer schlaffen Selbstaufgabe wie im vorhergehenden Falle M 17.

(51)

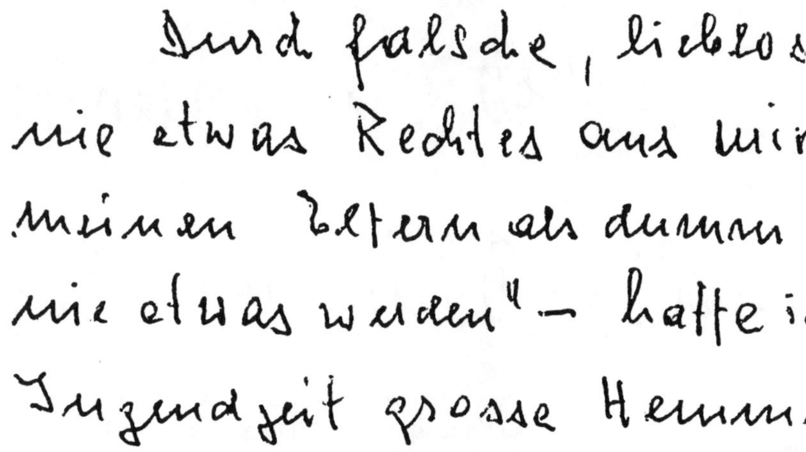
Durch falsche, lieblos
nie etwas Rechtes aus mir
meinen Eltern als dumm
nie etwas werden" – hatte i
Jugendzeit grosse Hemm

(51) Wenngleich der Schreiber, 60, meistens berufslos, aus sehr wohlhabender Familie, im vorliegenden Text nicht nur von seinen frühkindlichen Schädigungen berichtet, sondern auch davon, daß er seine Hemmungen erst in reiferen Jahren ablegen konnte, ist er doch auch heute noch ein sehr unglücklicher Mensch, da es ihm nicht gelingt, stabile Kontakte aufzubauen. Er sieht sich immer wieder auf unwürdige Objekte seiner Zuneigung angewiesen, die ihn ausnutzen und enttäuschen. Er gibt aber den Kampf nicht leicht auf, stemmt sich trotz vieler Phasen von Mutlosigkeit gegen sein Schicksal, hat für kurze Zeit auch kleine berufliche Erfolge gehabt, so daß er sich nicht in solchem Maße an der Grenze der Lebensunfähigkeit bewegt wie die vorhergehenden Beispiele. Aber in schwierigen Situationen neigt er zum Mißbrauch von Tranquilizern.

Die Ähnlichkeit mit den vorhergehenden Proben ist offenkundig, was Starre und Übersteuerung angeht; doch fällt hier noch besonders auf ein Moment der Verquältheit und auch der Erregbarkeit.

(52)

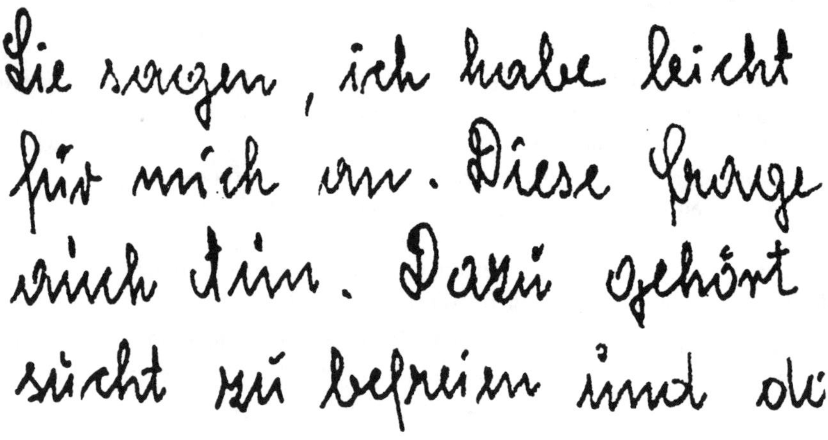
Sie sagen, ich habe leicht
für mich an. Diese Frage
auch tun. Dazu gehört
sucht zu befreien und

Buchhalter von guter Arbeitsleistung, peinlicher Sorgfalt, um absolute Fehlerlosigkeit ringend. Jeder Fehler bringt ihm schwere Schuldgefühle ein, er ist außerordentlich ängstlich und kontaktgehemmt, traut sich manchmal nicht aus dem Haus. Er möchte oft nicht mehr leben. Seine Depressionen und damit verbundene Störungen wie Schlaflosigkeit werden seit Jahren mit schweren Mitteln bekämpft, so daß sich schließlich Tablettensucht ausgebildet hat. Er selbst ist der Ansicht, daß er nichts tauge, daß er alles falsch mache. Nur wenn er arbeitet, fühlt er sich relativ wohl und selbstsicher. Er glaubt, daß man ihm seine Depressionen, Schuldgefühle und Unsicherheit anerzogen habe. Einen gewissen Halt gibt ihm die Zugehörigkeit zu einer religiösen Sekte, der er sich bedingungslos verschrieben hat. Ihre Forderungen können ihm gar nicht streng genug sein. (52)

Der Strich ist hier ähnlich starr wie in den vorhergehenden Beispielen, die Steuerung ist übermäßig hoch, aber die vitale Belastbarkeit ist besser, und auch die Schrift hängt nicht verloren im Raum, sondern ist diesem besser integriert.

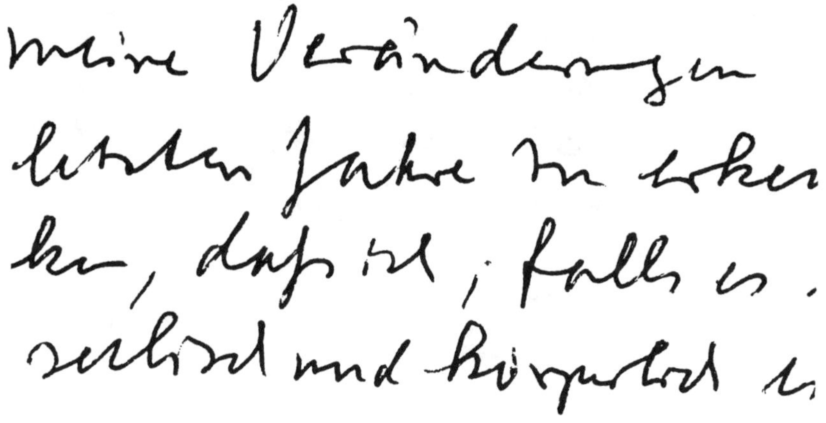
(53)

Techniker, 34, oft von schweren Verzweiflungszuständen heimgesucht, weil es ihm unmöglich war, sich in einer Arbeitsstelle zu halten. Er galt als streitsüchtiger Querulant, der sich durch völlig wirklichkeitsfremde Ansprüche immer wieder seine Chancen verdarb. Er hatte keine Ahnung, wie er auf andere wirkte, glaubte sich immer im Recht. Es wurde mit der Zeit stationäre Behandlung erforderlich. (53)

Die Schrift zeigt nicht die betonte Übersteuerung der vorhergehenden Proben. Es dominieren im Eindruck vielmehr Unruhe und Erregbarkeit. Aber der Strich ist stark verkrampft und gequält, wie aus verbogenem Draht geformt. Das Ganze ein Bild dumpfen Wühlens, Gewaltsamkeit und Dissonanz.

(54)

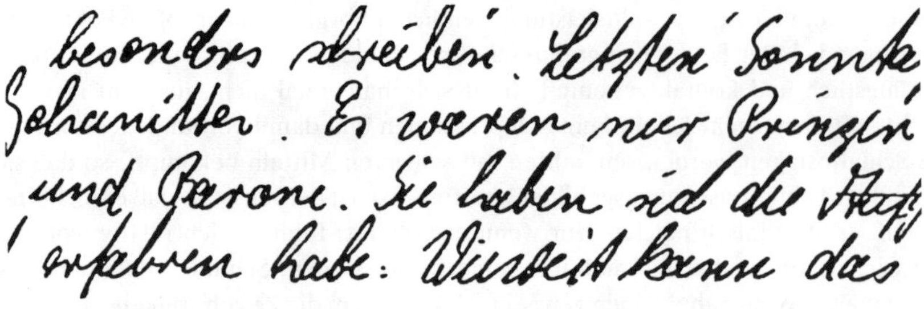

(54) Trotz angeblich schwacher Begabung und Mangel an Konzentration stellt der junge Mann riesige Ansprüche an sich selbst, ist außerordentlich fleißig, ganz einseitig auf Leistung eingestellt, nie zufrieden mit sich, versagt sich alles Angenehme, ist still, verschlossen und absolut ungesellig.

Obwohl der Schreiber zweifellos in die Kategorie der Depressiven gehört, setzt die Schrift die bisherige Ähnlichkeitsserie, die durch Starre plus Übersteuerung gekennzeichnet ist, nicht fort. Der Strich ist hier vielmehr weich, klebend, bisweilen etwas schmierig, die Steuerung gerade ausreichend, die Raumerfüllung eher dicht. Etwas Lastendes liegt über allem, die Bewegung geht wie mit Blei an den Füßen.

(55)

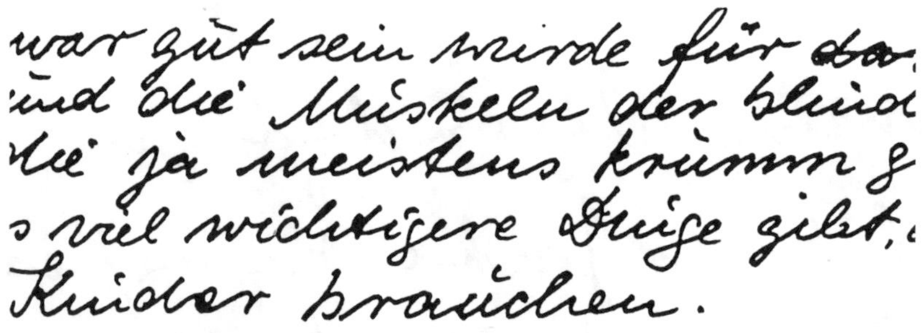

(55) Student, 26, den intellektuellen Anforderungen des Studiums wenig gewachsen, durch komplizierte Begrifflichkeit schnell überfordert, ungeschickt, sehr nach Kontakt suchend, ihn sich aber selbst durch sein am Partner klebendes, eifersüchtiges Verhalten erschwerend. Beging nach nicht bestandener Prüfung und gleichzeitiger Liebesenttäuschung Selbstmord.

Weicher, fast schlaffer Strich, dranghaft-sehnsüchtige Raumerfüllung, schwache Steuerung, infantiles Profil.

(56) Die etwa 30-jährige Schreiberin, als still und gutartig bekannt, kommt trotz größten Fleißes mit den Kollegen im Betrieb in der Arbeit nicht mit. Nachdem die einzige persönliche Bindung, die sie eingangen war, scheiterte, beging sie Selbstmord.

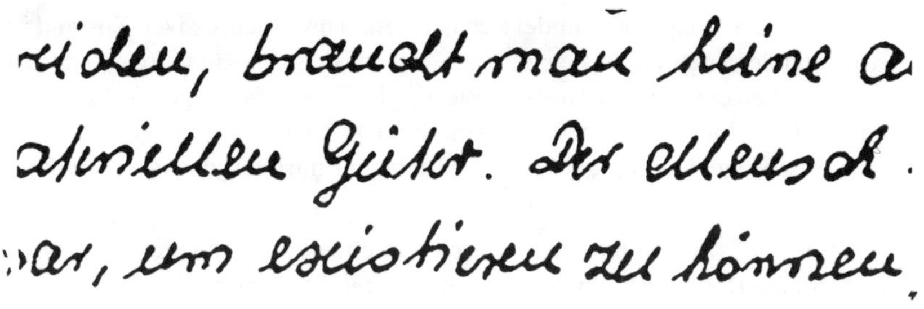
ziehen, braucht man keine a
ateriellen Güter. Der Mensch
war, um existieren zu können.
56

Schwere, klebende, mühevolle Bewegung, sorgfältig, aber auch angestrengt gemalt, nicht ohne Zähigkeit, aber unflexibel.

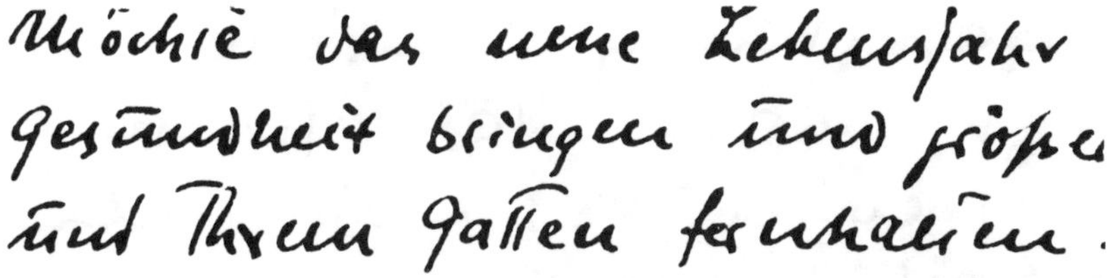
Möchte das neue Lebensjahr
Gesundheit bringen und größe
und Ihren Gatten fernhalten.
57

Student, 35, sehr angenehmer, immmer höflich beflissener, sich mit einem gewissen Ritual gebender Mann, also nicht ohne eine leichte Manier, durch eine chronische Krankheit, deren Wesen viele Jahre lang nicht erkannt wurde, in seiner beruflichen Laufbahn entscheidend gehindert. Er war nicht in der Lage, auch mit größter Anstrengung, mehr als ein bis zwei Stunden am Tag zu arbeiten. Diese bedrückende Situation führte zu schweren Depressionen, die er in seiner stillen Art so gut wie möglich zu verbergen suchte. Dabei hatte er auch lebhafte geistige Bedürfnisse, lernte gern, aber sein dauernder Kraftverlust verhinderte auch hier eine Entwicklung. 57

Mühsam laufende Bewegung, oft steckenbleibend, unterbrochen, sich druckstark festfahrend. Schulmäßige Deutlichkeit wird angestrebt und auch erreicht, aber es gibt auch Bemühen um eine persönliche Note in einzelnen Stilisierungen.

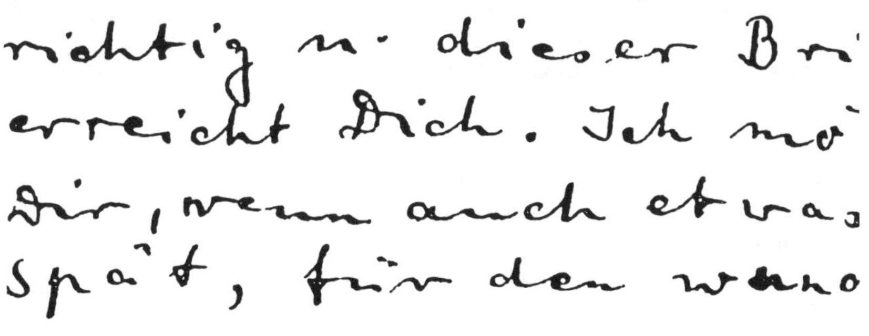
richtig u. dieser Bri
erreicht Dich. Ich mö
Dir, wenn auch etwas
spät, für den warm
58

58 Die 22-jährige Schreiberin befindet sich in einem schwer depressiven Zustand, ihre Lebensumstände bedeuten für sie eine Falle, aus der sie sich nicht befreien kann, ihre Stimmung ist die verzweifelter Hoffnungslosigkeit. Ihr sehnsüchtiges Bedürfnis nach Freundschaft und Liebe wird immer grob mißbraucht. Dabei ist sie im Grunde ein heiterer, lebenskräftiger Charakter, der in der Tat beim Eintreten günstigerer Bedingungen die depressiven Züge wieder verloren hat.

Die Schrift wirkt wie durch einen Druck von oben auseinandergewalzt, plattgedrückt, klebt am Boden, ist schwerflüssig und unfrei. Man spürt aber auch noch eine gewisse Widerstandsenergie, und vor allem hat die Schrift etwas Kindlich-Offenes, also nicht Infantiles oder in der Entwicklung Schiefgelaufenes. Arglose Kindlichkeit dieser Art enthält meist Entwicklungspotential.

59

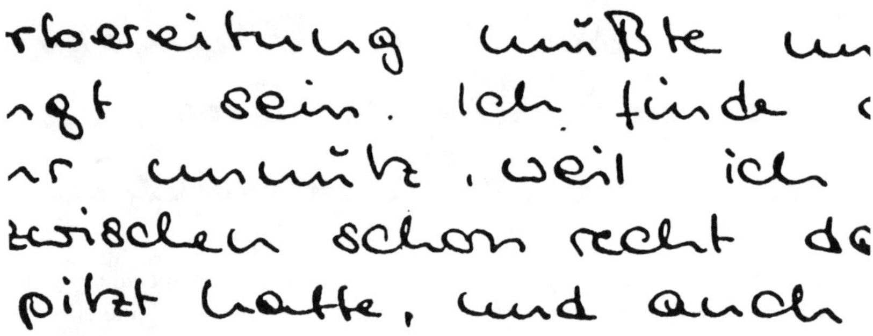

59 Schülerin, 19, sehr beliebt in ihrer Umgebung, allen gefällig, gesellig und aufgeschlossen, zeigt sich auch in der Schule zwar nicht als sehr fleißig, aber doch gut begabt. Ihre weitherzige Nachgiebigkeit bringt sie in emotionale, von außen gesehen keineswegs weltbewegende Konflikte, denen sie sich durch Selbstmord entzieht.

Sehr weicher Strich, mehr schlaff zerlaufend als klebend und schwer, das Ganze ebenso gefällig wie doch auch aufgeweicht und konturlos.

60

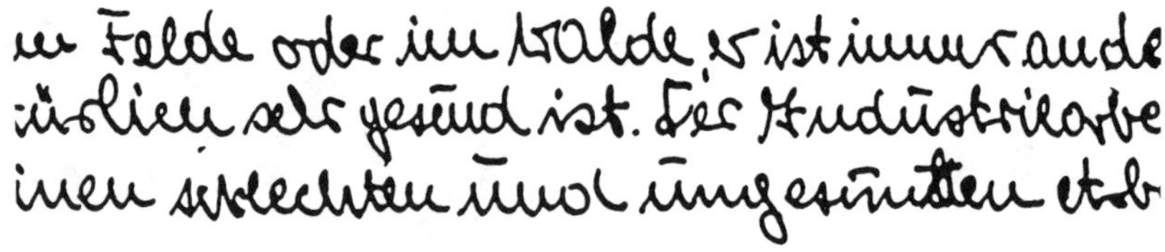

60 Handwerker, 20, bei Pflegeeltern großgeworden, da der Vater geisteskrank war, immer sehr ernst, verhalten, ohne praktische Wendigkeit oder Überblick, reagiert unbeholfen, gilt als Sonderling, gibt sich in der Arbeit wie aber auch mit seinen Mitmenschen eine gewisse Mühe, ist auch nicht avital. Dennoch ist das Leben für ihn eine schwere Last, er sieht hauptsächlich dessen negative Seiten, beschreibt als sein stärkstes Erlebnis ein Unglück.

Mühsames Sich-Quälen der Bewegung, ungeschickt und unroutiniert, aber mit einer gewissen liebevollen Sorgfalt die Formen breit ausmalend, wenngleich sich dabei auch immer wieder verstolpernd.

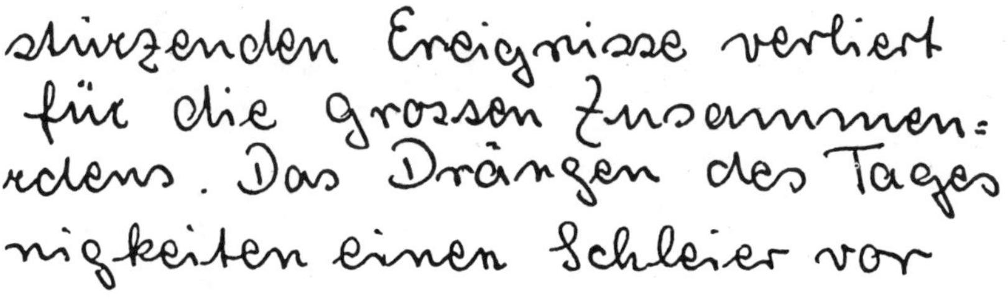
stürzenden Ereignisse verliert
für die grossen Zusammen=
rdens. Das Drängen des Tages
nigkeiten einen Schleier vor

61

Schüler, 19, typischer Bastler, sehr stimmungsabhängig, zurückgezogener und unsicherer Einzelgänger, ohne klare Ziele, ängstlich und pessimistisch, gerät auch bei Schwierigkeiten leicht durcheinander. 61

Weicher Strich, ohne Kraft und Spannung, vor allem auch bei aller Deutlichkeit der Formgebung doch nicht genügend gesteuert, nicht straff geführt.

8. Euphorie

Mir geht's prima..
hat der teure Aufenthalt im Glasern!!
nicht geholfen. Auch dort wird mit Wasser
gekocht. Ich kann also nicht mehr viel
reisen und bin doch schon meinen - allerdings vorzüglichen - amerikanischen Atmungs-
apparat gebunden, an dem ich Sauerstoff
vermischt mit Luft und einigen medizinischen
Zutaten atme, 2-4 mal täglich. Ich
finde mich also an Haus und Garten, eine
grüne Insel der Ruhe und Schönheit und
[illegible] umhegt mich wie eine Mutter [illegible]

62 Der Schreiber, 72, hat bereits mit 18 Jahren sein Lebensprogramm in einem Gedicht formuliert, dessen Schlußstrophe lautet:

»Ich will vom tätigen Leben nicht lassen
und jung noch bleiben im Silberhaar,
mit kräftigen Armen dich, Freude, umfassen,
den Geist mir halten kristallen klar.«

Auf diese Primanerlyrik könnte man das bekannte Wort anwenden, daß gut Gemeintes noch nicht Kunst sei. Dabei kommt das gut Gemeinte aber schlechter weg, als es gerade bei dem Schreiber verdient. Er hat das, was er sich einmal gelobt hat, in seinem Leben auch verwirklicht.

Seine Laufbahn begann er als Journalist und Wirtschaftsredakteur, wurde Reichstagsabgeordneter und wäre Minister geworden, wenn er es gewollt hätte. Auf Veranlassung seiner Frau jedoch, mit der er eine lebenslange glückliche Ehe führte, trat er in deren elterliche Firma ein, veröffentlichte nebenher Abhandlungen und Bücher über Wirtschaft und Unternehmertum, wurde so als Sozialpolitiker recht bekannt. Seine warmherzige, humorvolle Menschlichkeit, seine stets noble und klare Haltung brachten ihm in ungewöhnlichem Maße Liebe und Vertrauen ein. Bis in seine letzten Lebenstage hinein behielt er trotz mancher Beschwerden lebhafte Anteilnahme an allen politischen und sozialen Entwicklungen wie eine freudige Aufgeschlossenheit für die Schönheit der Natur. Sich selbst sah er als einen stets intensiv erlebenden Reisenden und Wallfahrer zu einem in der Ferne liegenden Ziel. Gerne bezeichnete er sich auch als Werkzeugmacher der Wirtschaftspolitik. Seine Firma verdankt ihm viele soziale Einrichtungen, die Wirtschaft seines Landes belebende Anregungen.

Die vorliegende Schriftprobe ist wenige Monate vor dem Tode des Schreibers entstanden, in schwerer Krankheit, so daß ihre schwerelose Leichtigkeit, Zwanglosigkeit und Natürlichkeit besonders auffällig sind. Man findet unter so eingeschränkten Umständen doch häufiger Reduktion der Bewegung, Verkrampfung, Erstarrung, Verfall. Zwar legt der zarte Strich mit vielen feinen Bewegungsstörungen eine geschädigte Vitalität nahe, aber die seelische Lebendigkeit ist davon unberührt geblieben. Auf Steuerung wird nicht allzuviel Wert gelegt, doch bleibt die Schrift deutlich lesbar. Die Bewegung läuft unbemüht dahin. Im Verhältnis zur Norm wird man einige Eigenwilligkeit anmerken können, die aber nichts Exzentrisches an sich hat. In der Präsentation verbinden sich Natürlichkeit mit sicherer Beherrschung seiner Ausdrucksmittel. Im ganzen gesehen eine ereignisreiche, lebendige Schrift von innerer Wahrheit.

Auch der Inhalt der Schriftprobe entspricht ihrer Graphik. Es gibt zwar auch einige resignierende Bemerkungen, aber unter anderem eben auch Formulierungen wie »Ich freue mich, habe ein Haus und Garten, eine grüne Insel der Ruhe und Schönheit, und Lilo umhegt mich wie eine Mutter.«

63

Ich habe sie sogleich zu Hause ange=
rufen. Sie meinte es ginge ihr
soweit gut, es wäre kein Krebs, dies
sei erwiesen, sie sei einzig noch ein
bißchen schwach mit dem Kreislauf.
Sie klang geschwächt aber glücklich
durchs Telefon, und ich war ganz
erleichtert. Sie läßt auch vielmals
danken für den Blumenstrauß. Ich
habe noch am Tag Eurer Abreise eine

63 Die Schreiberin, damals 26, wurde schon vor 15 Jahren (Knobloch, 1971) vorgestellt. Wesentliches hat sich in ihrer Persönlichkeit nicht geändert, wenngleich sie jetzt Mutter von drei Kindern ist. Von diesen nimmt sie alles hin, duldet alles, erzieht wenig, wirkt ständig überarbeitet, schafft aber eine warme und liebevolle Familienatmosphäre, in der sich alle wohlfühlen. Sie hat in der Zwischenzeit auch eine Ausbildung als Gymnastiklehrerin durchlaufen und einige Jahre diesen Beruf ausgeübt. Hier kam auch eine spezifische Funktionslust im Rahmen rhythmischer Gymnastik zur Geltung. Und im Unterricht zeigte sie eine in anderen Bereichen bei ihr nicht in gleicher Form anzutreffende Haltung pädagogischer Sorgfalt und Exaktheit, so daß sie bei ihren Schülerinnen außerordentlich beliebt wurde. Sie hat aber keinen ausgeprägten beruflichen Ehrgeiz, ist von großer Bescheidenheit und Anspruchslosigkeit, freut sich mit Wenigem, nimmt auch ihr zustehende Rechte nicht wahr, findet sich leicht ab, läßt sich ausnutzen. Obwohl sie sich meistens in schwierigen Lebenslagen befindet, die ihre Kräfte sehr beanspruchen, bleibt sie optimistisch, alles bejahend, sieht überall die gute Seite. Ihre Gefühle äußert sie leicht und frei. Verdrängungen fehlen, desgleichen innere Konflikte. Sie ist aber nicht bedingungslos anpassungsbereit, sondern es gibt Punkte, bei denen sie nicht mit sich reden läßt.

Die große Leichtigkeit und Flüssigkeit der Bewegung könnte hier an Funktionslust denken lassen, und diese kann auch nicht ausgeschlossen werden. Aber unsere für diese Kategorie ausgesuchten Muster zeigen durchweg eine stärkere Spannung, mehr Festigkeit und Bestimmtheit, während hier der Charakter des Sorglosen, des Spielerischen und Heiteren überwiegt. Die vitale Spannkraft kann man nicht allzu hoch einschätzen, vor allem geht die Schreiberin mit ihrem Kapital nicht ökonomisch um. Die Steuerung reicht aus, um die Forderung der Norm zu erfüllen, der Vortrag ist von ungehemmter Natürlichkeit, repräsentative Bedürfnisse sind gering. Die häufig vergrößerten Schleifen und Oberlängen wären dann, wenn sie stereotyp aufträten, ein Zeichen von Manier, während sie hier angesichts ihrer Modulation und ihrer Einbettung in einen natürlichen Bewegungsablauf in das Bild einer lebhaften, bisweilen etwas übersteigerten Affektivität gehören.

(64)

Nun aber zu uns. Uns geht es prinstens.
Wir haben uns sehr gut eingelebt und
sind sehr glücklich hier. Die Gegend ist
sehr nett. Recht ruhig und ziehmlich hoch
gelegen. Die Luft ist hier viel besser als
in der Innenstadt. Unser Gärtchen ist
eine ziehmliche Wildernis mit viel Himm
und Brommbeeren sowie Äpfeln und
Birnen. Wenn die Sonne scheint haben
wir sie von 9^{00}–16^{00} Uhr im Garten. Das
ist auch zum Wäsche trocknen wunderbar.
Mummy hat Dir ja sicherlich die Einzel
heiten der Wohnung erzählt. Es ist alles
sehr bequem und leicht sauber zu

64 Frau, 28, vaterlos in schwierigsten Verhältnissen aufgewachsen, welche durchaus die Basis für eine charakterliche Fehlentwicklung hätten abgeben können. Sie war schon in der Kinderzeit sanftmütig, geduldig, erstaunlich tolerant, konnte sich aber in seltenen Fällen ganz überraschend deutlich zur Wehr setzen, wenn sie auf offensichtliche Böswilligkeit stieß. Das ist alles geblieben, hinzugewachsen ist eine große Lebensklugheit und Tüchtigkeit. Sie hat ein erhebliches Zielbewußtsein, ist in der Arbeit außergewöhnlich belastbar, verliert auch unter größtem Druck die Ruhe nicht, so daß sie trotz ihrer mangelhaften schulischen Ausbildung heute, mit 40, Hauptabteilungsleiterin im Finanzbereich eines großen Konzerns ist, direkt der Geschäftsleitung unterstellt, die ihre Mitarbeiter mit Takt und Zartgefühl, aber auch mit fester Hand führt. Sie tritt ihrer Umwelt unbefangen und optimistisch entgegen, bekommt von dieser viel Sympathie zurück. Sie bezeichnet sich selbst als glücklich.

Ein liebliches, anmutiges Bild, jugendlich, frisch, atmend, schlicht, unkompliziert, unbefangen aufrichtig, locker, harmonisch, ohne Pose oder Krampf, eifrig tätig, das sind einige der hier gesammelten Eindrücke. Mit all dem würde die Schreiberin sehr gut in das erste Kapitel passen, aber auch zur Funktionslust oder zur angemessenen Steuerung und Harmonie. Dranghaftigkeit bleibt auszuschließen.

65 Als Verkäufer ist der Schreiber (35) einer von der angenehmen Sorte, der weder mit Cleverness noch mit Druck arbeitet, sondern in einer kräftig männlichen Erscheinung, seiner offenen, spontanen Art, seiner Fähigkeit zu herzlichem Lachen und seiner optimistischen Lebenseinstellung überall leicht Kontakt findet. Dabei fehlt es ihm keineswegs an Stehvermögen und erst recht nicht an guten Argumenten. Er hat sein Wissen ständig vermehrt, ist lernwillig aus eigenem Antrieb, bringt in seinem Beruf immer frische und neue Ideen. Als Schwäche bezeichnet er bei sich selbst, daß er bei netten Kunden zu gut sei. Er ist auch sehr praktisch, kann alles im Haus machen, vom Mauern angefangen. Als Vorgesetzter hat er es nicht nötig, auf seine Mitarbeiter Druck auszuüben, er wird von selbst anerkannt.

Kraftvoller, spontaner, lockerer und großzügiger Ablauf, vor allem sehr natürlich und ungezwungen, bei guter Kontrolle, ein Bild aus einem Guß, bei aller Lebhaftigkeit harmonisch, in der Formgebung ebenso genau wie zwanglos, vortragssicher, ohne Bemühen um einen besonderen Stil, das ganze angenehm anzusehen und mit näherer Betrachtung auch noch mehr gewinnend.

(65)

er auf die Ursache zu und schließt sofort den Wasser=
hahn. Was war geschehen: Der Anschlußschlauch der Waschmaschine war abgerutscht und die gesamte Wassermenge hatte sich schon in der Wohnung verteilt. Die Geburtstagsfeier war sprichwörtlich ins Wasser gefallen. Es gab jetzt reichlich Aufräumungsarbeit und man war froh im Obergeschoß noch ein trockenes Plätzchen für die Familie zu finden. Erschöpft von dieser Arbeit schließ auch der junge Mann ein.
Um 6 Uhr morgens wurde er von der Sonne geweckt. Er stand auf und drückte das Fenster ganz auf um Sauerstoff zu tanken und den Ausblick zu genießen. Er verweilte lange so und genoß die Herrlichkeit. Bald hatte er so viel Energie gespeichert, daß ein

66

In seinen früheren Jahren war der Schreiber, 55, ein recht bekannter und erfolgreicher Bühnenanwalt einer großen Stadt, und er fühlte sich auch in der Welt des Theaters und der Schauspieler ganz zu Hause. Ständig Feste feiernd, ohne Rücksicht auf die Familie alles Geld verbrauchend, Schulden machend, verlor er mehr und mehr seine bürgerliche Existenz, wechselte alle paar Monate seine Wohnung, weil er die Miete nicht bezahlen konnte und landete schließlich auf Grund seiner Liebe zu Knaben im Gefängnis. Obwohl körperlich leidend, verbreitete er um sich eine Atmosphäre strahlender Frische, fühlte sich also nie krank, blieb in seiner heiter spielenden Art, mit der er das Leben nahm, völlig unerschüttert. Und auch im Gefängnis nahmen ihm die Mitgefangenen die Arbeit ab mit der Begründung: »Das ist unser Sonnenschein, der unterhält uns, er braucht nicht zu arbeiten«. Im übrigen war er hochgescheit, sehr belesen, humanistisch gebildet, nahm ins Gefängnis als einzige Lektüre die Logik von James mit. Die Wirklichkeit des Lebens, seine eigene Verwahrlosung, das Unglück seiner Familie nahm er nicht wahr, das Leben blieb für ihn ein Fest. (66)

Auffällig ist hier wohl vor allem die Art, in der die Bewegung hemmungslos in den Raum hineinquillt, sich ausrutschend entlädt. Es ist unverkennbar auch ein gewisses Maß von Bewegungslust gegeben, wenngleich diese schnell ermüdet. Die Formgebung zeigt in Teilen eine gewisse Präzision, aber auch viele Verkümmerungen und Zerfallserscheinungen. Man kann nicht sagen, daß die Schrift stereotyp oder flach wäre. Reste ehemals sicher viel größerer Originalität sind immer noch zu sehen. Im ganzen gesehen ein Musterfall von Formvernachlässigung, Untersteuerung, dranghafter Unruhe, aber auch auf Grund der immer noch dominierenden Leichtigkeit und Bewegungslust ein Muster für Euphorie.

67

Der Mainzer ist leichtlebig und leichtsinnig. Er genehmigt sich gern ein Glas Wein, ist fröhlich und immer guter Dinge.

68

Der Rheinländer ist in der ganzen Welt als Lebensfroh und lebensbejahend bekannt. Er ist ein Abbild seiner Landschaft in der er

Der Schreiber, 20, stellt mit der Bezeichnung des Mainzers als leichtlebig und leichtsinnig sich selbst dar. Er ist kontaktfreudig und gesellig, aber mit flacher Betriebsamkeit und leerer Lustigkeit. Er geht dorthin, wo »Stimmung« ist. In der Arbeit dagegen wirkt er verdrossen, weicht Schwierigkeiten aus und ist um Ausreden dafür nicht verlegen. Zwar tritt er bei Vorgesetzten beflissen und höflich auf, begreift auch rasch, redet viel, aber er sucht immer den Weg des geringsten Widerstandes und arbeitet mehr für das Auge als für die Sache. 67

Teils locker, teils beflissen und vorsichtig präsentierend, geringe vitale Spannkraft, dünnblütig.

Kaufmann, 25, munter, unbefangen und burschikos auftretender junger Mann, sehr gesellig, etwas oberflächlich, aber auch nicht ohne Arbeitslust und Leistungsfähigkeit. 68

Lockerheit und Leichtigkeit des Ablaufs, ja sogar der Inhalt der Schriftproben ähneln sich, doch hat diese hier mehr Spannung und Natürlichkeit. Die vitale Ausstattung ist besser, aber auch die Lebendigkeit etwas höher.

Diskussion

Die Bilder der depressiven Verstimmungen, der Ängste, der Verzweiflungszustände sind so vielfältig, daß man im Gegensatz etwa zu Funktionslust und Euphorie eine einzelne maßgebende Ähnlichkeit für alle Fälle dieser Befindlichkeiten nicht zeigen kann. Sie finden sich daher auch unter den Kategorien Erlebnisleere, vitale Schädigung, Dranghaftigkeit, Affektivität und nicht zuletzt Übersteuerung.

Immerhin lassen sich für viele, vor allem für schwere Fälle, zwei verschiedene Gruppen aufweisen, von denen die eine sich mit dem Gestaltmerkmal der Starre oder Bewegungslosigkeit bezeichnen läßt, die andere faßbar wird unter dem Gestaltmerkmal einer gewissen Schwere, eines Klebens und Haftens, einer allgemeinen Zähflüssigkeit. In der ersten Gruppe findet sich vergesellschaftet mit der Starre in den meisten Fällen auch weitgehende Übersteuerung und Formpräzision, während beides in der zweiten Gruppe meistens fehlt.

Die biographischen Informationen über die Schreiber zeigen zwar durchaus verschiedene Schicksale und Verarbeitungsformen, doch liegt die depressive Lebensstörung so drückend über allen, daß durch diese die Schreiber einander viel verwandter werden als die jeder anderen Gruppe. Ein zusammenfassender Überblick über einzelne Persönlichkeitszüge ergibt zwei Haupttendenzen. Die erste betrifft die Beziehungen zu anderen Menschen. Hierbei fällt zunächst auf das Bedürfnis nach Nähe, das Kleben am Partner, wobei aus der Angst vor dessen Verlust alles geopfert wird. Die Anpassung führt bis zur Selbstaufgabe. Bei Krisen mit dem Partner gibt man sich selber die Schuld. Man kann ihm gegenüber nicht fordern, seine Wünsche nicht deutlich ausdrücken, man verzichtet im voraus auf eigene Ansprüche.

Die andere Haupttendenz wird vom Verhältnis zur Leistung bestimmt. An das eigene Leisten wird ein überhöhter Anspruch gestellt, sowohl was die Qualität wie auch die Quantität angeht. Freud hat 1924 gesagt: »Die früher brave, tüchtige und pflichttreue Frau hat mehr Aussicht, an Melancholie zu erkranken als die nichtsnutzige«. Bei Depressiven gelingt oft das Abschalten nicht. Mangel an Leistungsfähigkeit wird als echte Schuld erlebt. Ordentlichkeit dient der Absicherung gegen Zufälligkeit und Unvorhergesehenes. Es fehlt dieser Ordentlichkeit an Perspektive, also am Unterscheiden von Wesentlichem und Unwesentlichem. Größtes wie Kleinstes wird mit der gleichen Sorgfalt und Intensität erledigt.

Nicht unwichtig wäre es, wenn man verschiedene klinische Formen von Depression unterscheiden könnte, doch reicht dafür das Material nicht aus.

Bei der Euphorie ähneln die Bilder oft weitgehend denen der Funktionslust. Beide haben das Spontane, Unbekümmerte, Natürliche, Lockere an sich, das Zwanglose und Unverkrampfte, Leichtfüßigkeit und Unkompliziertheit. Funktionslust hat allerdings meistens die höhere vitale Spannung.

Was neben diesen physiognomischen Kategorien die dynamische Struktur der Euphorie angeht, so hat sie keine anderen Merkmale als die der natürlichen Bewegung überhaupt. Das Schwergewicht in der Ausprägung der einzelnen Merkmale liegt dabei in der Ausgiebigkeit und Schnelligkeit, während der Druck dahinter zurücktritt. Man wird dieses Gefüge in manchen unserer Schriften erkennen können, aber es würde nicht ausreichen, um Unterscheidung zu treffen etwa zwischen heiterer Gelassenheit, hypomanischer Festesfreude, gutgelauntem Übermut oder leerer Lustigkeit.

Wie sich eine euphorische Stimmungslage bei unseren Schreibern auswirkt, bedarf hier wohl keiner ausdrücklichen Zusammenfassung.

9. Affektivität / ausgeglichen

69

69 Jurist, 60, wuchs als einziges Kind in einem ungewöhnlich harmonischen Elternhaus auf. Sein Vater war Fabrikdirektor, nahm aber seinen Abschied, als sich auf der Schule die hohe Begabung des Schreibers herausstellte, um seinen Sohn entsprechend ausbilden zu lassen.

Das gesamte Vermögen wurde darauf eingeteilt. Auf dem Gymnasium empfahl man ihm das Studium, worauf die Eltern ihr Geld wieder neu einteilten und ihren Sohn studieren ließen. Das gleiche wiederholte sich, als ihnen vorgeschlagen wurde, der Sohn solle an der Universität bleiben. Er wurde dann 1914 als Ordinarius und jüngster Professor für Staatsrecht, Völkerrecht und Kirchenrecht an die neu gegründete Universität Frankfurt berufen. Er war in der Weimarer Republik Deutschlands berühmtester Staatsrechtler, Kommentator der Weimarer Verfassung. Seiner so sehr behüteten und geförderten Jugendzeit ist es wohl auch zuzuschreiben, daß er zum Bösen in der Welt, zu Intrigen oder Streitigkeiten keine Beziehung hatte. Er galt als ungebührlich arglos den Menschen gegenüber. Seine Tochter beschreibt ihn als sehr warmherzig, schlicht, ungemein harmonisch und bescheiden, hilfsbereit, rechtschaffen, stets ausgeglichen und heiter, sehr humorvoll. Sie hat von ihm eine strenge Verstandesschulung mit sehr viel Güte, eine großzügige und großherzige Lebenserziehung, frei von Moralin und Sentimentalität genossen. Im übrigen war er sehr vielseitig begabt, handwerklich wie künstlerisch, malte Aquarelle, entwarf Baupläne, war ein Kenner der Literatur und des Theaters. Während des dritten Reiches wurde er bespitzelt, so daß man ihm nahelegte, er solle vorsichtiger sein. Darauf fing er die nächste Vorlesung mit der Frage an: »Sind andere Fakultäten anwesend? Medizin? Theologie? Gestapo? Nein? Nun, dann können wir ja offen miteinander reden.«

Wenn man die oft so unangenehme Spitzigkeit und auch zwanghafte Kompliziertheit mancher Buchstaben der deutschen Schrift kennt, kann man erstaunt sein, mit welcher angenehmen Lockerheit sie sich auch schreiben läßt. Diese hier bietet den Eindruck von Festigkeit und Gelassenheit zugleich, wirkt harmonisch, ohne langweilig zu sein. Die Bewegung ist sowohl unverkrampft als auch energisch geführt, von immer noch hoher Vitalität. Die Steuerung ist, wie meistens bei harmonischen Schriften, hervorragend gelungen. Von Dranghaftigkeit kann sicher nicht gesprochen werden. Die formale Schreibleistung entspricht durch Prägnanz und Sorgfalt einer angemessenen Präsentation ohne Schülerhaftigkeit. Eine durchaus eindrucksvolle Repräsentation wird beherrscht, stört aber nicht die große Natürlichkeit und Einfachheit.

70 Schülerin, 17, eine ruhige, geduldige, warmherzige, taktvolle und äußerst hilfsbereite Persönlichkeit, deren Stärke ihre Lebensklugheit, ihr maßvolles Urteil, ihre genaue Beobachtung von Menschen ist. Im praktischen Bereich ist sie von großer Tüchtigkeit, greift gerne zu, bringt alles in Ordnung, ist zuverlässig, kann ausgezeichnet mit Kindern umgehen. Sie bewegt sich mit natürlicher Eleganz, ist tänzerisch sehr begabt, denkt an die Tätigkeit einer Krankengymnastin. Sie hatte schon als kleines Mädchen ausgeprägt mütterliche Züge, würde sich nicht für einen Beruf eignen, zu dem man Ehrgeiz und Selbstbehauptungswillen mitbringen müßte. Ihre sehr warmherzige und liebevolle Mutter hat sie freilich auch niemals unter Druck gesetzt, wenig von ihr verlangt.

(70)

Ich sehe Herrn Biedermann als einen
geldgierigen, gewissenlosen Mann, der
alles dafür tut, um bei seinen Mitmenschen
nicht in Ungnade zu fallen. Er nimmt
aber nicht zur Kenntnis, daß er mit
seiner Art sehr leicht durchschaubar
ist. Ebenso tut er auch so, als würde
er nicht merken, was sich unter seinem
eigenen Dach abspielt. Meiner Meinung
nach, übersieht er diese Dinge aus
Angst vor der Wahrheit, die er zwar im
Unterbewußten weiß, aber nicht für
bare Münzen nehmen will. Durch

Weicher, lockerer, aber nicht kraftloser Strich, zwanglose, aber nicht nachlässige Formgebung, schlicht und natürlich, unkompliziert.

(71)

Was war mir eine schöne Wocheneinleitung
Nein, Sonntags wird hier kaum Post ausge
tragen. Aber ich muß sagen heute war
die Sendung mir eben so lieb Waren die
anderen Bilder von dir nichts? Ich hät
te so gerne ein paar mehr davon im
Büchlein gehabt. Was ist aber auch die
einzige Beschwerde Dein Brief beglückt
mich sehr, und ich glaube das kann
man sogar sehen. Ich denke du mußt
bald niederkommen was meinst du?

Verkäuferin, 20, in ihrem Beruf durch verständnisvolle und liebenswürdige Beratung des Kunden angenehm, aber ohne beruflichen Ehrgeiz. Sie bedauert die Männer wegen des Zwanges, den der Beruf auf sie ausübt. Drang nach Selbständigkeit liegt ihr fern, sie ist nicht emanzipiert, sondern mit ihrer weiblichen Rolle ganz zufrieden und vor allem fähig, ihre weiblichen Qualitäten geschickt und zielsicher einzusetzen. Sie ist stets sanft, anpassungswillig, nimmt vieles hin, bewältigt auch schwierige, ja für sie lebensbedrohende Situationen mit Gelassenheit. Temperamentsausbrüche sind ihr fremd, aber sie ist deswegen nicht langweilig oder lahm. Geistige Anregung durch Männer bedeutet ihr viel, sie entwickelt sich daran. Aber sie ist vor allem lebensklug, stellt keine übertriebenen Ansprüche, kennt den Rahmen ihrer Möglichkeiten genau und kann sich ohne Ressentiment damit abfinden. (71)

Flüssiger, eher spannungsarmer, aber gut organisierter und noch genügend durchhaltefähiger Ablauf, schlicht, unkompliziert, aber nicht banal. Energische Konzentration fehlt, aber bei aller Unbemühtheit gibt es doch kein Sich-Gehen-Lassen. Die Vitalität ist gewiß nicht hoch, wird aber flexibel und ohne Reibungsverluste eingesetzt.

72

wenn sie ein bierseliges u. phi-
liströses Kollegium vom Militär-
räten verwandelt werden soll,
ist wirklich ein Sacrilegium.
Ich kann Zorn verstehen.
Aber Ihr habt doch dann wenigstens noch den Vorteil, eine
glanzvolle Uniform tragen zu
dürfen, und die martialischen

73

Die Anlage ist nach modernsten Gesichtspunkten ausgestattet. Lediglich d. Heizkessel veraltet, jetziger Wirkungsgrad ca. 86–87%. Neuer Kessel würde 3–4% jährlich mehr bringen. Dies lohnt den großen Aufwand nicht. (Durchschnittl. Lebensdauer ca. 15–20 Jahre).

Einbau eines Wärmeaustauschers für die Abgasrohre lohnt sich nicht, weil im Sommer nur Warmwasserbetrieb, also nur sporadisch in Betrieb.

Die Steuerung ist kaputt. Wißmann-Steuerung gibt's nicht mehr, eine andere läßt sich jedoch mit dem Kessel kombinieren. Neue Steuerung einschließl. Stellmotor, Leitgerät mit Fühler sowie Einbau (ohne Pumpe) kostet durch Fa. Eisenbach ca. 1400–1500 DM.

72 Studienrat, 30, Musterbild einer ausgewogenen, unbeirrbaren, stetig sich entwikkelnden Persönlichkeit. Er hat das Temperament des Niedersachsen, das Wortkarge, Verhaltene, obwohl nicht geradezu Schwerblütige. Aus begütertem Hause stammend, hat er es sich leisten können, für sein Studium 10 Jahre zu verbrauchen, die er aber keineswegs verbummelt, sondern dazu benützt hat, um sich eine umfassende und gründliche Bildung zu erarbeiten. Er ist ein Mensch, der Zeit hat, etwas wachsen und reifen zu lassen, fern aller Hast und Unruhe. Auch in sehr langem Zusammensein unter schwierigen Umständen bleibt er ein gleichmäßig gestimmter, bereitwillig mitmachender Kamerad, nie verdrossen, nie empfindlich, bei fast trockener Sachlichkeit doch weder humorlos noch langweilig. Seine Ansichten vertrat er auch da, wo es für ihn gefährlich werden konnte, mit Mut und Entschiedenheit. In seinem Beruf als Studienrat war er freilich wegen seiner unbefangenen Großzügigkeit manchem Schulmeistertyp ein Dorn im Auge.

Ein besonders schönes Gegenbild zu den Fällen unseres Kapitels über Dranghaftigkeit oder des kommenden über Erregbarkeit. Hier ist nichts Heftiges, Stoßendes, Launenhaftes, erst recht nichts Zappeliges und Fahriges, nichts Exaltiertes oder Dramatisches, sondern eine ruhige Nüchternheit, eine sehr gut gesteuerte, dabei zwanglose Bewegung, etwas Gleichbleibendes und Kontinuierliches. Nüchternheit ohne Dürre, Disziplin ohne Verkrampfung, Unbeirrbarkeit ohne Starre.

73 Chemikerin, 60, in ihrem Beruf hervorragend tüchtig, wegen ihrer ausgezeichneten Leistungen auch sehr angesehen, als Führungskraft ebenso streng wie herzlich. Sie tritt mit großer Natürlichkeit und Unbefangenheit auf, scheut ein offenes, auch derbes Wort keineswegs, kommentiert Ereignisse humorvoll und selbstironisch. Im Zusammenleben ist sie angenehm und zuverlässig, wirkt bei Streitigkeiten ausgleichend.

Was für ein starker Charakter sie aber ist, begreift man erst, wenn man weiß, daß sie von Jugend auf an Kinderlähmung leidet, daher auf die Ehe verzichten mußte, in höherem Alter mehrere schwere Operationen zu bewältigen hatte, die weder ihre Arbeitskraft noch ihr lebensvolles Temperament nachhaltig beeinträchtigen konnten. Sie ließ sich nie hängen, sondern nutzte jedes Zeichen von Besserung zu körperlicher Betätigung, um wieder in Form zu kommen. Wehleidigkeit war ihr fremd, sie interessierte sich mehr für andere und deren Schicksal, mit einer weitreichenden Hilfsbereitschaft, als für sich selbst.

Sehr gute vitale Spannkraft, der Raum wird kraftvoll, selbstverständlich und natürlich ausgefüllt, die Steuerung liegt dem Auftrieb harmonisch an, es entstehen keine Stauungen, Verklemmungen oder Quetschungen. Man könnte die Schrift daher auch unter unsere Beispiele von gelungener Steuerung einordnen. Dranghafte Züge fehlen, es ist aber eine gewisse Funktionslust gegeben.

10. Affektivität / übersteigert

Liebe Doret diese küsen hat
mit Deinem Blauem kleid
niht zutun, Ich habe dir
küsen fochprohen und wil
ich mein wort behalten
Ich chiken dir das blaue
kleid mit wen di unsere U
das kleid kaufen wil kan
zudir komen ist ale beste
Also liebe Carlina vile
herzliche grüse und küs

74

74 Modemacher, 38, aus sehr armen Verhältnissen, aber mit viel Instinkt fürs Überleben, spontan und natürlich, abenteuerlustig und leichtsinnig, tanzt mit derselben Unbefangenheit, mit der er als Ausländer phonetisch deutsch schreibt, über Schwierigkeiten des Alltags hinweg, bekennt sich auch ungeniert zu seiner Inversion, und zwar in einer Zeit, als diese noch strafrechtlich verfolgt wird.

Er lief schon als Dreizehnjähriger aus seiner bäuerlichen Großfamilie davon und schlug sich durch eine höchst abenteuerliche Jugend in vielen Ländern, unerschrokken und robust.

Arbeitet sehr viel, aber nicht gerade pünktlich oder zuverlässig, nur wenn es ihm Spaß macht oder er dringend Geld braucht. Hat ein heftiges Temperament, kann aus Eifersucht entsetzliche Szenen machen, gewinnt bei guter Laune dagegen durch Charme und Witz, im ganzen gesehen ein starkes Naturtalent in seinem Fache und ein sympathischer Lebenskünstler.

Hier drängt sich zunächst etwas Heftiges, Stürmisches, Wildes, Ungezähmtes, Ungestümes auf. Man könnte an Dranghaftigkeit denken, doch sind unsere typischen Drangbeispiele meistens noch massiver und vor allem eintöniger als diese doch immerhin recht phantasievolle und lebendige Schrift. Näher liegt die Verwandtschaft der Funktionslust, da die Bewegung zwar sehr massive Ausschläge zeigt, aber damit abwechselnd auch lockere Entspanntheit. So dominiert im Gesamteindruck vor allem die Erregbarkeit. Demgemäß könnte die Schrift auch ihren Platz haben bei den Fällen der Untersteuerung, und sie gehört auch sicher zu den Gegenbeispielen braver Präsentation der Schulvorlage.

75 Zwischen der oberen und der unteren Probe liegt die Verhaftung des Schreibers, eines Arbeiters, weil er sich an Kindern vergangen hatte. Bei der Durchsuchung seiner Wohnung fand die Polizei Peitschen, Ketten und Fesseln sowie einen Haufen pornographischer Literatur, die der Schreiber selbst verfaßt hatte und auf hunderten von Seiten eigentlich immer nur eine einzige Szene schildern, nämlich das Prügeln einer Mutter und ihres Kindes. Bevor er sich Kindern zuwandte, war seine Partnerin eine Arbeiterin gewesen, die seinen sadistischen Praktiken, wie es aus vielen ihrer Briefe hervorgeht, ganz verfallen war. Nach Beschlagnahmung seiner Instrumente und seiner Literatur beschloß er, aus dem Leben zu scheiden, weil er ohne sadistische Betätigung nicht leben zu können glaubte.

Er vergiftete sich zusammen mit seiner Freundin, verfaßte kurz vorher einen Abschiedsbrief, in dem er, wie unser Schriftausschnitt zeigt, beteuerte, daß er gegen Kinder immer gut gewesen sei, niemals eines geschlagen habe, und daß sogar die Kinder ihn alle fanatisch gern gehabt hätten, lieber als die eigenen Mütter. Auch seine Freundin hinterließ einen Abschiedsbrief, der aber Entschuldigungen enthält.

Affektiv bedingte Schriftänderungen, wie sie bei Schockwirkungen aller Art auftreten können, machen im Vergleich einer vorhergehenden mit einer dem Ereignis folgenden Schriftprobe die graphischen Momente der Erregbarkeit besonders deutlich.

75

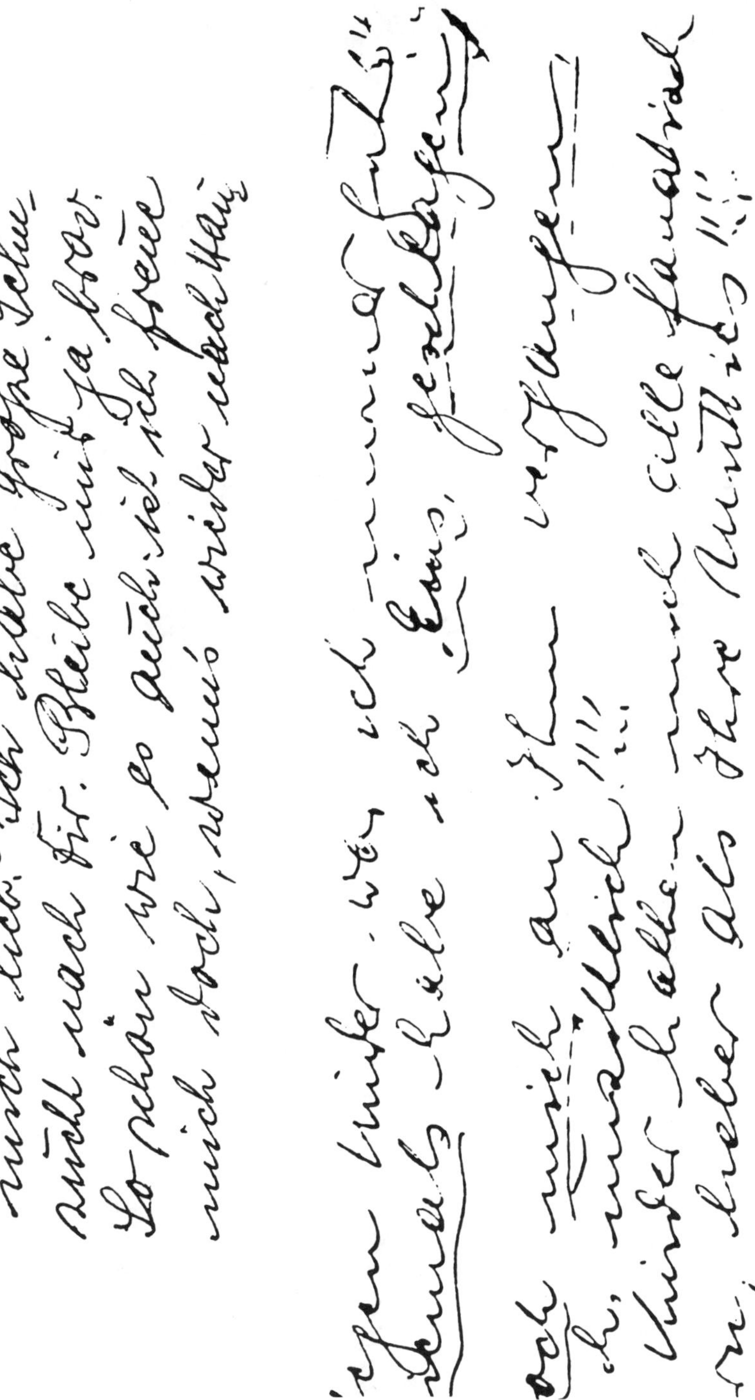

76

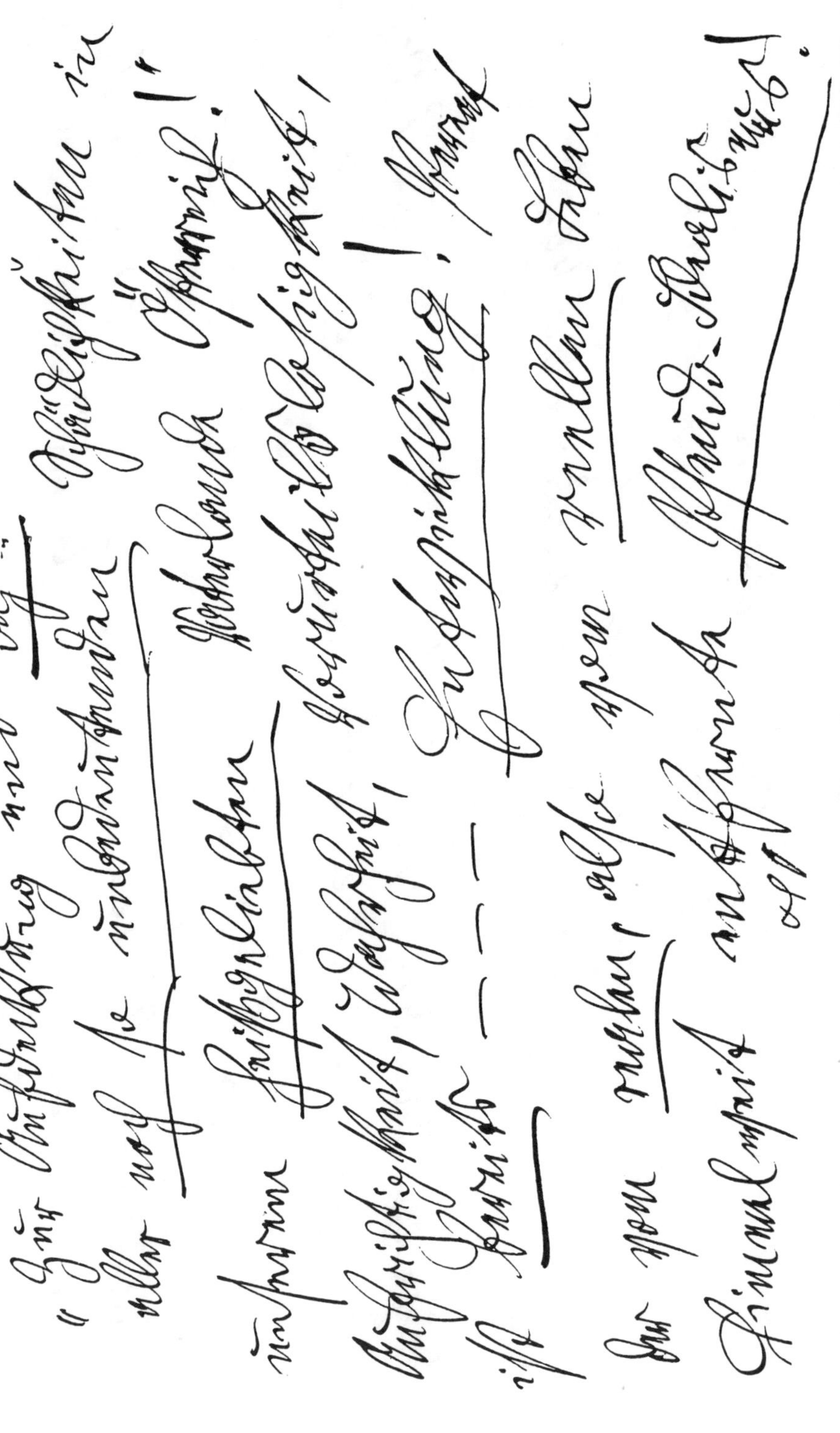

Gegenüber der ersten, noch als gut gesteuert anzusehenden Schriftprobe zeigt die zweite eine weitgehende Steuerungslosigkeit, Enthemmtheit und Aufgelöstheit, die bis zum Zerfall von Buchstaben geht, vor allem auch hektische, jähe Erweiterungen. Man könnte desgleichen von einem Bild entfesselter Dranghaftigkeit sprechen. Sicher hat auch reichlicher Alkoholgenuß vor der Tat zum Entstehen dieses graphischen Bildes höchster Erregtheit beigetragen.

Peter Altenberg, 1859–1919, hinterließ vierzehn Bücher, die nur aus Skizzen, Aphorismen und kurzen Notizen bestehen, meist von unnachahmlicher Grazie und einer heute noch unverwelkbaren Frische. Als Schriftsteller wurde er mit 34 Jahren von Arthur Schnitzler entdeckt und schrieb seitdem. Davon konnte er aber nicht leben, so daß Freunde für seinen Lebensunterhalt sorgten. Es gehörte nachgerade zum guten Ton, ihn als Schriftsteller-Kollegen zu unterstützen. Selten gab es so viele Nachrufe bedeutender Zeitgenossen als bei seinem Tod. Wegen schwerer psychischer Störungen war er weitgehend arbeitsunfähig, litt an erheblichen Erregungszuständen, oft an schrecklicher Unruhe, labilem Schwanken zwischen Stumpfheit, Teilnahmslosigkeit, Resignation auf der einen, rasch entflammter Heftigkeit, Fröhlichkeit, Begeisterungsfähigkeit bis zur Ekstase auf der anderen Seite. Eben noch tobend, konnte er plötzlich unbändig lachen. Sich selbst nannte er »Invalide des Lebens«, andere ihn einen höchst verfeinerten Clown, einen impressionabelsten Impressionisten. Obwohl er in seiner Jugend ein guter Sportler war, wurde er allmählich durch Mangel an Schlaf, durch seine Sorgen und auch durch Alkohol und schwere Schlafmittel zerrüttet. Zweimal wurde er für längere Zeit in eine Nervenheilanstalt eingeliefert. Seine Prosa nannte Hofmannsthal »hie und da manieriert kindlich«. Mit subtiler Einfühlungsgabe versetzte er sich in die Psyche junger Mädchen und unverstandener Frauen. Aufgefordert, 1916, also mitten im ersten Weltkrieg einen Beitrag zu einem sogenannten »Vaterländischen Gedenkbuch« zu liefern, in dem viele Dutzende bedeutender Gelehrter und Schriftsteller vertreten sind, war er der einzige, der sich gegen die patriotische Begeisterung richtete und Kriegshymnen ein Blech-Trompetchen-Geratter aus bequemer Kinderstube nannte. Erstaunlicherweise wurde das gedruckt. (76)

Über seine eigene Schrift gibt es eine Äußerung von ihm, die zugleich eine typische Stilprobe darstellt.

»Mit 20 Jahren sollte ich nach Stuttgart in die königliche Hofbuchhandlung Hühnersdorf & Keil, Königsstraße. Da hieß es denn rasch, eine schöne Schrift »akquirieren«. Der alte Professor Füchsel sagte zu mir: »Da haben Sie einen riesigen Bogen Papier, da haben Sie ein riesiges Tintenfaß und einen riesigen Federstiel mit einer riesigen Feder! So, und jetzt fahren Sie mir wie der Wirbelwind, wie der leibhaftige Satan darüber hin, wie eine Sturzwelle, wie eine Katastrophe! Sie, kümmmern Sie sich ja nicht darum, was daraus wird! Das ist meine Sache! Sie haben vorzurücken wie in der Schlacht! Sie haben sich um Tintenpatzen nicht zu kümmern, das sind die Ekrasitbomben in der Schreibschlacht! Vor, vor, vor, nur vor! Die Feder muß durch!« Und so erhielt ich in acht Tagen meine wunderbar deutliche Schrift. Ich schreibe aus dem Handgelenk, wie die berühmten Geiger den Bogen führen, leicht, geschmeidig.«

Die Übersetzung: »alle noch so bedeutenden Schädlichkeiten in unserem heißgeliebten Vaterlande Österreich. Aufrichtigkeit, Wahrheit, Vorurteilslosigkeit ist bereits Entwicklung. Verrat der vom Realen, also vom reellen Leben himmelweit entfernte Pseudoidealismus.«

Das Bild der hohen Erregbarkeit bdarf hier wohl keiner weiteren Beschreibung. Die von Altenberg selbst genannte Deutlichkeit betont zusammen mit den häufigen Unterstreichungen das Bedürfnis nach Gehörtwerden. Die Formen sind üppig, wirken auch nicht nur durch Erregung aufgebläht, sondern zugleich lustvoll ausgemalt, von ungeniert sich ausbreitender Naivität, bei der schwer zu sagen ist, wie weit sie auch einen Einschlag von Manier, also von Gewolltheit und Bewußtheit hat. Die Schrift hat aber trotz einiger erregungsbedingter Verzerrung ein deutliches Profil, eine differenzierte Lebendigkeit.

77 Otto Weininger, 20, 1880–1903, von hoher seelischer und geistiger Intensität, immer todernst, eine Kampfnatur, unerbittlich gegen sich selbst und streng gegen die anderen, überzeugt davon, daß er ein Genie sein müsse, kolossale Arbeitskraft, neigt in seinen Formulierungen zu Superlativen, zugespitztem Ausdruck, überscharfer Formulierung. Wirkt auf viele unsympathisch wegen seines hektischen, nervösen Wesens. Nach ihm ist der Mensch aus einem göttlichen und teuflischen Teil zusammengesetzt, Seelenleben sei im tiefsten Grunde ein ewiger Kampf. Unmittelbar vor seinem Selbstmord schrieb er: »Ich morde mich selbst, um nicht einen anderen morden zu müssen.« Mit 23 Jahren erschoß er sich in dem Wiener Hause, in dem Beethoven 76 Jahre vorher gestorben war. Noch über 80 Jahre nach seinem Tod sind Grundgedanken seines Hauptwerkes »Geschlecht und Charakter« immer noch lebendig und noch 1983 wurde ein Stück über ihn in Haifa uraufgeführt.

Scharfe, auch willkürliche Herausarbeitung der Formen, um äußerste Präzision bemüht, launenhaft, der Strich ist teils zart, aber durch häufige, unvermittelte Druckschwellungen gestört. Man könnte diese auch als einkerbend bezeichnen, und es ist wohl auch ein Einschlag dramatisierender Gewolltheit vorhanden. Die vitale Spannkraft ist ursprünglich wohl recht groß, aber erschüttert. Bewegungsstörungen durchziehen das ganze Schriftbild. Es gibt auch Formen von einfacher Natürlichkeit, aber doch dominiert im ganzen Exaltiertes und Exzentrisches. Immerhin ist die Schrift keineswegs monoton, fade oder leer, aber die ursprüngliche Erlebnisfähigkeit ist gestört. Steuerung wird angestrebt, findet aber keine harmonische Abstimmung mit dem hektischen Antrieb.

'nothwendig-grausame Antwort 77
auf die grausamste Heimsuchung durch die Liebe, sie ist der letzte Act der Verzweiflung des aufs höchste vergeistigten Sinnenmenschen. Wenn ihm die Schönheit wirklich zu erscheinen droht, nach der ihn Sehnsucht sein Leben lang einzig beherrscht hat, so muss er sie tödten: sie muss vergehen. Aber in Schönheit. Es ist Sadismus, aber der Sadismus jedes Künstlers, geistiger Sadismus, der doch soweit an die körperliche Sphäre noch gebunden bleibt, dass ein äusserer Abschluss überhaupt noch möglich ist: Ibsens Hedda Gabler — das

11. Affektivität / gering

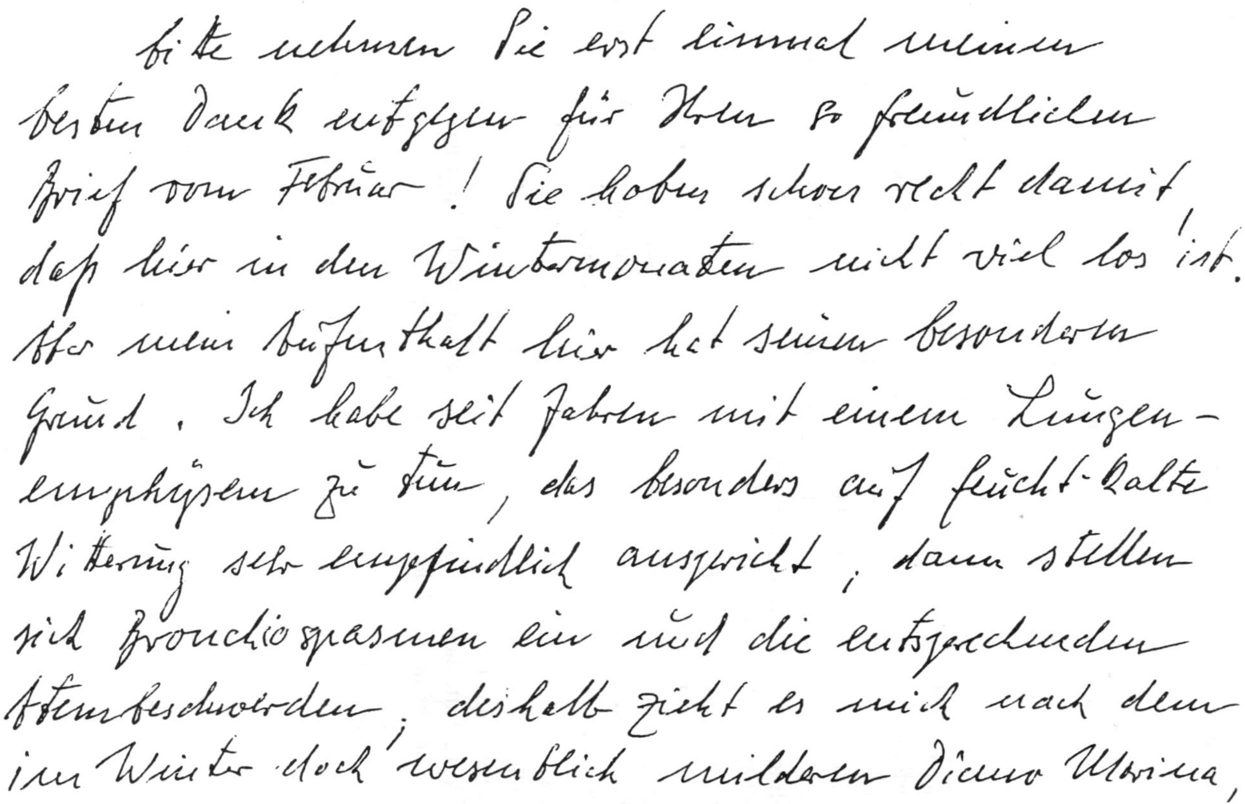

bitte nehmen Sie erst einmal meinen
besten Dank entgegen für Ihren so freundlichen
Brief vom Februar! Sie haben schon recht damit,
daß hier in den Wintermonaten nicht viel los ist.
Aber mein Aufenthalt hier hat seinen besonderen
Grund. Ich habe seit Jahren mit einem Lungen-
emphysem zu tun, das besonders auf feucht-kalte
Witterung sehr empfindlich anspricht; dann stellen
sich Bronchiospasmen ein und die entsprechenden
Atembeschwerden, deshalb zieht es mich nach dem
im Winter doch wesentlich milderen Diano Marina,

78 Im Sachsen des Vorkriegs gab es auf dem Gymnasium wie überall in Deutschland für beste Leistungen in einem Fach die Note 1, aber darüber hinaus noch für Sonderfälle die Note 1 a. Der Schreiber, jetzt 65, bekam im Abitur in allen Fächern die Note 1 a, auch im Sport. Seiner Familie verdankte er dabei keine Förderung. Der Vater, ein Handwerker, wie das auch seine Brüder waren, sah die intellektuelle Entwicklung seines Sohnes mit Abneigung. Man sollte nun annehmen, daß jemand mit solchen Talenten, solcher Arbeitskraft oder auch solcher Fähigkeit, Widerstände zu überwinden, eine glänzende Laufbahn hätte nehmen müssen. Er hat es aber nach dem Studium der Psychologie mit Promotion nur zu einem relativ bescheidenen Beamtenstatus gebracht. Als Ursache dafür nannte er ein Schlüsselerlebnis. Als Schüler schlug er eines Tages im Streit einen Kameraden nieder, der dann für tot liegenblieb. Einen ganzen Tag lang war er im Glauben, er habe einen Menschen getötet. Dieses Erlebnis hat ihn so erschüttert, daß er beschloß, von seiner Kraft und seinem Können niemandem mehr etwas zu zeigen. Da nun aber zum Lebenserfolg meistens gehört, daß man nicht nur etwas kann, sondern dieses Können auch noch zu präsentieren, sozusagen zu verkaufen versteht, wurde er immer weit unter seinem Wert eingeschätzt. Er wandte von da an seine Kräfte weitgehend nach innen, auf Meditation, Versenkung, spirituelle Werte. Er wurde auch ein Meister des Joga. Davon erfuhr man aber nur dann etwas, wenn man ihn näher kennenlernte, sich in philosophische und religiöse Gespräche mit ihm einließ. Wer das nicht tat, empfand ihn als linkisch, spröde, streng. In der Erledigung seiner beruflichen Aufgaben war er von eisernem Pflichtgefühl, leistete ungefragt immer ein ganz beträchtliches Übersoll, gab beispielsweise bei einem Vortrag über ein eher harmloses Thema innerhalb eines wenig anspruchsvollen Rahmens einen philosophischen Grundriß dazu, der die Disposition zu einer Doktorarbeit hätte abgeben können. Hier wirkte er manchmal lebensfremd und etwas komisch. Unter seinem Mißerfolg in der Außenwelt litt er freilich auch. Esoteriker, der er war, machte er vor allem den Saturn in seinem Horoskop dafür verantwortlich. Im Äußeren asketisch wirkend, von mönchischer Strenge gegen sich selbst, von schwerem Ernst erfüllt, war sein stärkster Halt im Leben die nächtliche Versenkung in den Joga.

Die Schrift fällt zunächst auf durch die äußerste, auf höchste Präzision abgestellte Ausarbeitung der Formen, mit der Genauigkeit eines Kartenzeichners geschrieben (sein Vater hatte diesen Beruf), dabei aber trotz einer erheblichen Rigidität, ja Starrheit des Strichs auch hochdifferenziert, den Eindruck von Unbestechlichkeit, innerer Wahrheit, hohem spezifischem Gewicht, von Lebendigkeit vermittelnd. Der starken Übersteuerung ist auch ein Moment von Zwanghaftigkeit beigemischt. Die vitale Spannkraft wirkt trotz des im Inhalt erwähnten Leidens noch immer relativ hoch.

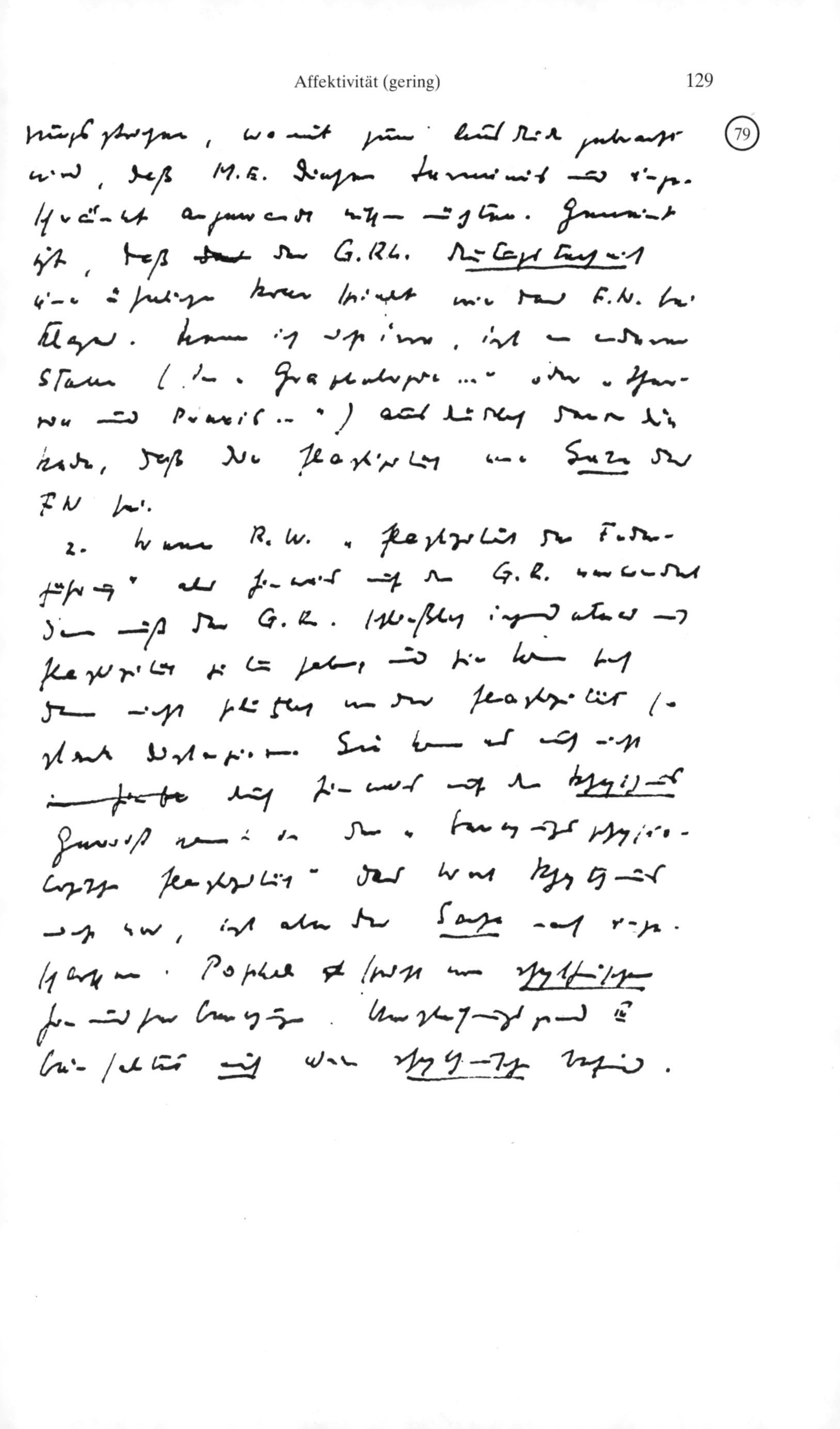

79

[illegible]

80

sofort seinen in der Nähe geparkten Wagen,
und fuhr Willi in das nächste Krankenhau
Die Ärzte begannen sofort mit der Operatio
Markus wartete vor dem OP was ihm die Ärzte
nach der Operation berichten würden. Nach ca.
einer Stunde kam der Arzt zu Markus und

81

ngegangen, ohne daß ich denn kann, zu
möchte ich wenigstens jetzt noch diesem Bri
Wünsche für das laufende Jahr anvertra
ung Ausdruck geben, daß es Ihnen und I
gehörigen möglichst viel Erfreuliches bringe

Ingenieur und wissenschaftlicher Schriftsteller, 50, von unscheinbarem Äußeren, bescheiden im Auftreten, ein sehr zäher und überaus fleißiger Arbeiter. In seiner Arbeit neigte er zu Übergründlichkeit, zum Erfassen auch des letzten Details, zur peniblen Absicherung. Infolge seiner äußerst trockenen und umständlichen Darstellungsweise war er schwer zu lesen. Kritische Einwände verstand er nicht, lehnte sie ab. (79)

Die Reduktion der Bewegung führt hier vor allem zu angespannter Konzentration, zur leichten Verkrampftheit und Steifheit. Die vitale Spannkraft ist gewiß nicht ganz gering, aber es fehlt an natürlichem Fluß, und vor allem wirkt die Schrift gegenüber den beiden vorigen Proben deutlich karger und unergiebiger. Die Fläche ist nicht harmonisch gegliedert, es dominiert Lückenhaftigkeit. Vor allem aber fallen auf die gewaltsamen Reduktionen von Einzelformen auf druckstarke horizontale Linien. Man könnte das zwar für eine Art persönlicher Stenografie ansehen, aber diese Art von Vereinfachung ist weder wirklich zweckmäßig noch gar elegant, und vor allem hat sie in ihrer Wiederkehr etwas Stereotypes, Unmoduliertes, man kann auch sagen Gewolltes, und sie widerspricht daher einem natürlichen Ablauf als eine Manier, über welche das 19. Kapitel grundsätzliche Erörterungen bringen wird.

Technischer Verkäufer, 25, Typ des soliden gediegenen Handwerkers. Er weiß, was er kann, aber auch, was er nicht kann. Marschiert immer geradeaus, läßt sich wenig ablenken und beirren, besitzt eine erhebliche Zähigkeit. Verkäuferisch wenig kontaktbegabt, auch nicht besonders viel Fingerspitzengefühl oder soziale Intelligenz. Sein Erfolg liegt in erster Linie an seiner selbständigen Haltung und am zähen Verfolgen seines Ziels. Er ist ein Spätentwickler, der selbst viel an sich gearbeitet hat. Gediegen und konstant. (80)

Energie und Eifer sind unverkennbar, dabei aber bleibt auffällig der spröde, hölzerne Strich. Es fehlt an Flexibilität und Geschick. Aber dafür ist auch etwas Schlichtes, Aufrichtiges, Unverstelltes sichtbar, eine immer wieder einsetzende Kontrolle des robusten Vorwärtsstrebens. Die Formen sind eher nüchtern und sparsam, haben aber auch ein deutliches Profil.

Verwaltungsbeamter, 37, ein außerordentlich fleißiger und zuverlässiger Arbeiter, läßt sich alle Arbeit aufladen und sucht noch welche dazu, ist im Auftreten sehr bescheiden, bereitet lediglich seiner Umgebung manchmal Schwierigkeiten durch seine langatmige und umständliche Art, die von sensiblen Mitarbeitern auch als Sturheit empfunden wird. (81)

Recht stabil, aber auch steif, knochig, eintönig, nicht ohne vitale Spannkraft, aber unter Überdruck stehend, leicht zwanghaft, wenig lebendiger Atem. Die Formgebung wirkt simplifiziert, phantasiearm, in manchen Zügen auch schülerhaft. Unverkennbar ist eine gewisse Gediegenheit, aber Schwerbeweglichkeit, ja Gesperrtheit dominieren.

(82)

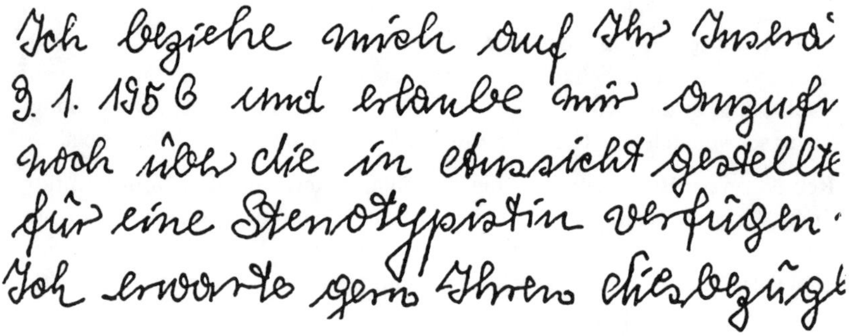

(82) Stenotypistin, 40, die es in jeder ihrer Stellungen immer nur wenige Monate ausgehalten hat, und zwar weil sie erstens der Arbeit nicht gewachsen war, zweitens aber durch ein unangepaßtes Wesen, durch Verbohrtheit und Unbelehrbarkeit allen Mitarbeitern unangenehm auffiel. Es war ihr nicht möglich, sich einigermaßen flexibel und vernünftig an ihre Umgebung anzupassen.

Man könnte bei der Überdeutlichkeit der Formgebung und der energisch scheinenden Führung der Bewegung zunächst an eine gute Arbeitskraft denken. Die Formen sind aber nicht nur korrekt, sondern vor allem unlebendig, wie eingestanzt, stereotyp. Auch eine leichte Verschrobenheit fällt auf, etwas Zwanghaftes, Hölzernes. Im ganzen gesehen würde die Schrift auch in den Bereich der durch Mangel an Lebendigkeit gekennzeichneten Schriften passen. Auch da finden wir oft eine überdeutliche Artikulation der Formen bei Monotonie.

(83)

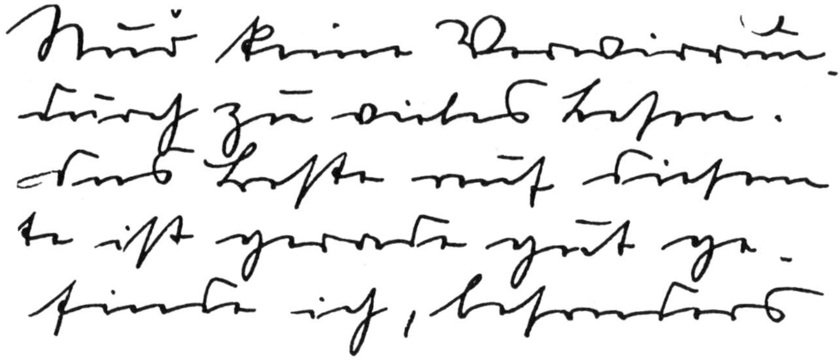

(83) Frau, 45, kaufmännisch tätig, sehr fleißig, aber nur der Bewältigung schematischer Routineaufgaben fähig, hartnäckig und unbeweglich, auch unzugänglich und nicht beeinflußbar. Sie hatte hohe geistige Ambitionen, belehrte gerne andere, ohne aber ein Fundament in irgendeiner Ausbildung oder psychologisches Verständnis zu haben.

Die Schrift zeigt eine stark vitale Spannung, ist dabei aber auch hoch gesteuert, wirkt wie vermauert.

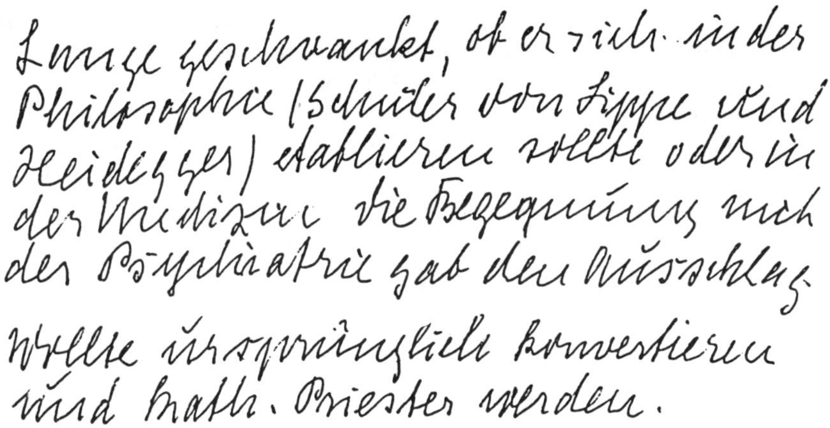
Lange geschwankt, ob er sich in der Philosophie (Schüler von Lipps und Heidegger) etablieren sollte oder in der Medizin. Die Begegnung mit der Psychiatrie gab den Ausschlag.
Wollte ursprünglich konvertieren und kath. Priester werden.
84

84 Hausfrau, 60, hochgebildet, außerordentlich selbstbewußt, hartnäckig, unbeirrbar, dominierte ihren Ehemann, der ein bedeutender Gelehrter war, dazu ein außergewöhnlich gutartiger Charakter, mit Härte und Mißtrauen. Wenn er eine andere Frau auch nur ansah, ging es ihm schlecht. In der Familie herrschte ständig Kampfstimmung. Weder der Ehemann noch die Kinder konnten sich gegen die Mutter behaupten. Ihren ältesten Sohn verstand sie so an sich zu binden, daß er keine Beziehung zu Frauen zu entwickeln vermochte.

Strich von guter vitaler Spannung, aber zugleich auch hoch rigide, äußerst kontrolliert geführt.

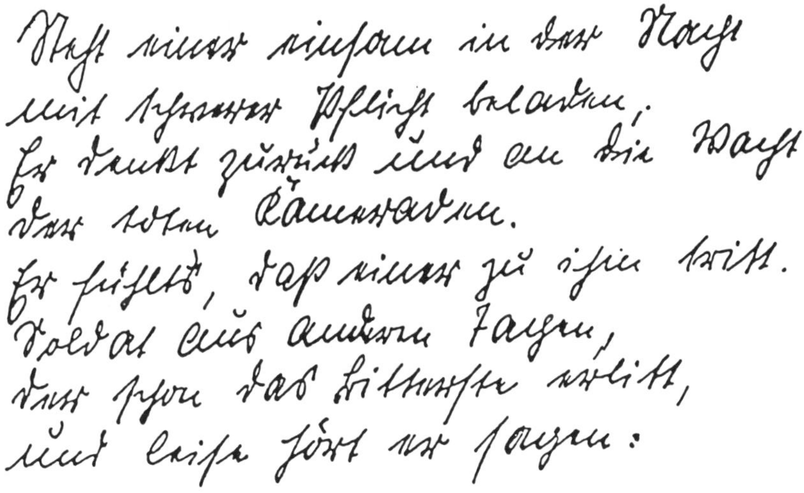
Steht einer einsam in der Wache
mit schwerer Pflicht beladen.
Er denkt zurück und an die Wacht
der toten Kameraden.
Er fühlt, daß einer zu ihm tritt.
Soldat aus andern Tagen,
der schon das Bitterste erlitt,
und leise hört er sagen:
85

85 Abiturient mit guten Schulleistungen, sehr großem Fleiß, kein Überflieger, sondern muß sich alles mühsam erkämpfen. Das gibt ihm eine feindselige Abneigung gegen alles Äußerliche und Spielerische, aber auch ein schwerblütiges Verantwortungs-

gefühl, eine gewisse Herbheit im Fühlen und Betragen. Er wirkt für sein Alter viel zu ernst. Die Bildung des Willens steht bei ihm oben an, die des Geistes betreibt er mehr aus Pflichtgründen. Dabei hat er einen guten kritischen Verstand, es fehlt ihm lediglich an Flüssigkeit und formaler Gewandtheit. Er ist sogar in rein praktischer Hinsicht ungeschickt und schwerfällig, in seinen Körperbewegungen plump. Unter seinen Mitschülern ist er relativ frei und sicher, aber im Ausdruck seiner Gefühle ganz zurückhaltend. Eine Befriedigung seiner Gemütsbedürfnisse empfindet er wohl weniger in enger freundschaftlicher Beziehung, als vielmehr mittelbar im tätigen Wirken in einer Gemeinschaft. Er ist ein durchaus sozialer Charakter mit bewußter Hingabe an seine Ideale.

Auch wer deutsche Schrift nicht lesen kann, wird doch erkennen können, mit welcher zwanghaften Sorgfalt die Formen hier ausgearbeitet sind, und unabhängig von der Formgebung die spröde Strichführung, den lastenden Druck, das Gewürgte, während man jedoch nicht wie bei anderen vergleichbaren Proben sagen kann, sie sei eintönig und langweilig. Bei aller schweren Gehemmtheit wirkt sie doch noch glaubwürdig und ehrlich, ist also nicht gesichtslos oder nichtssagend.

(86)

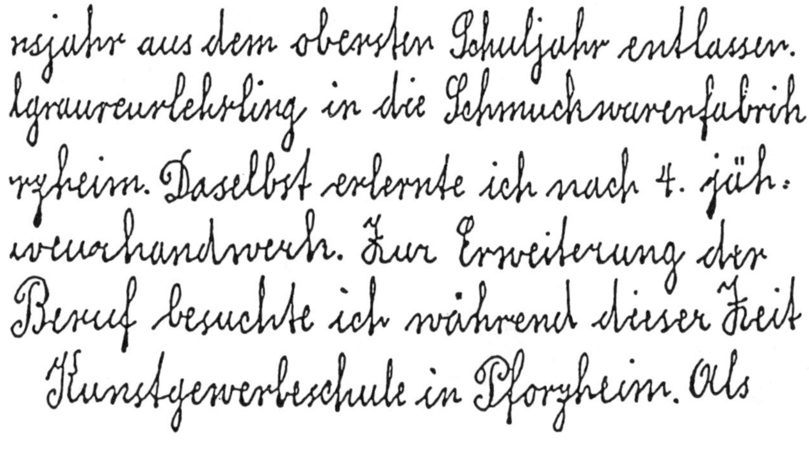

(86) Stahlgraveur, 25, eine schwerblütige und umständliche Natur, die vor allem auch durch eine hölzerne Sprechweise auffällt. In seiner Arbeit zeigt er eine ruhige Gelassenheit und volle Hingabe, ist überhaupt besonders zuverlässig und gediegen. Es fällt ihm schwer, spontan aus sich herauszugehen, aber man spürt doch auch bei ihm eine gewisse Gemütswärme, und wenn er richtig angesprochen wird, kann er sich auch heiter und aufgeschlossen geben, wenngleich Temperamentsausbrüche ihm ganz ferne liegen.

Hier wird Buchstabe für Buchstabe mit großer Sorgfalt, aber auch langsam und umständlich gemalt. Auch ist ein ästhetischer Formwille zumal an den Großbuchstaben unverkennbar. Die hier auftretenden Schwellzüge könnten auf Erregbarkeit deuten, aber sie sind wohl eher, wie es zumal bei der Gestaltung der Großbuchstaben sichtbar wird, als Ziselierung zu sehen, bedingt durch die berufliche Tätigkeit des Schreibers, der auch die Feder so führt, als grübe er in Stahl.

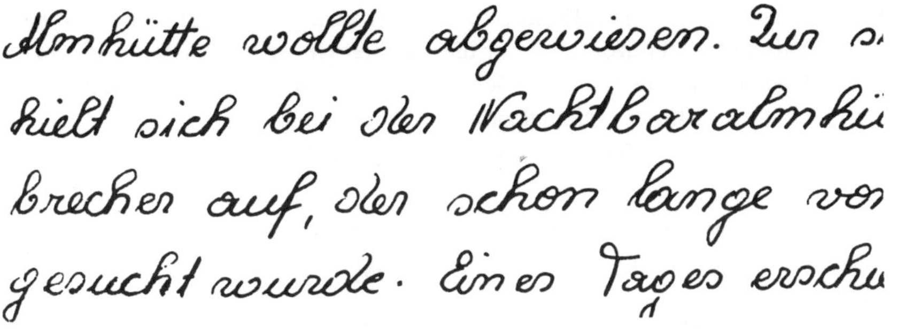
Almhütte wollte abgewiesen. Zur s.
hielt sich bei der Nachtbaralmhü
brechen auf, der schon lange vor
gesucht wurde. Eines Tages erschu
(87)

(87) Schülerin, 16, im Unterricht träge und uninteressiert, intellektuell schwach ausgestattet, aber auch den Mitschülerinnen gegenüber teilnahmslos, schwer ansprechbar, den Eindruck von Dumpfheit vermittelnd. Im übrigen sehr groß, von unförmig-koloßartiger Figur, wahrscheinlich hormonell gestört.

Im Vergleich mit den Schriftbildern der ganzen Klasse fällt dieses hier auf durch besondere Schwerfälligkeit, klebenden Strich, manierierte Verformung der Schulvorlage. Alle wirken entwickelter, persönlicher als dieses hier.

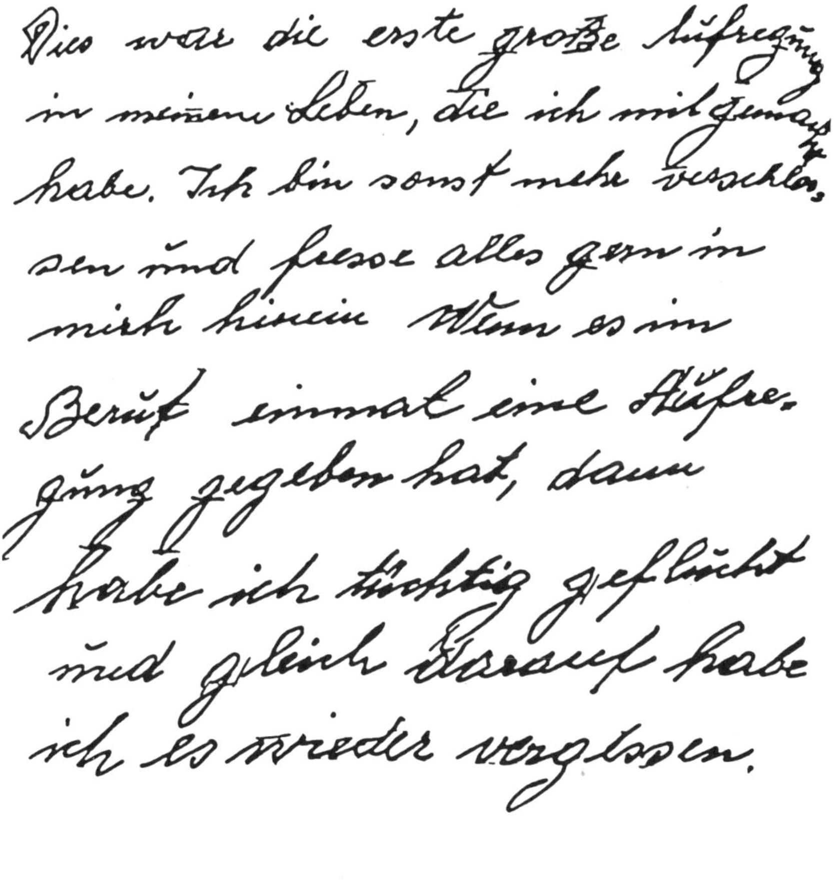
Dies war die erste große Aufregung
in meinem Leben, die ich mitgemacht
habe. Ich bin sonst mehr verschlossen und fresse alles gern in
mich hinein. Wenn es im
Beruf einmal eine Aufre-
gung gegeben hat, dann
habe ich tüchtig geflucht
und gleich darauf habe
ich es wieder vergessen.
(88)

88 Der Schreiber, 45, hat seine Frau ermordet. Der vorliegende Text stammt aus einer Niederschrift vor der Polizei, in der er die näheren Umstände darstellt. Seine Frau wollte sich von ihm trennen, um zu einem anderen zu gehen. Als er das Kind, welches sie auf dem Arm hielt, noch einmal zum Abschied liebhalten wollte, verweigerte sie ihm das höhnisch. Da wußte er nicht mehr, was geschah, bis er sie tot vor sich liegen sah.

Der Schreiber spricht in seinem Text von der ersten großen Aufregung in seinem Leben, die er mitgemacht habe. In der Tat zeigt die zunehmende Expansion der Schrift mit sich vermehrender Größe und Druckstärke in den letzten Zeilen die Struktur einer impulsiven Wallung. Er sagt aber auch, er sei sonst mehr verschlossen und er fresse alles gern in sich hinein. Auch das belegt der schwere, starre Strich, der Mangel an Flüssigkeit und Lockerheit.

Diskussion

Bei den graphischen Bildern der Ausgeglichenheit könnte man zwei Arten unterscheiden, wobei die eine mehr durch Lockerheit, die andere mehr durch Stabilität gekennzeichnet ist; aber in beiden Fällen ist dominierend die gute Organisation, die harmonische Abstimmung aller Teile miteinander. Das gilt auch für die Beschreibung nach Struktureigenschaften. Es drängt sich in dem physiologischen Bewegungszusammenhang kein Merkmal besonders hervor. In keiner Schrift sind entweder die Schnelligkeit, oder der Druck, oder die Vergrößerung und Erweiterung besonders akzentuiert.

In den Biographien finden wir Charaktere mit innerem Gleichgewicht, mit sich und der Welt im Einklang, die ihre Grenzen kennen und sich nicht Unerfüllbares zumuten, alles zu ihrer Zeit tun, Schwierigkeiten mit Gelassenheit begegnen und Problemen mit Augenmaß und Wirklichkeitssinn. Man regt sich nicht mehr auf, als die Sache wert ist, begegnet auch schwierigen Situationen mit Gleichmut. Von der Unruhe anderer läßt man sich nicht anstecken. Man findet hier auch Großherzigkeit, die für das geradesteht, was sie tut, einen Sinn für Maß hat, der jedem das Seine gibt. Toleranz wird geübt als humane Verhaltensweise, nicht aus Bequemlichkeit oder Gleichgültigkeit. Man sieht Ereignisse in breiter Perspektive, vertraut in die Stabilität auch anderer Personen, fühlt sich nicht wesentlich bedroht, neigt daher auch nicht dazu, andere zu kontrollieren, zu dominieren, einzuengen oder zu manipulieren.

Es gibt aber auch eine Harmonie aus Spannungsarmut. Da findet man eine weitgehende Anpassungsbereitschaft und eine gewisse Bequemlichkeit, harmlose Selbstzufriedenheit, gemäßigte Temperamente, die heftige Ausschläge vermeiden, aber auch Harmonisieren, flaches Beschwichtigen, mit allen in Frieden leben wollen, für alles eine Entschuldigung finden.

Zu den physiognomischen Daten der Erregbarkeit können wir außer dem Begriff selbst auch rechnen eine große Menge anderer wie heftig, explosiv, irritiert, sprudelnd, haltlos, aufgelöst, stoßend, ruhelos, turbulent, hektisch, zerrissen, stürmisch, vibrierend, fiebrig, kochend, lärmend. Zu ihrer Struktur gehören die üblichen Wesensmerkmale, aber diesmal dadurch gekennzeichnet, daß sie nicht innerhalb ihrer natürlichen Periodizität schwanken, also einmal etwas weniger, einmal mehr druckstark, schnell oder weit, sondern daß ihre Pole stark auseinandertreten, also Druckschwäche und massive Druckentladungen, Kleinheit und massive Vergrößerungen in derselben Schrift. Was das psychologische Umfeld der Erregbarkeit angeht, so zeigen unsere Beispiele sie genügend deutlich auf, um Zusammenfassungen biographischer Details zu erübrigen. Es muß aber noch gesagt werden, daß die vorliegenden Beispiele offen ablaufende Erregungszustände zeigen, die leicht sichtbar sind, während es auch viele stark erregbare Charaktere gibt, bei denen sie hauptsächlich indirekt erkennbar werden durch die Anstrengung, Erregungen zu steuern oder zu unterdrükken. Insofern ist also Übersteuerung allein oft ein wichtiges Indiz für besonders hohe Erregbarkeit oder auch Labilität.

Bei unseren Beispielen für geringe Affektivität überwiegen Eindrucksmomente wie Zähflüssigkeit, Hölzernheit, Unfreiheit, Zwanghaftigkeit, Starre, Rigidität, Schwerbeweglichkeit, manchmal auch Stumpfheit. Viele Beispiele könnten geradeso gut im Kapitel Untersteuerung ihren Platz haben. Im Ablauf fehlt das Flexible, Geschmeidige, Leichtbewegliche. Von den Einzelmerkmalen her gesehen überwiegen eine höchstens mittlere Geschwindigkeit und ein gleichbleibender, aber eher starker Druck.

In den biographischen Daten unserer Schreiber gibt es bedeutende Übereinstimmungen in der mangelnden Fähigkeit, aus sich heraustreten zu können, spontan zu reagieren, sich schnell auf Notwendiges einzustellen, anstatt auf Geplantes und Kalkuliertes eingeengt zu sein. In der Ordnung fehlt es an Perspektive, an der Fähigkeit zum Unterscheiden des Wesentlichen vom Unwesentlichen, an der Fähigkeit, einmal locker über etwas hinweggehen zu können, etwas auf sich beruhen zu lassen. Die Wahrnehmung wirkt blockiert, die Ansprechbarkeit ist gering, und im Zusammenleben fällt immer wieder auf, daß der Rigide nicht von sich aus Informationen oder Einsatz anbietet, einem nicht entgegenkommt, nicht zuarbeitet. Allerdings sieht er auch nichts, möchte alles immer beim alten belassen und immer das Gleiche finden. Er hält an seinem Standpunkt hartnäckig fest, auch wenn er längst überholt ist. Die Operation wird zu Ende geführt, auch wenn der Patient schon gestorben ist.

12. Untersteuerung

89

Dir das antun. Aber ich muß mein
Leben leben. Ich kann nicht
mehr. Warum?
Warum hast Du mich kaputt
gemacht? Was hab ich Dir
getan?

90

89 Frau, 42, ringt verzweifelt mit schweren Depressionen und Schuldgefühlen, versucht sich immer wieder in die Hand zu bekommen, zu arbeiten, ihr Verhalten zu regulieren, aber sieht schließlich keinen anderen Ausweg als den Suizid.

Leichter, flüssiger Strich, der hemmungslos über die Fläche läuft, über sie hinweggewischt wird, ohne steuernden Zugriff, führungslos und richtungslos.

90 Verkäuferin, 22, modisch recht begabt, war in Boutiquen bei der Kundschaft recht beliebt, wechselte aber häufig den Arbeitsplatz und war auch in der Arbeit nie ganz bei der Sache, weil sie im wesentlichen nur ihre Liebschaften im Kopf hatte, die ihr ganzes Glück und Unglück ausmachten. Sie glaubte in der Lage zu sein, Männer wie ein Magnet anzuziehen, und war immer bitter enttäuscht, wenn das nicht geschah. Sie schreibt Dutzende von anklagenden, beschwörenden Briefen, in denen sie ihre Illusionen, Sehnsüchte und Ängste ausbreitet. Sie hatte auch schon, allerdings nicht ganz ernsthafte, Suizidversuche unternommen.

Die Schrift spiegelt keineswegs einen besonderen Erregungszustand wider, sondern entspricht der üblichen Schreibweise der Schreiberin. Sie wirkt immer schwächlich, zerlaufend, zerfahren, widerstandslos. Nirgendwo ist ein Ansatz zu sehen, der so etwas wie Straffung oder Konzentration bedeuten könnte.

91 Schon in ihrer Jugend große Dame, sehr weltläufig, weit gereist, im Besitz großer Mittel, vor allem äußerst elegant, geradezu aufsehenerregend schön. Sie hatte zahlreiche Beziehungen, aber niemals eine feste Bindung. Sie wirkte immer sehr gelangweilt und gleichgültig, nichts interessierte sie wirklich, sie lebte in den Tag hinein, getrieben und zugleich ziellos, ohne Beruf, beging mit 30 Jahren Selbstmord.

Lasch dahinstrudelnde Bewegung, viele Formen werden fadig aufgelöst, der Strich ist lasch, die Schrift fließt zerlaufend dahin. Nirgendwo ist eine Spur von Konzentration, Zusammenfassung, steuernde Absicht.

92 Student, 25, gut begabt, breit interessiert, vital ausreichend spannkräftig, schreibt diese Probe im Zustand erheblichen Alkoholgenusses, in den er aus Liebeskummer geraten ist. Es handelt sich also nicht wie in der oberen Probe um einen Dauerzustand von Ungesteuertheit, sondern einen vorübergehenden. Was er über »diesen Zustand der Losgelöstheit« schreibt, wird durch das graphische Bild bestätigt. Eine gewisse vitale Spannung ist sichtbar, aber die Steuerung hat stark nachgelassen, Züge von Erregung wechseln ab mit solchen von Schlaffheit.

91

Ich fahre morgen Mittwoch mit dem Zug 10^{40} ab Köln. Schicke mir durch bitte Frl. Klein an die Bahn. Brigitte u Ernst kommen Donnerstag nachmittag. Es geht

92

dieser Zustand des losgelöstseins. im Leib wirklich ist wieder weite Roll[illegible] [illegible] [illegible], wirklich ist [illegible] [illegible], aber ist [illegible] [illegible]. [illegible]

(93)

uns ja sehr ausführlich unterhalten.
Es würde mich freuen, wenn es zu
einer Zusammenarbeit zwischen Ihnen
und mir kommen könnte.
Wie vereinbart, werde ich Sie vorher noch

(94)

Arbeit übernehmen. Die Produktion der Automa-
ten schafft ja auch neue Arbeitsplätze, hoch-
wertige Arbeitsplätze für hochqual. Arbeitskräfte.
Das klingt zuversichtlich, und wäre es in
der Realität so, könnte man kaum etwas gegen den Einsatz von Ind.-Roboter einwenden.

Kaufmann, 27, von angenehmem Auftreten, so daß er immer wieder einmal Beschäftigung findet. Nach kürzester Zeit muß er jeweils wegen völligen Versagens entlassen werden. Er begreift seine Aufgaben nicht, kommt nicht mit, stellt sich hilflos und ungeschickt an. Guten Willen kann man ihm dabei nicht absprechen, es geht nur einfach nicht. (93)

Auffällig ist hier vor allem die Kraftlosigkeit des Strichs, die allgemeine Dünnblütigkeit, dann aber auch die Unfähigkeit, die Bewegung wirklich in den Griff zu bekommen, die Feder nicht regellos über das Papier schleifen zu lassen, sondern die Schreibaufgabe wird auch nicht richtig bewältigt, etwa am Fehlen von Grundstrichen erkennbar.

Kontoristin, 20, äußerst gutwillig und zu jedem Arbeitseinsatz bereit, auf Zusammenarbeit mit anderen eingestellt, taktvoll und zurückhaltend, aber durch die Arbeitssituation und auch durch menschliche Probleme so überfordert, daß sie in der Arbeit nicht mitkommt und von häufigem Versagen bedroht wird. Sie gerät dann auch in schwerste Depressionen. (94)

Während die mehr oder weniger regelmäßige Schriftlage, sei sie steil oder schräg, von relativ geringer Bedeutung ist, ist es die schwankende um so mehr. Sie ist dabei aber nicht als ganzheitsunabhängiges Einzelmerkmal zu interpretieren, sondern sie ist lediglich das Nebenergebnis einer regellos schwankenden Spannkraft, einem Mangel an konzentrierender Kraft, aber auch an natürlicher Belastbarkeit überhaupt. Es wäre daher nicht gerechtfertigt, sie als Schwanken beispielsweise zwischen Verstand und Gefühl oder nach anderen auf schwachen Füßen stehenden Analogien zu deuten. Der Strich ist hier sehr zart, schwächlich, dabei keineswegs unlebendig, aber eben auch ohne straffe Führung.

(95)

(96)

Kaufmannsgehilfe, 19, sehr gutmütig und willig, voller Eifer, oder besser gesagt 95
kurzsichtigem Übereifer, packt alles gleichzeitig an, kommt dadurch durcheinander und verliert den Faden. Mit etwas Aufmerksamkeit könnten sich viele Fehler vermeiden lassen, die ihm seine Arbeit wirklich schwermachen. Er hat gute Anlagen, wird persönlich geschätzt, aber sein Mangel an Selbststeuerung bleibt auffällig.

Zunächst fällt hier auf eine gewisse Dissonanz des Ganzen, eine stolpernde Bewegung, die unkontrolliert überschießt, dann gequälte, erzwungene Formen. Ein Bedürfnis nach Konzentration, nach Anstrengung ist sicher vorhanden, aber es integriert sich nicht mit der vitalen Spannkraft in angemessener Weise.

Der Schreiber dieser Probe, ein Textilkaufmann von etwa 48 Jahren, schon früh 96
von ältlich verfettetem Äußerem, nie dazu gezwungen, für seine Existenz wirklich zu arbeiten, lebte viele Jahre in den Tag hinein, seiner Halbheiten und seiner schwachen Männlichkeit durchaus bewußt, ohne sich zu einer Änderung fähig zu fühlen. Um sein Junggesellendasein zu beenden, heiratete er, nachdem seine Mutter gestorben war, eine sehr viel jüngere Frau, die seinen verzweifelten Werbungen erst nach langem Bemühen von seiner Seite nachgab. Er zwang sie durch sein passives Verhalten, sich um alles zu kümmern, sie führte das Geschäft, während er daneben saß und bissige Bemerkungen machte. Zur Auswanderung gezwungen, ließ er sich im fremden Land von seiner Frau ernähren, ihre außerordentlichen Anstrengungen teils mit selbstquälerischen Vorwürfen, teils mit herabsetzenden Redensarten begleitend.

Während manche unserer vorhergehenden Proben eine enthemmte, aufgelöste Bewegungsweise zeigten, ist bei dieser hier ein beträchtliches Bemühen um Anspannung, Haltung, Festigkeit zu erkennen. Aber diese Forcierung stört die natürliche Bewegungsweise eher, als daß sie sich mit dieser integrierte. Dadurch entsteht der Eindruck erheblicher Disharmonie, eines Widerspruchs zwischen Weichheit und Gewaltsamkeit. Auch das Dranghafte ist unverkennbar.

13. Übersteuerung

97

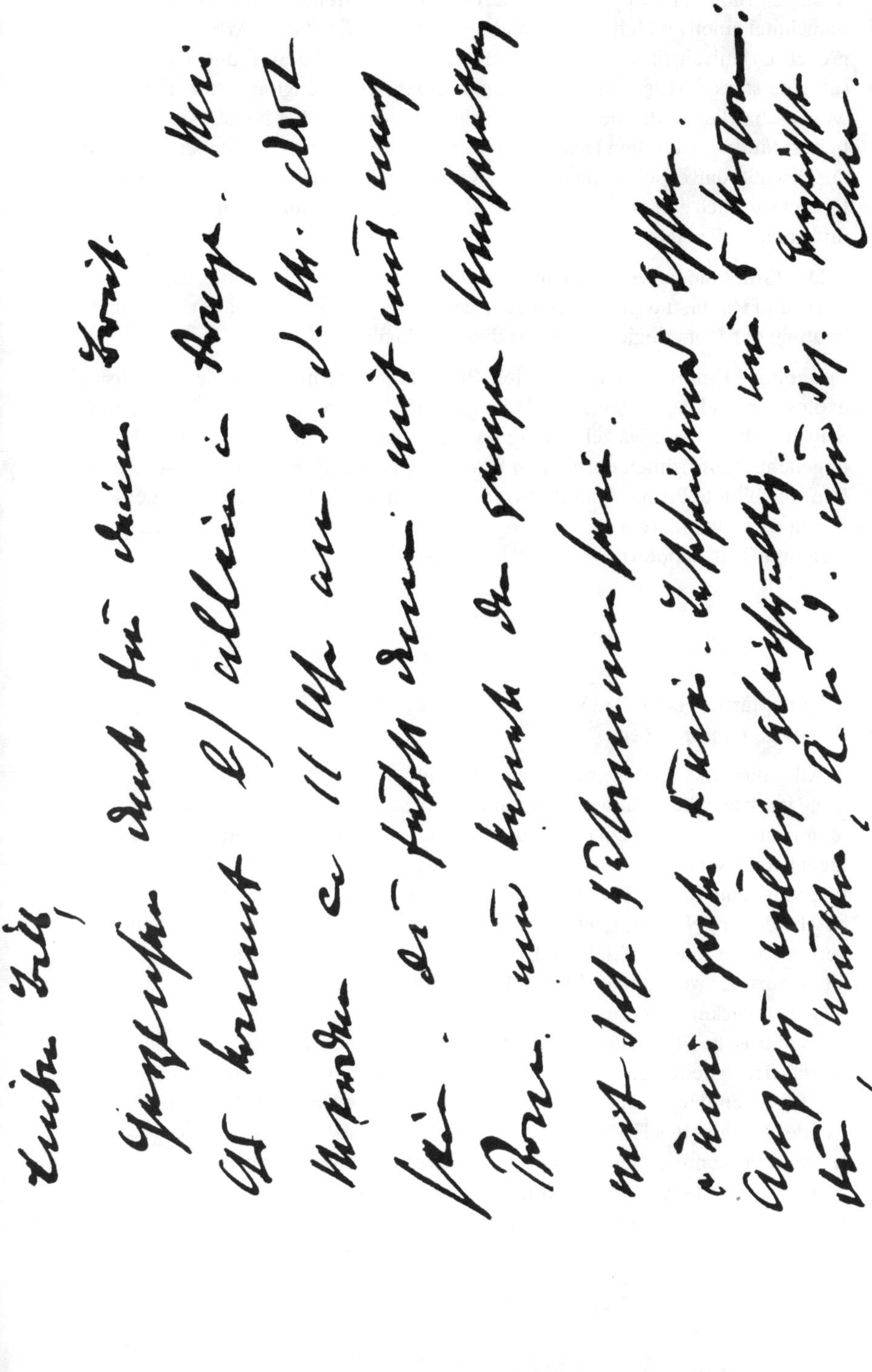

97 Mann, 40, Musterbild vitaler Männlichkeit, Härte und Durchsetzungskraft. Er war nicht nur als Boxer und Fechter ein ganz ausgezeichneter Sportler, nicht nur ein hochbewährter Offizier des ersten Weltkrieges, sondern ein ebenso ungewöhnlich begabter Schauspieler, Techniker, Kaufmann und Psychologe. Sein Urteil geriet nicht selten in Extreme, er hatte etwas Forderndes und Richtendes an sich, bewies aber auch manchmal einen an Hellsehen gemahnenden Tiefblick. Seine Arbeitskraft war unbegrenzt, Urlaub ein ihm unbekannter Begriff, seine einzige Erholung der Erfolg. Er besaß eine starke Ausstrahlung und unmittelbare Überzeugungskraft. Unablässig mit wissenschaftlichen Problemen beschäftigt, fand er manches Neue. Auch seine Mitarbeiter standen unter dem Druck, unter den er sich selbst setzte. Dabei war ihm durchaus bewußt, daß er seine eigene vitale Kraft nicht auch bei anderen voraussetzen durfte. Gelegentlich gab es auch für ihn Zustände der Entspannung, in denen er sich warm und gemütvoll zeigte.

Die Graphologie verdankt ihm die Dreiteilung der Merkmale nach Bewegung, Form und Raum, die Einführung des Begriffs der Vitalität und die Erkenntnis der Bedeutung der Homologie gegenüber dem Analogieschluß.

Der erste Eindruck hier ist für viele Betrachter der von Dissonanz, Gewaltsamkeit, explosiver und aggressiver Entladung. Die Formen sind radikal vereinfacht. In Schriftproben, die etwa zehn Jahre vor dieser hier liegen, zeigte sich noch ein völlig ungehemmtes Strömen der vitalen Bewegung in den Raum hinein, fast ungesteuert. Die abgebildete Probe stammt aus einem bedeutenden Wendepunkt seiner Existenz, der ihn unter anderem dazu zwang, seine unbedingte Freiheitsliebe zu einem bestimmten Teil zu opfern.

98 Kurt-Martin Hahn, 1886–1974, einer der originellsten und wirkungsmächtigsten Pädagogen unserer Zeit.

Alle, die ihn kannten, bezeugen seine außerordentliche Persönlichkeitswirkung, seine intensive Ausstrahlung. Stets mit leiser Stimme sprechend, vermochte er jedermann von seinen Ideen zu überzeugen. Wenn er etwas gesagt hatte, konnte es einfach nicht anders sein. Er bekam daher auch alles, was er wollte, nicht zuletzt Millionenbeträge für seine Ideen. Diese Ideen waren pädagogischer Natur, theoretisch von eher bescheidenem Niveau, aber gepaart mit dem eisernen Willen, ihnen zum Leben zu verhelfen, sie zu verwirklichen. Er war ein leidenschaftlicher Pädagoge, mehr intuitiv als gelehrt. Er wollte an der Schwelle der Pubertät die »giftlosen Leidenschaften« im Kinde entwickeln, die Lust am Bauen, die Freude, sich zu bewähren, den Forschungstrieb, musisches Tun, handwerkliche Kunstfertigkeit und vor allem anderen die Leidenschaft, zu helfen und zu retten. Er sah es als seine Lebensaufgabe an zu beweisen, daß entgegen der üblichen Meinung die Schätze der Kindheit, Vitalität, Bewegungsfreude, Neugier des Erfahren-Wollens, Mitgefühl über die Entwicklungsjahre erhalten werden können. Sein pädagogischer Eros galt hauptsächlich dem jungen Mann, von dem er verlangte, daß er Mut zeige, in allen Schwierigkeiten durchzuhalten, das Härteste zu ertragen, in gemeinsamer Arbeit mit anderen aufzugehen. Rein intellek-

98

TRUST HOUSES LIMITED
AMS "BROWNOTEL" LONDON, W.1.
HONE No HYDE PARK 6020

Ml.

12. IV. 63.

Sehr verehrte Frau Lohmeyer

Von ganzem Herzen hoffe ich, dass es Ihnen besser geht. Gott sei Dank kann ja heute die aerztliche Kunst der geheimnisvollen Viruserkrankungen Herr werden. Ich hoffe Sie bald nach Ostern zu besuchen. Inzwischen nehmen Sie mit meinen besten Wünschen diesen Ostergruss

Ihr aufrichtig ergebener

Kurt Hahn

tuelle Bildung galt ihm wenig, Nobelpreisträger hat er nicht herangebildet. Auf ihn geht die Gründung der berühmten Schulen Schloß Salem und Gordonstown, aber auch unzähliger anderer Schulen, Kurzschulen vor allem auf allen fünf Kontinenten. Über allem dominierte er mit außerordentlicher Autorität.

Trotz vielen Ehrungen, die er vor allem in höherem Alter erhielt, war ihm Streben nach äußerer Anerkennung fremd. Seinen Ruhm nutzte er für sein Werk. Sein eigener Lebensstil war spartanisch, er rauchte und trank nicht, bevorzugte eiskalte Zimmer vor geheizten. Neben seiner pädagogischen Leidenschaft lebte er auch politischen Interessen, und zwar mit bedeutender Wirkung.

Bei der Schrift konnte man im Zweifel darüber sein, ob sie mehr in die Gruppe der vitalen oder der übersteuerten Abläufe gehörte. Die Wahl der letzteren wurde dann vor allem durch ein biographisches Moment entschieden. Einer seiner früheren Schüler, der ihn ausführlich gewürdigt hat, meinte, daß er allzu sehr an den Willen und die Möglichkeit seiner systematischen Stärkung glaubte. Als ein Schüler Selbstmord beging, sagte Hahn: »Und er hat mir sein Ehrenwort gegeben, es nicht zu tun!« Dementsprechend glaubte er, statt sexueller Erziehung nur Unterdrückung bieten zu müssen. Pubertät war für ihn eine leider unvermeidliche Krankheit.

Betrachtern fällt hier zuerst auf das markante Profil, die völlige Eindeutigkeit und Glaubwürdigkeit, die für einen Mann von 77 Jahren ganz erhebliche Spannkraft, überhaupt das Vorantreibende und Vorangetriebene des Duktus, das Fehlen aller Züge von Schlappheit oder Ausruhen, dann aber auch Passion, Leidenschaftlichkeit, Erregbarkeit, Zielsicherheit, Richtung auf das Wesentliche, Strenge Unbeirrbarkeit, Kühle, Härte, wenngleich diese nicht ohne Sensibilität, radikale Durchsetzung, schließlich aber auch eine gewisse Verkrampfung, Gezwungenheit, Forciertheit, es fehlt die Fähigkeit zur Entspannung, keine Harmonie mit sich selbst, etwas Freudloses.

Systematisch gesehen bezeichnen Formulierungen wie Glaubwürdigkeit die hohe Qualität, Hinweise auf die durchgehaltene hohe Spannung die hohe Quantität des Antriebs. Mit Passion wird die dranghafte Komponente erfaßt, mit Sensibilität der affektive Bereich, mit Forcierung und Gewolltheit die leichte Übersteuerung, vor allem erkennbar an der Präzision der Strichführung, wie aber auch an der Gliederung, die manchmal sogar kleine n voneinander absetzt und mit stark betonten Wortabständen operiert. Die Präsentation ist unbeachtet geblieben, doch wurden Stilmomente der Repräsentation gesehen in Strenge, Zweckmäßigkeit, Reduzierung auf das Wesentliche.

99

Sehr geehrte Damen und Herren,

bitte, senden Sie meinen Gewinn zu gegebener Zeit, wegen meiner gegenwärtigen Konsumstörung, freundlicherweise an meinen Anwalt, dessen Rechtsanwalt Str. 31. Er wird ihn mir verwahren und an der guten Lagerfähigkeit des Wodka Moskovskaya besteht bei mir kein Zweifel.

Mit besten Dankesgrüßen

99 «Perspektiv-Agent« der DDR, 49, kam 1956 in die Bundesrepublik und brachte es als fleißiger Partei-Arbeiter der SPD bis zum Berater des Bundeskanzlers. 1974 entdeckt, wurde er zu dreizehn Jahren Freiheitsstrafe verurteilt. Von diesen hat er bei dem vorliegenden Schreiben auch schon zwei Jahre abgesessen; der Inhalt betrifft ein Preisausschreiben, bei dem er eine Flasche Wodka gewonnen hat, die er aber wegen seiner »gegenwärtigen Konsumstörung« nicht bekommen darf. Wenn er die gute Lagerfähigkeit des russischen Wodkas nicht bezweifelt, dann zieht er eine witzige Parallele zu seinem eigenen Fall. Er galt überhaupt bei den Journalisten in Bonn als freundlich, liebenswürdig und witzig, bot jungen Redakteuren auch rasch das Du an. Er schimpfte gerne über die Linken in der SPD, er galt als exponierter Rechter und als Jusofresser. Nach rund siebeneinhalb Jahren wurde er, da seine Lagerfähigkeit doch etwas gelitten hatte, als magen- und nierenkrank begnadigt und ausgetauscht.

Bild erheblicher Übersteuerung, mit vielen gequetschten und verkrampften Zügen, aber auch einer deutlich erkennbaren Lebhaftigkeit und Unruhe. Mangels Vergleichsschriften ist schwer zu sagen, wie weit hier zwei Jahre Gefangenschaft sich auf seelisches Gleichgewicht und Vitalität negativ ausgewirkt haben. An Haltung fehlt es aber nicht, und die Schrift wirkt auch keineswegs dürftig oder leer.

100 Bei der 1936 stattgefundenen Prüfung des damals achtzehnjährigen Offizierslaufbahn-Bewerbers wurde der Schreiber als ein prächtiger Junge, dessen Einstellung warm empfohlen werden könne, geschildert. Er sei geistig unverbildet, völlig natürlich in seinem Wesen, ein Charakter von jugendlicher Reinheit, heiterem Gemüt, ein frischer und gerader Mensch, den man liebgewinne müsse. Das sind, und das geht so weiter, schematisch idealisierende Formulierungen, die vermuten lassen, daß der Begutachter sich getäuscht hat. Der Schreiber erschoß sich während seiner Dienstzeit, als Grund wurden Laufbahnsorgen angegeben, da er fürchtete, wegen einer Arreststrafe nicht befördert zu werden. Sein Foto zeigt übrigens ein freundliches und hübsches Gesicht mit fast mädchenhaften Zügen und auffallend weichem Mund. Die graphische Übersteuerung hat ein Pendant im Text seines Schreibens, wenn er sagt, er schätze das harte Leben und liebe es, an eine strenge Form gebunden zu sein. Das damalige graphologische Urteil stand in starkem Widerspruch zum psychologischen Gutachten und betonte Labilität und Unsicherheit.

In diesem Falle scheint es fast ein Vorteil, wenn man die deutsche Schrift nicht lesen kann, denn dann kann sich um so eindrücklicher die atemraubende Gepreßtheit des Duktus mitteilen, die bis zur Verbiegung, Verwürgung von Einzelformen geht. Unter diesem Druck ist die natürliche Bewegung fast erstickt. Man spürt aber auch zitternde, fiebrige Erregtheit, die das Bemühen um Formpräzision stört, zappelnde Ausschläge stören die Form und führen zu Verschreibungen.

(100)

(101)

Er kann es nicht mit ansehen, wie sein Vater auf Grund
der Unachtsamkeit seines Sohnes leiden muß.
Trotzdem sieht er aber nicht ein, daß es nur sein
Verschulden ist alleine ist, den Vater verletzt zu haben.

101 Ausgezeichneter Verkäufer, 32, der immer offen und direkt vorgeht, sein Ziel konsequent und geradlinig verfolgt. Er ist immer wach und aufmerksam, wirkt wie ein Rennpferd, das es in der Box nicht zu lange aushält und dann ausbricht. Immerhin hat er im Lauf der Jahre gelernt, eben nicht auszubrechen, sondern warten zu können, bis sein Zeitpunkt gekommen ist. Viele Schwierigkeiten haben seine Entwicklung lange Zeit eingeschränkt, er ist nicht frei von Selbstzweifeln, aber er hat sich gegen alle diese Widerstände behauptet und die Spontaneität und Impulsivität seiner Natur bewahrt. Als Führungskraft besitzt er eine natürliche Autorität, die es ihm leicht macht, andere anzusprechen und zu motivieren. Er kann auch gut organisieren, Ideen und aktive Hilfe geben. Probleme gibt es bei ihm nur, wenn er zu sehr eingeschränkt wird. Dann staut sich gelegentlich ein starkes Potential von Aggressivität an. Da er sich selbst gut zu organisieren versteht, leistet er sein Bestes dort, wo er nicht allzu sehr in seiner Aktivität durch Reglementierungen behindert wird. Die Gefahr, daß er über sein Ziel hinausschießt, hat früher sicher einmal bestanden, ist jetzt nicht mehr gegeben.

Erhebliche vitale Spannkraft, die zwar erfolgreich, aber doch etwas gewaltsam gesteuert wird. Sie hat eine leicht vibrierende Unruhe, auch etwas Stoßweises, lockere Züge neben gezwungenen. Sie ist mehr hingehauen als natürlich und in einem Zuge fließend. Erregbarkeit und Kontrolle halten sich hier die Waage, obwohl deren Zeiger noch schwanken.

102

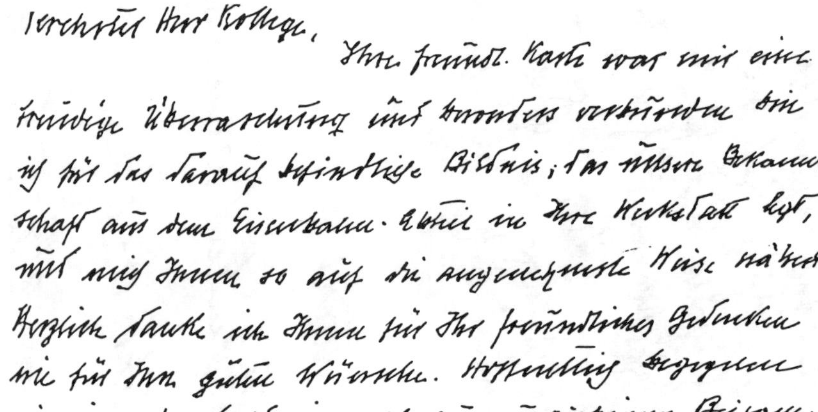
Verehrter Herr Kollege,
Ihre freundl. Karte war mir eine freudige Überraschung und besonders verbunden bin ich für das darauf befindliche Bildnis; das unsere Bekanntschaft aus dem Eisenbahn-Abteil in Ihre Werkstatt legt, und mich Ihnen so auf die angenehmste Weise nähert. Herzlich danke ich Ihnen für Ihr freundliches Gedenken wie für Ihre guten Wünsche. Hoffentlich begegnen wir einander bald einmal zu ausgiebigem Beisam-

102 Ehemals sehr bekannter Schriftsteller, 50, hier insofern ein Sonderfall, als er sich selbst über seine eigene Handschrift ausführlich geäußert hat. Er hält seine Schrift für das Abbild unterschiedlicher Eigenschaften; die Graphologen vielleicht noch präziser beurteilen können. Seine Schrift sei entstanden wahrscheinlich aus einer Mischung von Pedanterie und Leichtsinn, aus Konzentration und Faulheit, aus dem Ringen um die Musikalität der Sprache, aus dem eisernen Muß, das Geschaute wie Erfundene plastisch hinzustellen, aus dem Trieb, sich mitzuteilen, und aus der ebenso starken Sucht, sich zu verschweigen. Dazu komme die Disziplin, die er sich bei der Zeitungsarbeit erworben habe. Seine Kinderjahre seien sehr hart gewesen, er habe lange an-

dauernde Existenzsorgen gehabt und sei schon mit 18 Jahren aus Not gezwungen gewesen, als Journalist zu arbeiten. Obwohl ihn sonst jedes kleinste Geräusch irritiere, sei er gegen Lärm jeder Art unempfindlich, wenn er arbeite. Auch habe er sich dazu erzogen, Stimmungen nicht zu beachten, privaten Kummer auszuschalten, sich faktisch der Arbeit restlos hinzugeben. Er habe nichts angefangen, sei es ein Theaterstück, einen Roman, ja selbst das kleinste Feuilleton, wenn er nicht den Schluß fest und deutlich im Kopfe gehabt habe. Daher seien seine Manuskripte nahezu gänzlich frei von Korrekturen, er schreibe sehr langsam, male fast Buchstabe für Buchstabe auf das Papier.

Er nennt sich selbst leichtsinnig, faul und sicherlich übertrieben lebensfreudig, aber auch lächerlich pedantisch. Wegen dieser Pedanterie benützt er seit 30 Jahren dasselbe Papierformat und denselben Bleistift, dieselbe Unterlage aus Pappendeckel und andere Gegenstände. Es ist wohl auch aus Pedanterie so geworden, daß seine Handschrift sich dem gedruckten Satz nähert. Woher es allerdings kommt, daß seine Schrift im Zuge der Arbeit immer kleiner und kleiner, immer enger und enger wird, und daß er sie selbst nachträglich nur mit der Lupe zu lesen imstande ist, könne er nicht erklären.

Die eben referierten Mitteilungen sind ihm schwergefallen, weil er meint, daß er zwar ein geselliger Mensch sei, und auch rasch geknüpfter wie lebenslanger Freundschaft durchaus fähig, habe er doch andere selten mit seinen eigenen Angelegenheiten befaßt. Mehrere seiner Bücher hätten autobiographischen Inhalt, aber das werde niemand erraten.

Musterbild hoher Präzision, Konzentration, aber auch vitaler Zähigkeit und Durchhaltekraft. Dabei läßt sich trotz großer Kontrolle auch Erregbarkeit nicht übersehen; das Ganze ist schon etwas disharmonisch und auf alle Fälle recht kompliziert.

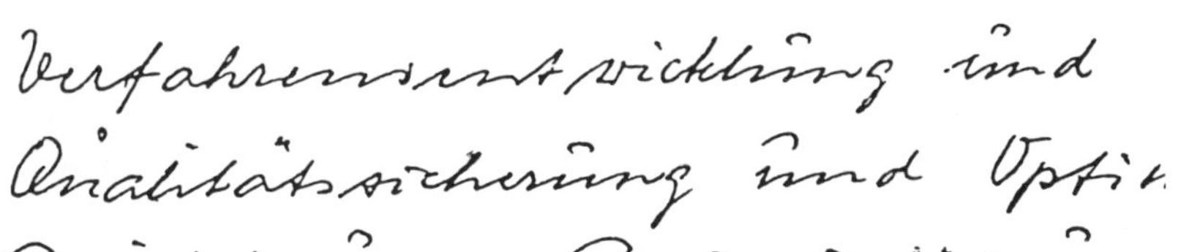
103

Ingenieur, 50, in seinem Fache ein ganz hervorragender Arbeiter, von äußerster Präzision, gewissenhaft und ausdauernd. Er gibt nicht eher Ruhe, als bis alles bis ins kleinste Detail geklärt ist. Schon als Student erledigte er für seine Kommilitonen lästige Zeichenarbeiten. Er ist zwar kein innovativer Typ, kein ideenreicher Konstrukteur, aber ein ausgezeichneter Organisator, strenger Kontrolleur. Die Arbeit geht ihm über alles, für sich selbst hat er wenig Bedürfnisse, tritt unscheinbar auf, Entspannung oder Abschalten liegen ihm nicht. 103

Auffällig ist zunächst die Gestochenheit des Bildes, die zäh durchgehaltene und hochkontrollierte Spannung, der schon etwas starre Strich. Die vitale Spannkraft ist sicher ganz erheblich, aber sie wird auch bis zum letzten bewirtschaftet. Eine gewisse Gezwungenheit ist wohl deutlich, aber die Bewegung wird noch nicht zu sehr gedrosselt oder gar abgewürgt. Es bleibt immer noch ein hartnäckiges Weitergehen erhalten.

(104)

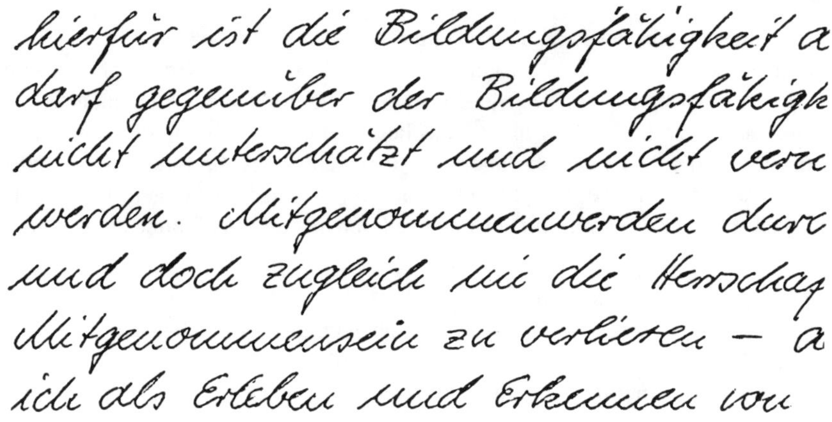
hierfür ist die Bildungsfähigkeit a
darf gegenüber der Bildungsfähigk
nicht unterschätzt und nicht veru
werden. Mitgenommenwerden durc
und doch zugleich nie die Herrschaf
Mitgenommensein zu verlieren – a
ich als Erleben und Erkennen von

(104) Musikpädagogin, 20, verlor den Vater sehr früh, wurde zusammen mit dem Zwillingsbruder von einer Mutter aufgezogen, die ganz für ihre Kinder lebte, aber hohe Anforderungen an ihre Leistungsfähigkeit stellte. Ihre Kinder- und Jugendzeit war materiell sehr karg. Die Situation war für sie auch seelisch dadurch bedrückend, daß die gesamte Nachbarschaft der Ansicht war, es sei ungehörig, daß Kinder einer armen Mutter das Studium anstrebten »als ob sie was Besseres wären«. Sie hat auf diese Weise sehr früh Verantwortungsbewußtsein und Pflichtgefühl erworben, vor allem eine erhebliche Disziplin, ein äußerst empfindliches Gewissen, eine ganz ungewöhnliche Zuverlässigkeit. Sie wirkt sehr ernst, ist aber durchaus freudefähig, besonders bei der Ausübung von musischen Tätigkeiten, auch handwerklichen, und sie ist besonders liebevoll und herzlich im Umgang mit Kindern. Ihre Leistungen ringt sie sich einer instabilen Gesundheit ab. Als Lehrerin wird sie von ihren Kollegen sehr geschätzt, und für ihre Vorgesetzten ist sie geradezu ein Modellfall einer guten Lehrkraft.

Hochgesteuerte Bewegung, sehr diszipliniert, beherrscht, zurückgenommen, unauffällig, sparsam, aber keineswegs unfrei, gepreßt oder gedrosselt. Die Steuerung nimmt der Bewegung noch nicht den Atem. Der Strich ist zart, genau geführt, aber noch nicht rigide. Bei soviel Regulierung bleibt es erstaunlich, wie elastisch die Bewegung trotzdem noch läuft. Die Formen sind schlicht, aber sie sind auch liebevoll behandelt. Besonders dynamisch kann man den Ablauf nicht nennen, aber er ist sehr gut organisiert. Insofern könnte die Schrift auch ihren Platz finden unter unseren Beispielen für Präsentation als positive und gelungene Abwandlung der Schulvorlage, aber auch unter denen für Harmonie.

Diskussion

Die Struktur der Steuerung besteht, obwohl dem Antrieb entgegenwirkend, doch hauptsächlich wie dieser aus den Merkmalen des physiologischen Bewegungskomplexes. Es ergibt sich dadurch eine Steuerungsgestalt, die ebensoviele Varianten hat wie die lebendige Bewegung selbst. Die Steuerung greift von außen auf den Bewegungskomplex ein und verändert in erster Linie die Ausschlagweite der einzelnen Merkmale durch Einengung bzw. durch Festhalten auf einer ganz bestimmten Höhe. Man kann daher sowohl mit starkem wie mit schwachem Druck steuern, aber in beiden Fällen muß er möglichst gleichmäßig sein.

Die räumliche Gliederung ist demgegenüber als Steuerung sekundär. Sie könnte niemals direkt auf das Motorium, auf die Antriebskraft und ihre verschiedenen Formen in Drang, Funktionslust oder Affektivität einwirken. Sie ergibt sich aber oft sozusagen von selbst im Gefolge der unmittelbar auf den Ablauf bezogenen Steuerung.

Die Untersteuerung zeigt den mangelnden Zugriff auf die Bewegung, das Saloppe, Enthemmte, Sich-Gehenlassen, die launenhafte Zerfahrenheit, die Konzentrationsschwäche.

In den Biographien der Schreiber fällt auf, daß es vor allem an zusammenfassender Kraft fehlt, sich selbst zweckmäßig zu organisieren, sich gegen Ablenkungen in der Hand zu behalten, anstatt auf jeden Reiz sofort zu antworten. Sie sind durchlässig für ihre Gefühle, äußern sie oft unfiltriert und gedankenlos. In der Arbeit fallen Unkonzentriertheit und Zersplitterung auf. Ruhe und Gelassenheit fehlen. Bei starkem vitalem Antrieb kann die Leistung durchaus noch erheblich sein, doch muß die Aufgabe auf die Eigenart des Schreibers zugeschnitten sein.

Physiognomisch gesehen weisen auf Übersteuerung der Drill, die Zucht, das Korsett, das Zwanghafte, Gedrosselte, nicht nur streng Geführte, sondern Einschienende, Zuschnürende, die atemnehmende Kontrolle der Bewegung.

In den Biographien der Schreiber finden wir die üblichen Folgen zu hohen Leistungsdrucks, wie Einengung der spontanen Äußerungsfähigkeit, Verengung des Blickfeldes, Unterdrückung berechtigter Bedürfnisse und andere klassische Streßfolgen. Im Falle unseres Spions wird man angesichts seiner vermauert wirkenden Graphik vor allem an Absicherung, Unterdrückung jeder verräterischen Bewegung denken müssen.

Die Leistungsfähigkeit kann dabei sehr hoch sein, je nach dem Verhältnis der Stärke des Antriebs zu der der Steuerung. In vielen Fällen besteht auch Verwandtschaft mit der Gruppe der geringen Affektivität.

Man könnte auch eine Gruppe der geglückten Steuerung unterscheiden, die eine dem Gegenspieler in Gestalt des Antriebs angemessene Form des Zugriffs auf ihn zeigt. Solche Fälle lassen sich aber kaum unterscheiden von denen, die wir im fünften Kapitel bei den Formen ausgeglichener Affektivität gezeigt haben, so daß sich eine Wiederholung erübrigt.

14. Präsentation / unbetont

(105)

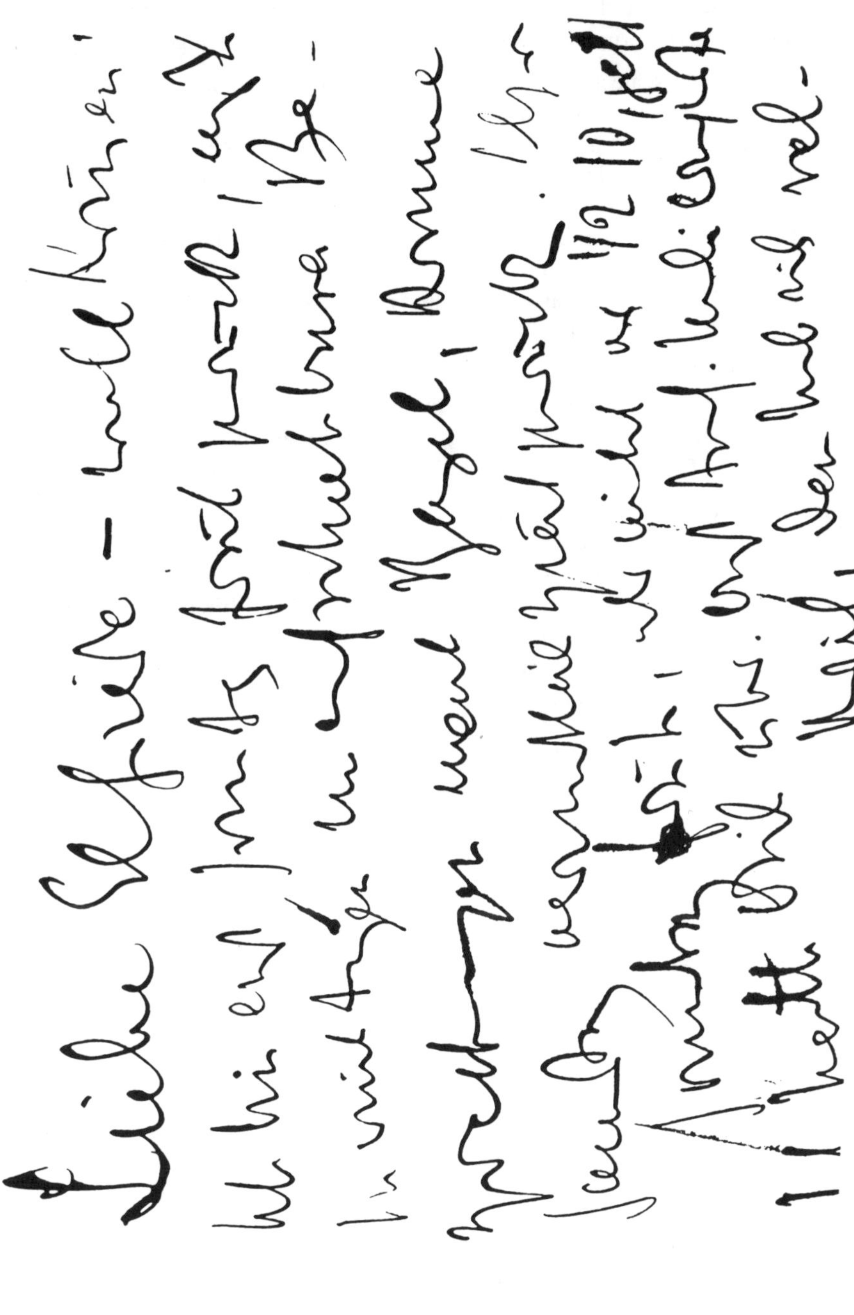

105 Viele zeitgenössische Berichte zeugen von der ungewöhnlichen Wirkung des Dichters Karl Wolfskehl, eines vertrauten und unerschütterlichen Freundes von Stefan George. Man berichtet von seinem unersättlichen Hunger nach Menschen, von seinem beneidenswerten Reichtum erlesenster Kenntnisse, von den Blinkfeuern seines immer regen Geistes, von seiner unvergleichlichen Wirkung im Gespräch, in dem er sich wahllos verschwendete, von der gärenden Unruhe seines Wesens, seinem zwischen scharfer Helle und gestaltlos gurgelndem Urgrund gespannten Geist, von einem wühlenden Fieber, das nie ermattete, während George ihn nannte: »Fänger, unfangbar.«

Er hatte ein sehr schlechtes Sehvermögen, welches später in fast völlige Blindheit überging, von dem er sich aber nie beeinträchtigen ließ. Er sah alles, was er sehen wollte, bewegte sich auch in fremden Städten mit unglaublicher Sicherheit. Auch seine spätere Armut vermochte ihn, der aus reichem Hause kam, nicht entscheidend zu drücken. In der Einleitung zu seinen Briefen sagt seine Sekretärin, Margot Ruben, »doch Eros, die schöpferische Liebeskraft, hat ihn auch im Exil nicht verlassen. Die alte Macht durchdrang wie je alle Schichten des Lebens, sie erfaßte Leib, Seele, das ganze Wesen. Die begeistete Sinnenhaftigkeit richtete sich bis zum letzten Tag auf jeden Augenblick und jeden Menschen.«

Die bedeutende Unleserlichkeit dieser Schrift hat seine Freunde einmal veranlaßt, ihm liebevolle Vorschriften zu machen, die freilich unbeachtet blieben. Das Dokument wurde wahrscheinlich von George entworfen. Einer der vertrautesten Kenner dieses Dichters, Edgar Salin, nimmt auf diese Unleserlichkeit ausdrücklich Bezug.

»Denn es wäre falsch, Wolfskehls weit ausladende, noch in Unleserlichkeit eindrückliche, leidenschaftliche Schrift nur auf seine schwere Kurzsichtigkeit zurückzuführen; sie ist ein so vollkommener Ausdruck seines Wesens, wie nur je eine Schrift es sein kann, Ausdruck einer überströmenden Gedanken- und Bilderfülle, die Worte und Wortteile sich so überstürzen läßt, wie es ihm auch in erregter Wechselrede geschah, und die doch merkwürdig sicher alles Aufgelöste wieder bindet und vom ersten bis zum letzten Buchstaben mit gleicher Intensität west, lebt und spricht.«

(106)

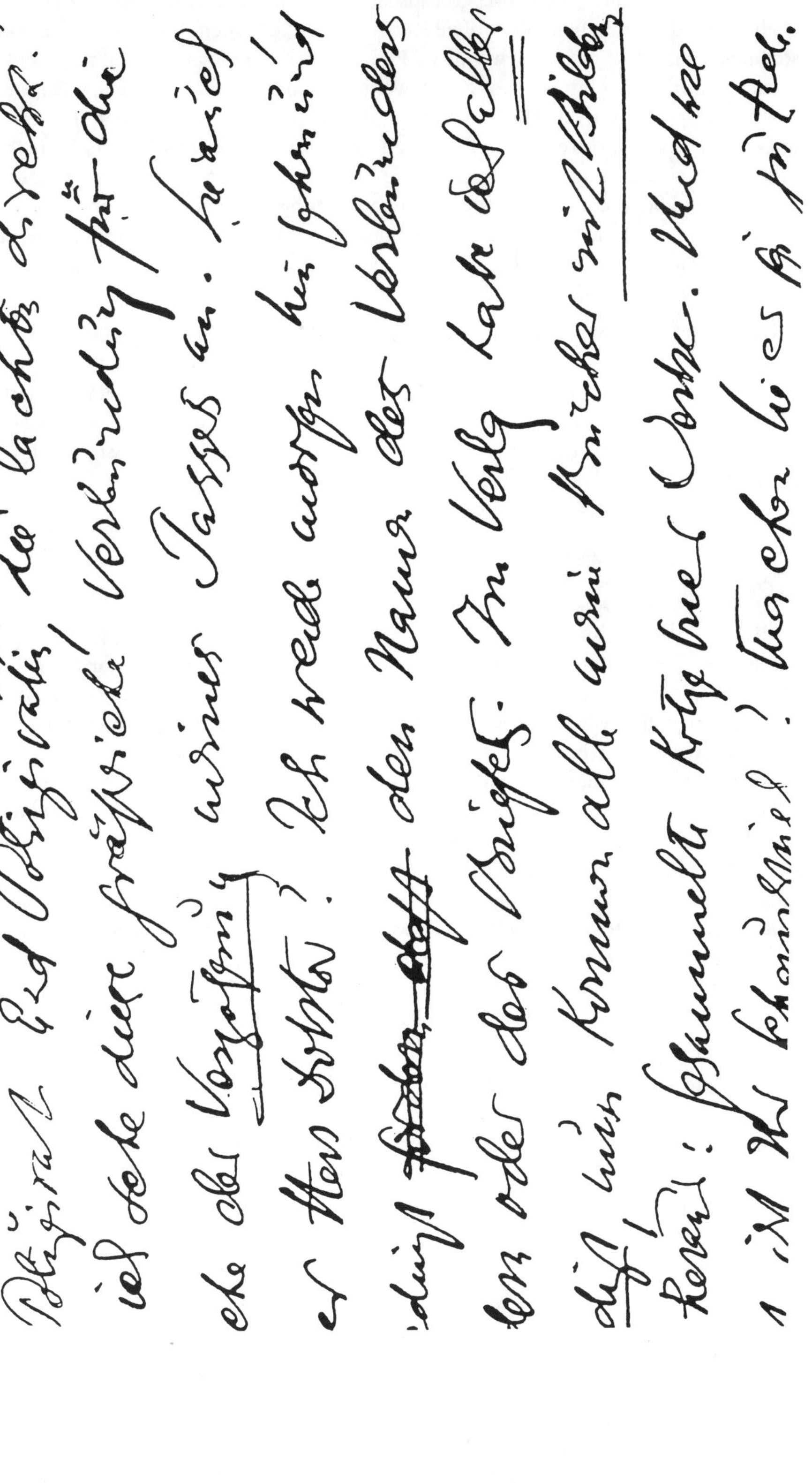

106 Else Lasker-Schüler, 45, expressionistische Dichterin, eine starke, aber labile Persönlichkeit, die ein Leben führte ohne Rücksicht auf Sicherheit, bürgerliche Zielvorstellungen gingen sie nichts an; wenn ihre Freunde für sie Geld sammelten, verschenkte sie es trotz eigener bitterer Not sofort, war immer arm, besaß fast nichts, wohl aber einen Spielzeugkasten, hielt sich selbst nicht im Zaum, war stets sprunghaft, launisch, unbedacht spontan, von extremer Heftigkeit, ohne Zucht, ohne Disziplin, exzentrisch und besessen. Sie konnte rührend sanft und zart sein, aber auch toll gereizt, plötzlich aufflammend oder anklagend, schüchtern und zudringlich, schnell getrennt und versöhnt. Oft geschah der plötzliche Stimmungswechsel von größter Traurigkeit bis zu jubelnder Heiterkeit. In ihrer Dichtung fiel sie auf durch sprachliche Kühnheiten, enorme Bildkraft, immense Phantasie.

Bei der Schrift könnte man im Zweifel darüber sein, ob sie mehr in die Gesellschaft unserer Fälle der Untersteuerung gehört, der hohen Erregbarkeit oder des Verhaltens gegen die Norm. Sie strudelt stoßend und drängend über die Fläche, ungeniert, gewaltsam und eigenwillig zugleich, rastlos getrieben. Bewegung ist alles, während die Arbeit an der Form, die man so oft bei Dichtern findet, vernachlässigt wird. Es fehlt keineswegs an Kraft, aber sie verströmt sich hemmungslos.

107 Sie ist für ihre 70 Jahre eine immer noch sehr suggestive Natur, von starker, faszinierender Ausstrahlung, der sich nur wenige entziehen können. Ihr blinder Lebenshunger hat sie über viele Tiefen und Höhen geführt, sie immer wieder aus einer gesicherten Existenz in Abenteuer getrieben. Ihrer moralischen Bedenkenlosigkeit, die nicht einmal durch mütterlichen Instinkt eingeschränkt wurde – sie lief im ersten Weltkrieg ihrem Ehemann und zwei kleinen Kindern davon, um einem anderen Mann zu folgen – entsprach eine weitgehende Verlogenheit. Auffällig war ihre Begabung, sich mit souveräner Sicherheit auch in der anspruchsvollsten internationalen Gesellschaft zu bewegen, sie schauspielerte virtuos. Ihr theatralisches Talent und ihre dramatisierende Selbstdarstellung legen Verwandtschaft mit dem hysterischen Typ nahe. In höherem Alter verstand sie mit einer gewissen Überzeugungskraft in einem Junggesellenhaushalt die mütterliche und warmherzige Betreuerin zu spielen und entgegen ihrem früheren Lebenswandel den bekannten Rollentausch zur alten Betschwester zu vollziehen.

Lässig und bequem hingeschmiert, mit ungenierter Selbstverständlichkeit drauflosgemalt, sich zwanglos in den Raum ergießend, leicht ordinär, dumpf, blind, von besonders nachlässiger Formgebung, manchmal schwer lesbar bis unlesbar. Die vitale Spannkraft wirkt trotzdem für das Alter von 70 Jahren noch recht beträchtlich.

(107)

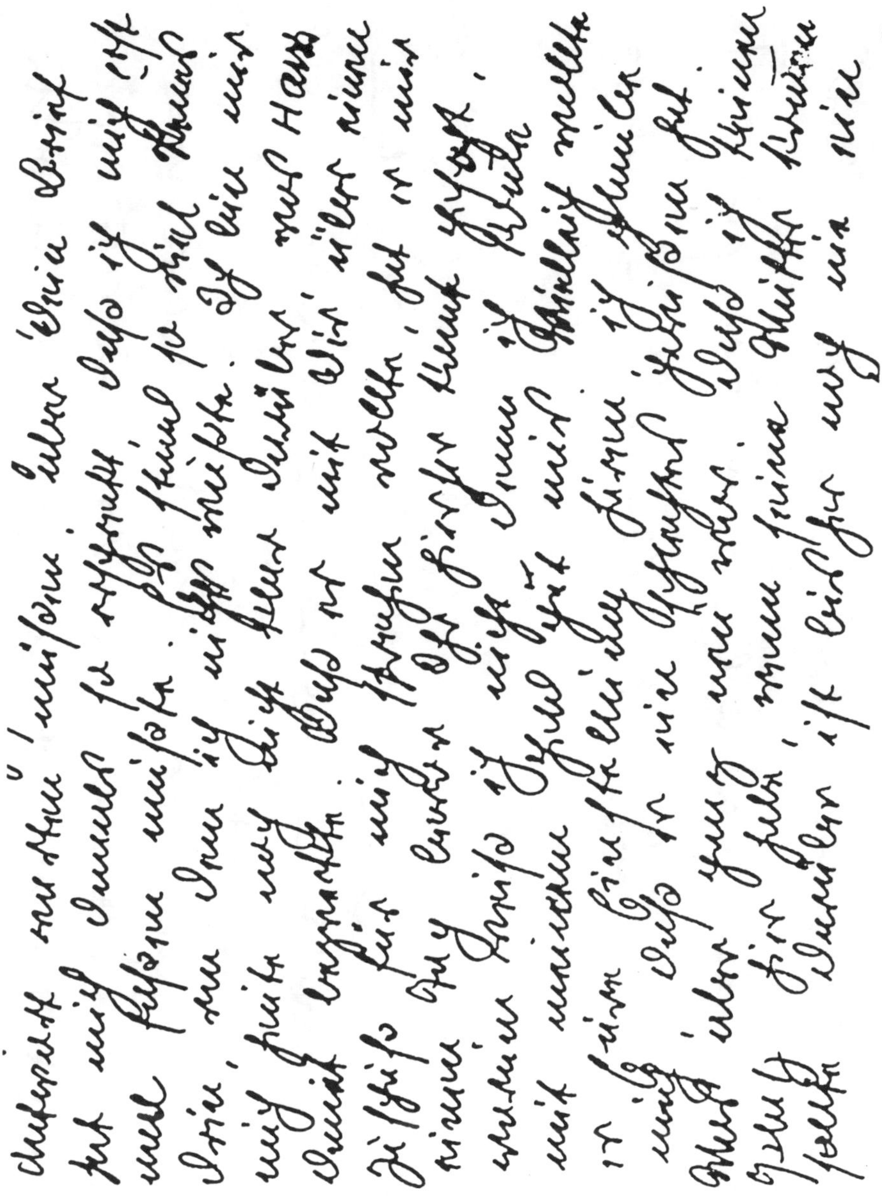

108

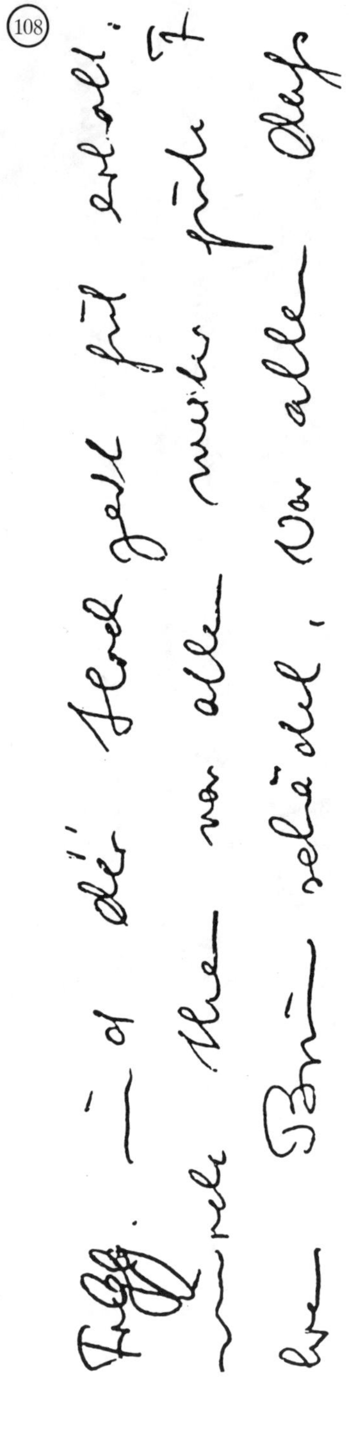
Hand gelt gut erhalt.
vor allem
schädel. Vor allem

109

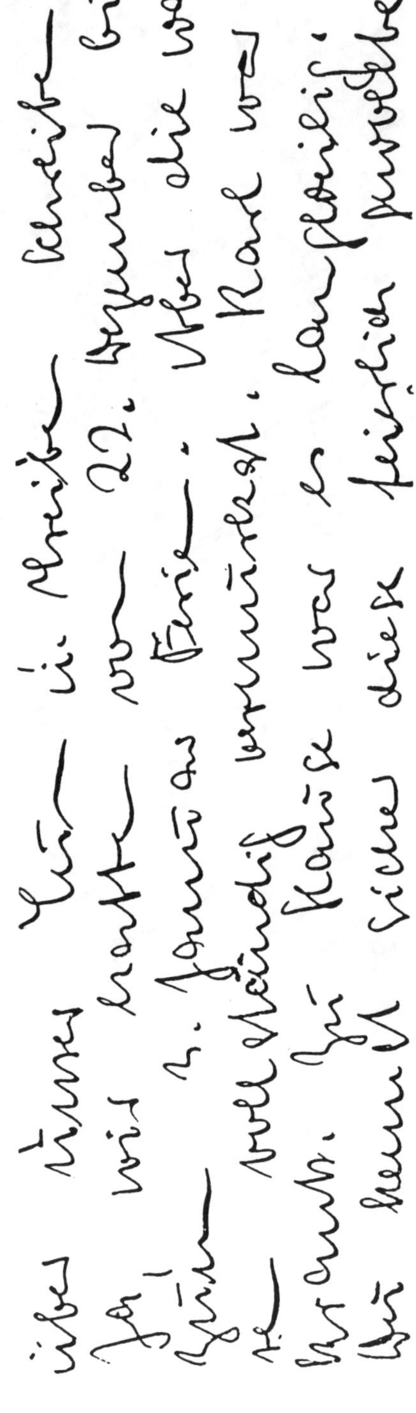
über unser Tun u. Treiben schreiben.
Ja, wir hatten vom 22. Dezember bis
zum 3. Januar Ferien. Über die war
vollständig
Karl war
krank. Zu Hause war es langweilig.
Du kennst sicher diese feierliche

Handwerker, 30, in seinem Berufe recht leistungsfähig, wenn er nicht gerade zuviel getrunken hat. Sein Benehmen überschreitet das in seinem Bereich Gewohnte, er ist sehr aggressiv, drückt sich unflätig aus, kann aber auch ganz gutmütig sein. (108)

Schwacher, verwürgter Strich, dranghafte Unruhe, geringe Steuerung, physiognomielos. Das Ganze wirkt schon recht brüchig.

Schülerin, 18, äußerlich schon etwas verwahrlost, träge, passiv und gleichgültig, wird bei ihr unangenehmen Anforderungen trotzig, lebt in Illusionen in bezug auf ihre Möglichkeiten bei Männern, richtet dadurch auch Verwicklungen an. (109)

Weicher, leicht hingeschmierter, schmieriger Strich, gegen Wortende oft unkonzentriert auslaufend, aber auch wie absichtlich hingeschmiert. Ein gutes Beispiel auch für Untersteuerung.

15. Präsentation / betont

(110)

Darf ich mich heute recht herzlich
für die Schmetterlingsstiche bei Ihnen
bedanken. Helmut und ich haben
uns ganz besonders darüber gefreut,
und die Bilder schmücken bereits die
Sitzecke meines Zimmers. Als ich sie
mir zuerst anschaute, kam mir so=
fort in den Sinn, daß Sie sich
bestimmt Gedanken gemacht haben,
was uns erfreuen würde, denn
wenn man einen Menschen so
wenig kennt, ist es doch gar nicht
so einfach, ihm etwas zu schenken.

110 Bankangestellte, 20, eine sehr natürliche, liebenswürdige Persönlichkeit, die nicht nur in der Schule eine Musterschülerin war, was die Erledigung ihrer Aufgaben anging, sondern darüber hinaus von so gutem Einfluß auf ihre Mitschüler, daß ihr Lehrer die Eltern aufsuchte mit der Bitte, sie in seiner Klasse zu lassen, als sie in eine andere Klasse versetzt werden sollte. Obwohl von zarter Gesundheit und ohne ausgeprägten beruflichen Ehrgeiz, war sie in ihrem Hause wegen ihrer ausgleichenden Art sehr angesehen und es gelang ihr, allerdings erst nach längerer Zeit, sogar mit einer höchst schwierigen, wahnhaft mißtrauischen Vorgesetzten gut auszukommmen.

Die Schrift ist nicht nur im schulmäßigen Sinne korrekt, sondern ist darüber hinaus gefällig, liebenswürdig, harmonisch, lebendig. Sie hat zwar auch für das Alter etwas Kindliches an sich, etwas Naives, Unroutiniertes, aber sie wirkt keineswegs dabei infantil, also in der Entwicklung zurückgeblieben.

111 Barpianist und Verkäufer, etwa 50 Jahre. Typ des guten, treuen und anhänglichen Sohnes, der durch die narzistische Haltung seiner Mutter fürs Leben geformt und verdorben worden ist. Sie hat den hübschen, musikalisch begabten Jungen von klein auf für die Operette bestimmt zur Verwirklichung ihrer eigenen unerfüllten Träume. Seinen Schulerfolg, er besuchte ein Gymnasium von hohen Ansprüchen, hat sie durch eine einseitige Beeinflussung weitgehend verhindert. Materielle Verwöhnung und Anspruch auf völlige Ergebung in den mütterlichen Willen machten ihn unselbständig und für das Leben schlecht gerüstet. Er hatte stark depressive Züge, besonders auffällig im Anklammern an seine nächsten Menschen, aber auch große Rücksichtnahme und Treue. Eine krebskranke ehemalige Hausgehilfin pflegte er in selbstloser Aufopferung bis zu ihrem Tod in ihrer Wohnung, da sie nicht ins Krankenhaus wollte, ungeachtet der in diesem Falle besonders schwierigen Pflege, deren Aufgaben dieser Mensch, dem Gepflegtheit und Sauberkeit ungeheuer wichtig waren, doppelt hart empfinden mußte. Dieses Sorgen und Fürsorgen sind Züge, die er bei seiner Mutter vermissen mußte und deshalb bei sich besonders entwickelte. Als Verkäufer machten ihn sein Babygesicht und sein adrettes Wesen zu einem guten Türenöffner, dem nur die Kraft zum Abschluß mangelte. Bei allem guten Willen hat er richtig arbeiten nie gelernt, ist überhaupt in seiner Entwicklung früh stehengeblieben.

Viel Streben nach ästhetischer Gefälligkeit, dabei weniger natürlich als vielmehr preziös und beflissen, von überängstlicher Sorgfalt. Der Strich ist zart, spröde, Lokkerheit, Schwung und Frische fehlen. Monoton oder stereotyp ist die Schrift aber nicht. In dem zerbrechlichen Gefüge wohnt immer noch eine gewisse Lebendigkeit.

(111)

er war. Ich bitte Dich immer wieder, halte mir die Treue u.
ie Liebe, ich tue es auch. Wir müssen leider viele Opfer für
re Liebe bringen. Gestern hat mir eine Frau aus Heinz's Kiß-
eb (der immer noch läuft) aus den Karten gesagt, daß wir i
ster Liebe zusammen bleiben u. heiraten werden. Es ist also
in bester Ordnung, möge es so bleiben! Daß es Karin nicht
er geht, tut mir zu leid. Diese Sachen sind ja furchtbar lang
ig, hoffentlich kann sie recht bald aus dem Krankenhaus. Viele
Grüße für sie u. recht baldige, gute Besserung. Küßchen bitte
t vergessen! Jetzt bin ich schon 1/4 Jahr weg von Dir, die Sehn-
t ist mein größtes Leiden u. die Einsamkeit. Einleben könnte
mich nie. Wenn ich auf unseren Boxen höre, „Ich hab' so Heimat nach dem Kurfürstendamm", werde ich jedes Mal weich. Aber

(112)

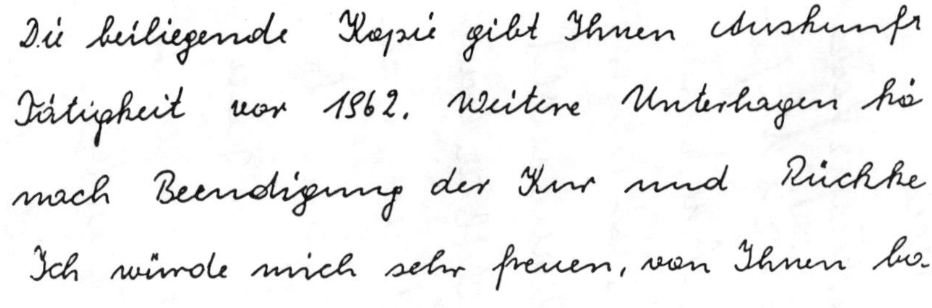
Die beiliegende Kopie gibt Ihnen Auskunft
Tätigkeit vor 1962. Weitere Unterlagen hö
nach Beendigung der Kur und Rückke
Ich würde mich sehr freuen, von Ihnen be

(112) Sekretärin, 38, ledig, eine ausgezeichnete Kraft, die gegenüber dem Personal ihre mütterlichen Gefühle einsetzt und gegenüber ihrem Chef die immer bereite, nie ermüdende gute Seele ist, die sich aufopfert. Sie ist auch eine selbständige Arbeitskraft, die man schalten und walten lassen kann und bei der die verschiedensten Aufgaben sehr gut koordiniert werden. Sie ist zwar vital nicht besonders robust, setzt sich aber zäh ein und fordert sich eine Menge ab. Obwohl sie beruflich schon viel in der Welt herumgekommen ist, breite Auslandserfahrungen hat, wirkt sie keineswegs weltläufig, sondern eher bescheiden und zurückhaltend.

Die Schrift wirkt zwar konzentriert, aber nicht krampfhaft, sondern hat durchaus eine gewisse Weichheit und Wärme, die in den vorhergehenden Proben fehlt, vor allem auch eine trotz einer gewissen Strenge noch liebevolle Behandlung der Formen.

(113)

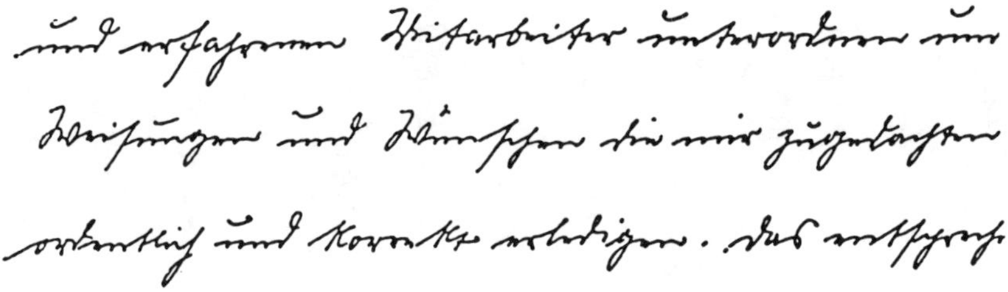
und erfahrenen Mitarbeiter unterordnen und
Weisungen und Wünschen die mir zugedachten
ordentlich und korrekt erledigen. Das entsprach

(113) Betriebswirt, 29, ausgezeichnete Zeugnisse, von peinlichster Sorgfalt und Gewissenhaftigkeit, stellt höchste Anforderungen an sich, kann nachts nicht schlafen, wenn ihm ein Fehler unterläuft. Als Assistent zeigt er ein Höchstmaß an Beflissenheit und Unterordnungsbereitschaft. Der vorliegende kurze Text zeigt auch inhaltlich sein Vervollkommnungsstreben. Beim ersten Kennenlernen wirkt er steif und befangen, findet aber allmählich Kontakt.

Höchstmaß an Präzision und Überkorrektheit, jeder Lockerheit entbehrend, dafür schon recht zwanghaft. Genauer und gesteuerter kann man einfach nicht mehr schreiben. Die vitale Belastbarkeit ist dabei nicht gering und man kann die Schrift auch trotz ihrer Rigidität nicht monoton nennen.

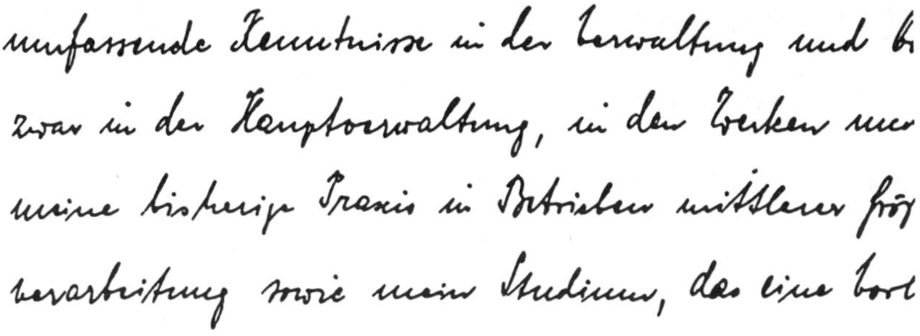

(114)

(114) Diplomkaufmann, 33, Persönlichkeit von hervorragender Arbeitskraft, Zuverlässigkeit, Routine und auch Sicherheit, ein harter Arbeiter, der die größten Anforderungen an sich selbst stellt. Obwohl durchaus selbstbewußt, stellt er sich doch immer streng unter die Aufgabe, hat kritische Schärfe nicht nur gegen andere, auch gegen sich selbst.

Die Schrift ist nicht so hochgradig ziseliert und zwanghaft wie die vorhergehende Probe, aber immer noch ein weit überdurchschnittliches Beispiel für präzise Normerfüllung.

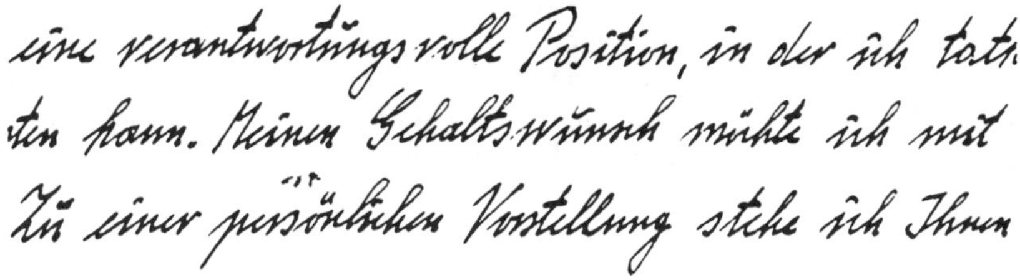

(115)

(115) Buchhalter, 50, in seinem Hause hochgeschätzt wegen seines außerordentlichen Fleißes und seiner Zuverlässigkeit. Er pflegt seit vielen Jahren immer Arbeit über das Wochenende mit nach Hause zu nehmen und dort zu erledigen. Sobald aber an dem, was er erarbeitet hat, irgendwelche Änderungen vorgenommen werden müssen, weil eine unvorhergesehene Situation es erfordert, blockiert er. Seine Kollegen, die seine Eigenart kennen und seine Leistung schätzen, nehmen ihm dann diesen Teil der Arbeit aus der Hand. Im übrigen tritt er sehr bescheiden auf, geht kaum aus sich heraus, lebt seiner Arbeit.

Die Übersteuerung hat hier schon den Charakter der Abdrosselung der natürlichen Bewegung, sie wird nicht nur reguliert und konzentriert, sondern zwanghaft eingeschneit. Die Verwandtschaft zu den Formen der Rigidität liegt nahe und sie besteht auch, wie die überdeutliche Formgebung zeigt, für den Bereich der Präsentation.

(116)

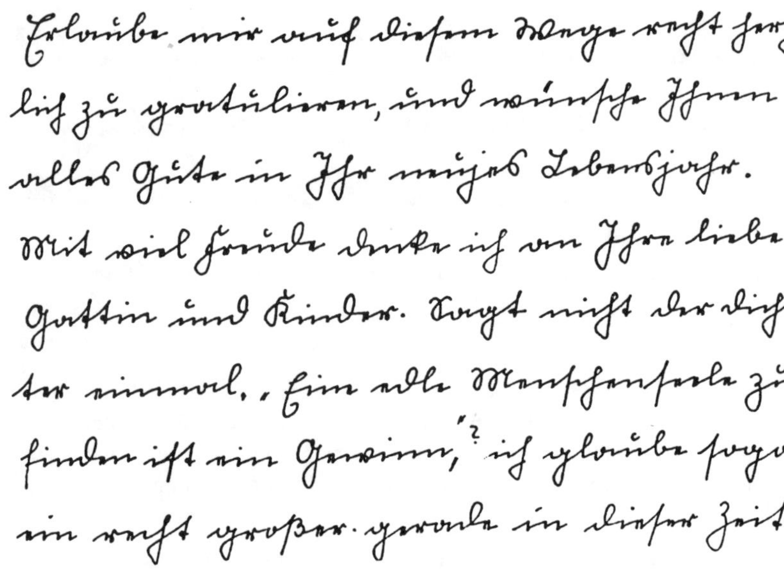

(116) Dienstmädchen, 40, ihr Leben lang herumgestoßen und ausgenutzt, erst von sogenannten Herrschaften, dann von einem Ehemann, der ein Säufer war. Sie trug alles ohne Murren still und ergeben, aber nicht verbittert. Sie besaß Feingefühl und Takt, bewahrte Menschen, die ihr Gutes getan hatten, ihr Leben lang gemütvolle Anhänglichkeit. Ihre Pflichten erledigte sie immer mit äußerster Sorgfalt.

Auf den ersten Blick eine überkorrekte Schönschrift, gestochen, plastisch, vollkommen beherrscht. Aber obwohl eine starre Norm auf ihr liegt, wirkt die Schrift doch in keiner Weise monoton oder stereotyp, sondern hat ein eigenes Gesicht. Wenn auch die Bewegung nicht locker dahinläuft, sondern wie unter einem aufgepreßten Zwang steht, hat man doch noch den Eindruck einer guten vitalen Belastbarkeit.

(117) Hausfrau, 40, Mutter von vier Kindern, nicht nur von ganz außerordentlichem Fleiß, mit dem sie eine übermäßig hohe Arbeitsbelastung leistet, sondern auch stets heiter, angenehm, unverdrossen. Ihre Kinder sind wie sie, bringen in der Schule, aber auch im Sport Spitzenleistungen, sind dabei ganz natürlich, offen und zwanglos, fühlen sich nicht unter Leistungszwang. Wenn die Familie zusammen ist, hört man sie den ganzen Tag singen und lachen.

Hochgesteuert, aber ohne Krampf, der Ablauf bleibt flüssig, das Ganze sitzt harmonisch im Raum, bei hoher Kontrolliertheit bleibt doch alles noch spontan und unverkrampft.

117

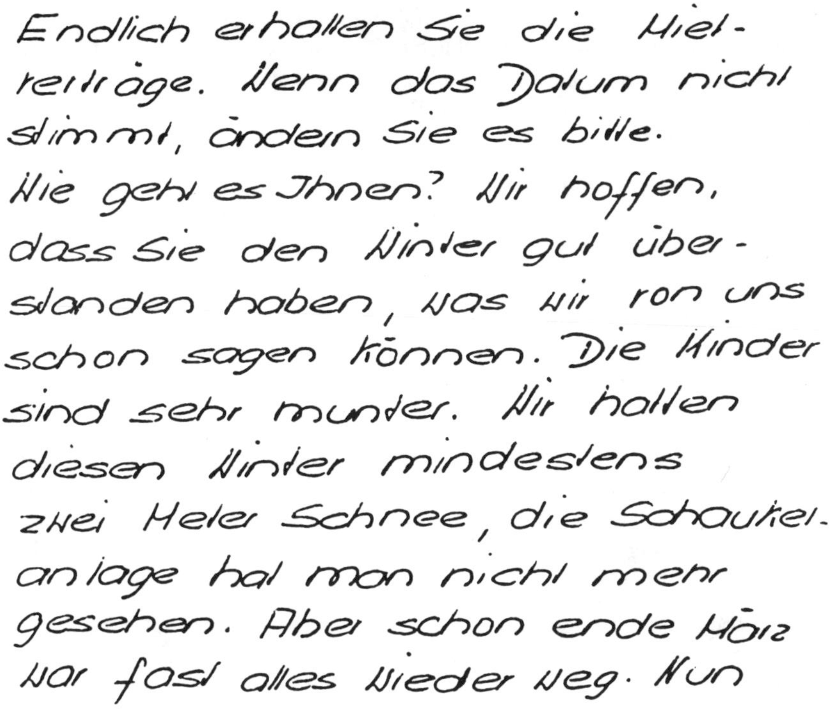
Endlich erhalten Sie die Miet-
beiträge. Wenn das Datum nicht
stimmt, ändern Sie es bitte.
Wie geht es Ihnen? Wir hoffen,
dass Sie den Winter gut über-
standen haben, was wir von uns
schon sagen können. Die Kinder
sind sehr munter. Wir hatten
diesen Winter mindestens
zwei Meter Schnee, die Schaukel-
anlage hat man nicht mehr
gesehen. Aber schon ende März
war fast alles wieder weg. Nun

Diskussion

Mit dem Thema der Präsentation verlassen wir den Bereich der Antriebsgestalten und gehen in den der Formgestaltungen über. Auch diese Gestalten haben sowohl persönliche Gesichter wie durch das gelernte Alphabet objektive Strukturen. In allen Fällen des Kapitel 14 werden durch Korrektheit und Genauigkeit die Forderungen der Norm erfüllt, aber diese Erfüllung hat ein persönliches Gesicht im einen Fall dadurch, daß sie mit liebevoller Sorgfalt geschieht, mit gefälligem Präsentieren der Leistung, im anderen Fall durch ein nüchternes, strenges Bearbeiten der Aufgabe, in dritten Fall durch den Charakter der Beflissenheit, Säuberlichkeit, ängstlichen und kleinlichen Ausarbeitung, ja Zwanghaftigkeit.

Da korrekte Wiedergabe der Schulvorlage auch meistens zugleich Lesbarkeit bedeutet, ist diese in der Literatur gewöhnlich zu einer graphologischen Kategorie geworden. Sie ist aber originär eine semantische Kategorie, keine graphologische. Sie bezieht sich auf den Inhalt des Schreibens, auf die Bedeutung der Worte, nicht auf das von uns hier behandelte Thema, die physiognomische Lesbarkeit der Schrift.

Dabei ist es nicht leicht, sich im Einzelfall auf einen bestimmten Grad inhaltlicher Lesbarkeit zu einigen. Man kann sachlich durchaus Grade und Arten der Leserlichkeit unterscheiden, wenngleich diese noch nicht genügend erforscht sind, aber die Person des Lesers, seine Lesefertigkeit, Bildung, seine Beziehungen zum Schreiber und andere Momente spielen dabei eine wesentliche Rolle.

Das Verhältnis zur Norm läßt sich auch in der Gegengruppe unterscheiden, die bezeichnet werden kann mit individualistisch, exzentrisch, willkürlich, aber auch mit formlos, gleichgültig, bequem, lässig, schlampig, verwahrlost. Beispiele dafür finden sich auch im Kapitel Untersteuerung.

Die Biographien der Schreiber mit normtreuen Handschriften zeigen ganz allgemein gesehen Angepaßtheit aus verschiedensten Motiven, echte oder scheinbare Musterhaftigkeit. Die Gegengruppe fällt auf durch mehr oder weniger schrankenlose Betonung ihrer Individualität gegenüber der Norm.

In den Äußerungen von Musterschülern findet man immer wieder das Betonen strenger Erziehung, fester Grundsätze, beflissene Bereitwilligkeit zur Anpassung. Konformismus und Perfektionismus sind üblich. Man belohnt sich dafür mit Selbstgerechtigkeit. Leistung wird angestrebt aus Angst vor Mißerfolg, nicht aus Freude am Erfolg. Es wird ein tadelloses Image gepflegt, an dem kein Stäubchen haften darf.

In den eben besprochenen Fällen eines negativen Verhältnisses zur Norm ist dieses hauptsächlich gegeben durch überwiegend dranghafte Züge. Es gibt aber auch eine ganz bewußte, gezielte Haltung gegen die Norm, und hierfür finden sich Beispiele vor allem im letzten Kapitel über Manier.

16. Repräsentation / betont

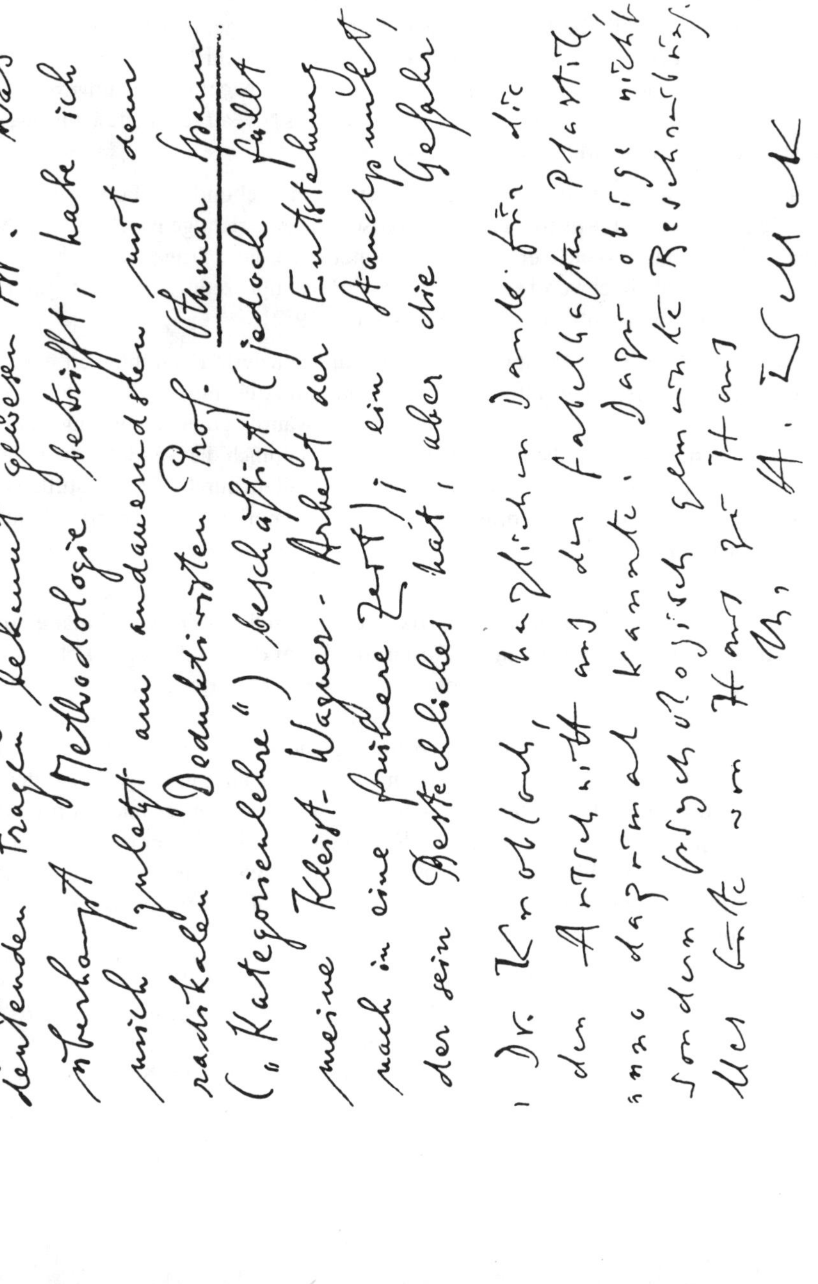
deutenden Fragen bekannt gewesen ist. Was
überhaupt Methodologie betrifft, habe ich
mich zuletzt am andauerndsten mit dem
radikalen Deduktivisten Prof. Othmar Spann
(„Kategorienlehre") beschäftigt (jedoch fällt
meine Kleist-Wagner-Arbeit der Entstehung
nach in eine frühere Zeit); ein Standpunkt,
der sein Bestechliches hat, aber die Gefahr

Dr. Knobloch, herzlichen Dank für die
den Ausschnitt aus der fabelhaften Plastik,
anno dazumal kannte. Dazu obige nicht
sondern psychologisch gemeinte Beschreibung.
Mit Grüßen von Haus zu Haus
Ihr A. Wellek

118 Psychologie-Professor, Hss. mit 21 bzw. 56 Jahren, philosophisch, literarisch und musikalisch umfassend gebildet, gelernter Kapellmeister, kam über seine musiktheoretischen Interessen zur Psychologie. Er hat in diesem Bereich bedeutende Werke zur Musikpsychologie und Musikästhetik veröffentlicht, aber auch zahlreiche charakterologische, gestaltpsychologische und experimentelle Arbeiten.

Er ging gerne an die Öffentlichkeit, übernahm arbeitsreiche Ämter, sprach immer frei, dabei präzise und gewählt. Seine wissenschaftlichen Arbeiten zeigten nicht nur eine besondere Vielseitigkeit, sondern auch eine erhebliche literarische Begabung.

Seine Ansichten vertrat er mit kritischer Schärfe vor allem gegen die Moden der Psychologie. Trotz seiner Angriffslust, die wissenschaftliche Gegensätze mit besonderer Deutlichkeit artikulierte, war er als Persönlichkeit ungemein großzügig, tolerant und aufgeschlossen. Er hat seine Schüler und Mitarbeiter auch dann aktiv gefördert, wenn sie ganz anderer Auffassung waren als er selber. Nicht nur die ungewöhnliche Breite seiner Interessen und sein hohes theoretisches Niveau zeichneten ihn aus, sondern auch eine noble Menschlichkeit.

Er hat einmal gesagt, und das spiegelt die erfahrungsgebundene Haltung der vorliegenden Arbeit wider: »Es ist nichts so empirisch wie eine richtige Beschreibung (eines richtig beobachteten Sachverhalts). Diese setzt eben die richtige Beobachtung voraus. Beides ist auch schwerer zu leisten als eine Rechenprozedur, die man zuguterletzt dem Computer überantwortet«. (Albert Wellek, 1972)

Schon die Schrift des 21-jährigen zeigt eine differenzierte Feinfühligkeit, eine prägnante und originelle Gestaltung, wie sie in diesem Alter nur selten zu finden sind. Gegenüber der älteren Probe ist sie viel lebhafter, während diese einen Zug herausarbeitet, der sich schon in der Jugendschrift findet, nämlich die Tendenz zur Präzisierung der Formen durch große Deutlichkeit und vor allem durch fein abgestufte Dynamisierung des Strichs. Die Repräsentation hat durch markante Konzentration auf das Wesentliche entscheidend gewonnen.

119 Richard Dehmel, 45, 1863–1920, Lyriker, der sich selbst als Revolutionär empfand und dem der Künstler nach seinen Worten »der Seher des allmächtigen Lebens« war. Er neigt in seiner Sprache zur dekorativen, ekstatischen, rauschhaften Übersteigerung, proklamierte auch eine sakrale Erotik, in schwül-pathetischer Sprache. Er war ein Mann jenseits alles Konventionellen und jeglicher Kompromisse, ständig in einem überhitzten Gefühlsklima lebend, zusammen mit einer alles in Frage stellenden und umkehrenden Grübelei. In seiner Jugend war er epileptisch, es blieben furchtbare Weinkrämpfe und ganz hemmungslose Wutanfälle zurück. Aber er war auch ein treuer Freund und unermüdlicher Helfer, in seinen Briefen von äußerster Gewissenhaftigkeit, wenngleich der Tadel bei ihm immer mit einer größeren oder geringeren Explosion verbunden war.

Die Schrift bietet das Bild einer chronischen Affektentladung, würde also auch unter die Bilder der Affektivität gehören. Doch wird hier das impulsive Moment weitgehend aufgefangen in bewußter Gestaltung. Zwar hat diese exzentrische Züge, es ist ein gutes Stück Manier darin, aber auch ein nicht unerhebliches Können. Er hat aus seiner Erregbarkeit einen Stil gemacht.

119

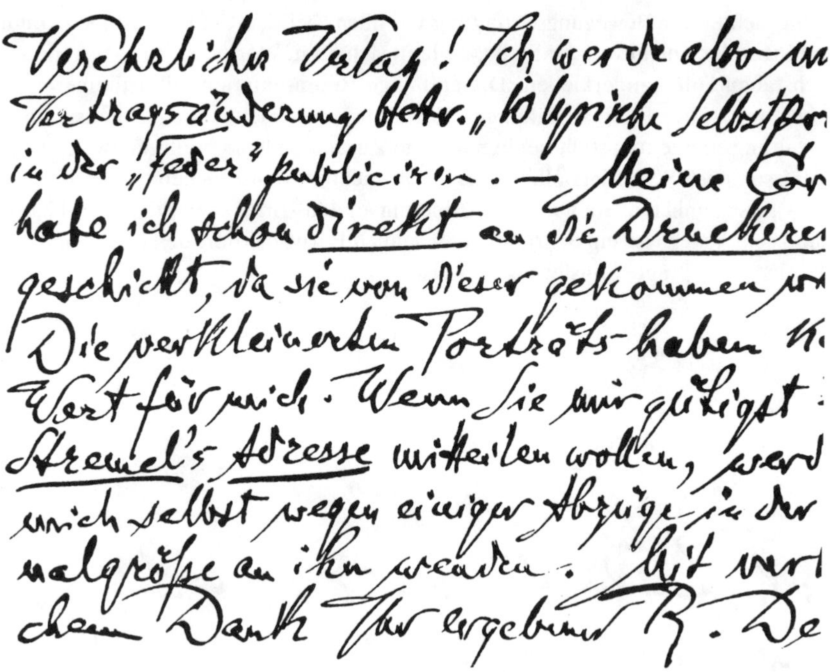

Verehrlicher Verlag! Ich werde also um
Vertragsänderung betr. „10 lyrische Selbstpor
in der „Feder" publicieren. — Meine Cor
habe ich schon direkt an die Druckerei
geschickt, da sie von dieser gekommen w
Die verkleinerten Portraits haben k
Wert für mich. Wenn Sie mir gütigst
Stremel's Adresse mitteilen wollen, werd
mich selbst wegen einiger Abzüge in der
Malgröße an ihn wenden. Mit verb
chem Dank Ihr ergebener R. De

120

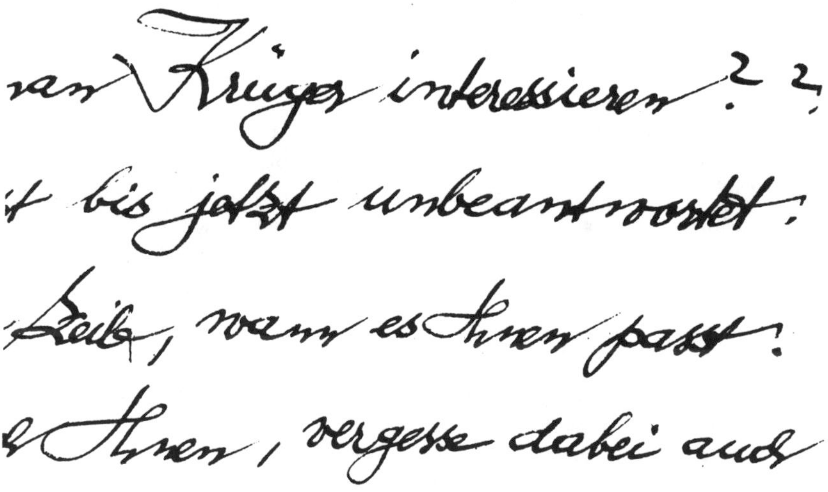

ran Krieger interessieren? 2 2,
t bis jetzt unbeantwortet:
Zeile, wann es Ihnen passt:
e Ihnen, vergesse dabei auch

120 Schriftsteller, aus altem, verarmtem Adel, zeitlebens wenig erfolgreich, eine sehr kultivierte, sanfte, stille Persönlichkeit, äußerst bescheiden und anspruchslos. Ohne seinen Freunden ein Wort davon zu sagen, wie schlecht es ihm ging, verhungerte er nach dem Kriege.

Ungeachtet der Bewegungsentfaltung vor allem bei den Großbuchstaben kommt die Schrift doch nicht von der Stelle, sie läuft sich oft in Worten selbst so fest, daß die Buchstaben aufeinanderkleben. Die auffällige Repräsentation mit artikulierendem Druck und weiter Raumausfüllung in Einzelformen sowie deutlich ästhetisierenden Gestaltungsmomenten steht bei ihm nicht in Zusammenhang mit irgendwelchen Bedürfnissen nach Selbstdarstellung, erst recht nicht mit Ansprüchen, sondern erklärt sich wahrscheinlich allein aus seiner Bindung an den vornehmen Stil seines Hauses. Schon sein Vater war ein Schriftsteller wie auch Berufsoffizier, dessen Schrift ebenfalls eine ausgeprägte Stilisierung aufweist.

121

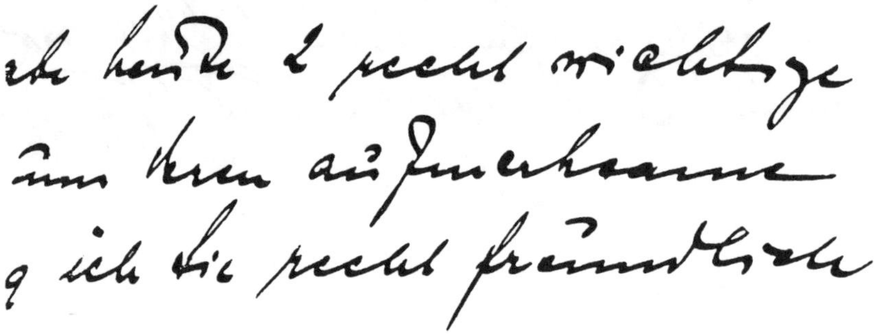

121 Kaufmann, 30, aus bester Bremer Familie, große Verhältnisse gewöhnt, Unternehmertyp alter Schule, im Auftreten ein Herr, höchst selbstbewußt, dabei von weitreichender Liebenswürdigkeit und gesellschaftlichem Schliff. Die autoritativen Ansprüche, die er stellt, werden gemildert durch sein sehr spontanes und großzügiges Wesen. Er ist auch bei hoher Belastbarkeit und hartem Arbeitseinsatz kein bloßer Erfolgsmensch, sondern hat weitgespannte Interessen, kann auch das Leben kräftig und unbekümmert genießen, liebt Abenteuer.

In beruflicher Hinsicht liegt seine Stärke demgemäß in direktem Einsatz an der Front. Für Stabsarbeit hat er wenig übrig, kann seine eigenen Leute mit seinem Schwung anstecken und seine Kunden suggestiv von seiner Sache überzeugen. Er würde aber niemals für seinen Erfolg zu unseriösen Mitteln greifen. Im Gegenteil ist er in seiner großherzigen Unbekümmertheit eher einmal zu täuschen, als daß er das bei anderen vermöchte.

Der schnittige, elegante, sichere Vortrag erhält hier eine besondere Note durch Dynamisierung des Strichs in artikulierender Druckbetonung einzelner Züge, wobei aber die vitale Spannung überhaupt schon recht hoch ist. Die Steuerung sitzt dem Antrieb nicht ganz so organisch auf wie in den vorhergehenden Beispielen.

122

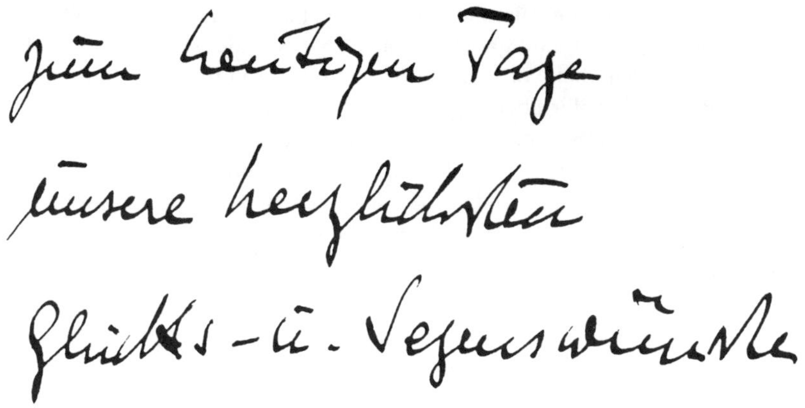
zum heutigen Tage
unsere herzlichsten
Glücks-u. Segenswünsche

Kaufmann, 53, aus einfachen Verhältnissen kommend, ohne höhere Schulbildung, der sich aber schon in jungen Jahren durch außerordentliche Arbeitskraft und besondere Begabung für Werbung ein beträchtlichs Vermögen erworben hat. Seiner Erfolge war er sich stets bewußt, sprach gerne davon, pflegte auch einen großartigen Lebensstil und war sehr gesellig. Er war Lebensgenießer in jeder Form. 122

Auch hier ist, wie im vorigen Beispiel, ein bevorzugtes Mittel der Darstellung die Dynamisierung des Strichs, die dazu dient, Formen in besonderer Weise zu konturieren. Aber dieses Mittel ist nicht so feinfühlig abgestuft wie im vorhergehenden Beispiel, nicht so subtil angewendet, sondern eher drastisch und plakativ. Die vitale Spannkraft ist dabei recht groß, die Steuerung angemessen, obwohl nicht zur Harmonie führend, sondern eher zu einer leichten Verkrampfung. Das Ganze hat nicht soviel Souveränität oder Stil wie die vorhergehenden Beispiele. Die Artikulation ist dazu etwas zu sehr betont, zu dramatisiert, entbehrt feinerer Differenzierung.

123

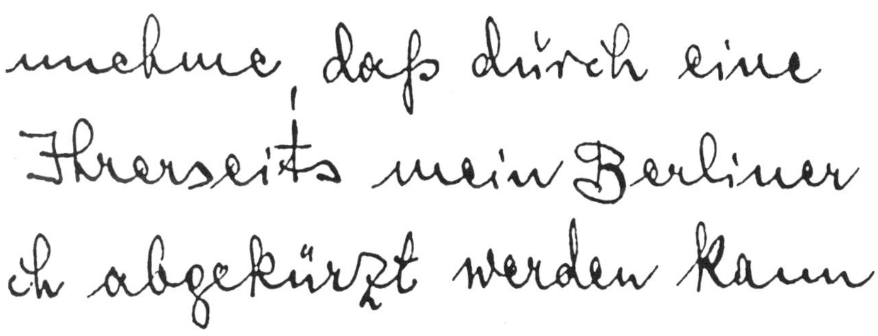
nehme, daß durch eine
Ihrerseits mein Berliner
ch abgekürzt werden kann

Der Schreiber, 40, ist ein mittlerer Verwaltungsbeamter, von seiner Behörde als Querulant bezeichnet, da er sich berufen glaubt, an der Gestaltung der großen Aufgaben des Verwaltungsapparates, in dem er tätig ist, führend mitzuwirken. Er hat in der Tat auf einem kleinen Spezialgebiet besondere Leistungen gezeigt, hat aber auch in diesem Zusammenhang ständig seine Kompetenzen erheblich überschritten, so daß 123 es schließlich zu gerichtlichen Auseinandersetzungen kam. Im Auftreten zeigt er sich als recht intelligenter, wort- und sprachgewandter Mensch, der seine Angelegenheiten mit souveräner Sicherheit vorträgt. Zweifel an seinem Verhalten kennt er nicht. Er ist von seinem Recht völlig überzeugt. Eigene Fehler sieht er nicht ein, sondern er hat, wobei er seine ausgezeichnete Gabe zu Diskussion und zu scharfen Formulierungen kräftig einsetzt, immer recht und der andere immer unrecht. Er sieht dafür die Fehler des anderen um so besser und weiß sie in seinem System des Immer-recht-habens geschickt anzuwenden und auch zu übertreiben.

Hier verbindet sich ein hohes Maß von überdeutlicher Artikulation wie in den vorhergehenden Fällen mit Druckverstärkung, die aber unrhythmisch angesetzt wird, auch keinem Stilprinzip folgt, so daß der Eindruck von Willkür und Blockierung entsteht. Die plakative Selbstdemonstration ist stereotyp.

17. Repräsentation / unbetont

Es ist sehr schwer, auf Ihren Brief zu antworten, ich glaube. Ihr Irrtum liegt in der angenommenen Alternative Hoffnung – Verzweiflung; ich denke, es gibt den einen nie ohne den anderen; das macht auch die Alternative Optimismus – Pessimismus so lächerlich – wie ich finde; ich sehe beides nicht! Ich glaube beide – Hoffnung u Verzweiflung – müssen Demut haben, viel Bescheidenheit – im Gegenteil: anspornende, arrogante Demut, die, was ich in dem Artikel die Stimme der Ewī genannt habe. Für einen, der schreibt, malt, etc – ist ja das alltägliche Problem: das Unmögliche möglich zu machen, und diese Arroganz der Alltäglichen Grenzen, die er voll springt – geht er ran: Mut muß er haben, courage ist das bessere Wort, weil darin coeur enthalten ist. Das deutsche Wort Vitalität

bedeutet ja nicht viel mehr als Lebensmut – und den allerdings habe ich. Es ist der Mut, den mühsamen freilich die Vernunft nicht idealistisch anzugehen.

124 Als Heinrich Böll, geboren 1917, 1985 starb, gab es eine Unzahl Nachrufe auf ihn, die in wesentlichen Punkten völlig übereinstimmten. So hieß es, seine Natur sei Lauterkeit gewesen, daß sie Phrasen verachtete, die offiziellen Klischees durchschaute, daß sie rebellierte, wenn sie mit Unnatürlichem oder Aufgedonnertem zusammenstieß. Man nannte ihn eine moralische Instanz, den »guten Menschen von Köln«. Andere Stimmen bezeichneten ihn als eigenwilligen Einzelgänger, unorthodoxen Einzelkämpfer, redlich und radikal, einen ketzerischen Katholiken mit protestantischem Naturell, einen anarchaischen Provokateur, der gegen Institutionen rebellierte und sich immer heftiger in den Kampf mit den Mächten unserer Zeit begab. Sein Engagement war oft heftig und zornig. Aber er war auch oft heiter, entspannt, gelassen, lebensfroh. Obwohl vor seinem Tode schon lange schwerkrank, zeigte er doch immer ein zuversichtliches Lächeln, wie er auch im abgebildeten Briefe ausdrücklich seinen Lebensmut bekundet. Was er schrieb, war immer Ausdruck seiner innersten Überzeugung. Person und Werk waren identisch.

Sehr zarter, spannungsschwacher, leicht zerbröckelnder Strich, der von der vitalen Belastbarkeit des Schreibers kein günstiges Bild gibt. Er macht immer wieder Anläufe zur sorgfältigen Ausführung von Formen, aber dann werden sie wieder bis zur Schwerlesbarkeit reduziert, ja vernachlässigt. Die Kraft der Bewegung erlischt immer wieder, so daß manchmal nur in Andeutungen geschrieben werden kann. Aber dann kommt wieder ein Sich-Aufraffen, ein Deutlich-Werden und Deutlich-Machen. Das ganze wirkt auch nicht karg, dürr oder gehemmt, sondern eher phantasievoll und warm. Es ist auch trotz der vitalen Gestörtheit noch so etwas wie Gelassenheit zu spüren.

125

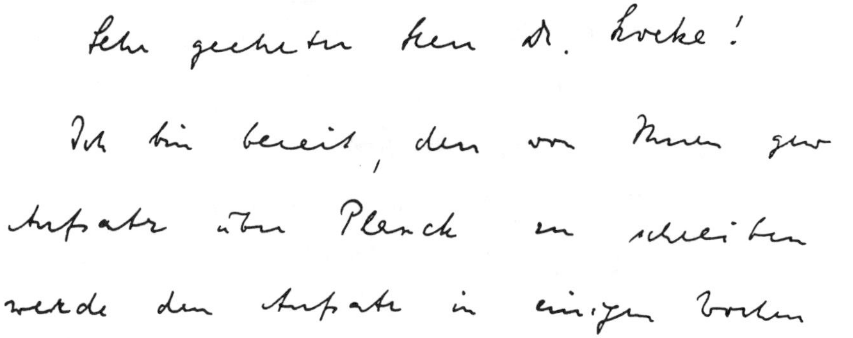
Sehr geehrter Herr Dr. Locke!
Ich bin bereit, den von Ihnen gew
Aufsatz über Planck zu schreiben
werde den Aufsatz in einigen Wochen

126

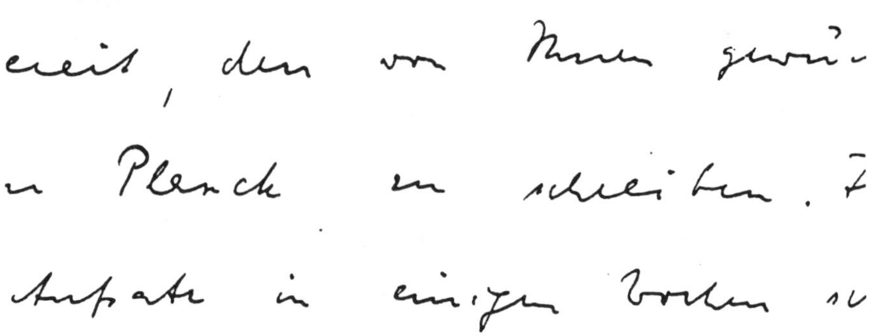
ereit, den von Ihnen gewün
r Planck zu schreiben. I
Aufsatz in einigen Wochen zu

Werner Heisenberg, 37, einer der größten Physiker unseres Jahrhunderts. Schon die 125
Lehrer sagten von ihm, er habe einen Blick für das Wesentliche, belaste und zersplit-
tere sich nie mit Einzelheiten, denke rasch und meist ohne Irrtum, besitze spontanen 126
Fleiß, großes Interesse, das der Sache auf den Grund gehe, und Ehrgeiz. Er habe seine Leistung mit spielender Leichtigkeit erzielt, sie habe ihn keine Kraftanstrengung gekostet. Gerühmt wurde auch seine wissenschaftliche Phantasie, die unglaubliche Schnelligkeit und Genauigkeit der Auffassung, die ungeheure Arbeitsleistung, die er ständig ohne besondere Anstrengung vollbringen konnte. Er sei zwar selbstbewußt, habe Ehrgeiz, aber dieser sei von sportlicher Art, mehr eine spielerische Betätigung der Kräfte. Er hätte nie das Ziel gehabt, über andere zu triumphieren. Auch den Nobelpreis hätte er gern mit anderen geteilt. Außenstehenden konnte er sogar schüchtern oder distanziert erscheinen, was ein Schutzschild war, um sich seinen Freiheitsraum zu bewahren.

Da die Schrift äußerst klein ist, wird auch ein Ausschnitt in doppelter Vergrößerung gezeigt. Es läßt sich in dieser Vergrößerung noch besser erkennen, daß die Schrift zwar ganz unauffällig, schlicht, auf das Wesentliche reduziert ist, aber keineswegs karg, auch nicht in zu hoher Konzentration verfestigt, sondern leicht, flüssig ablaufend, dazu angemessen gesteuert. Der Raum wird harmonisch von den Wortkörpern beherrscht. Es wird das Notwendigste zu Papier gebracht, ohne daß man den Eindruck von ängstlicher Sparsamkeit gewinnt. Der Strich ist elastisch und zugleich zäh.

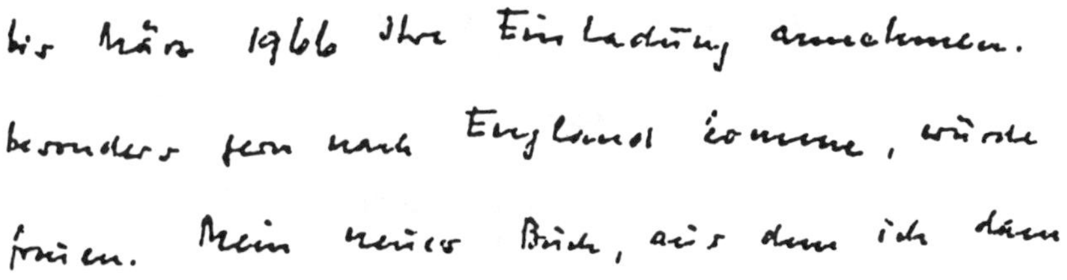

127

Schriftsteller, 50, den seine Freunde als äußerst ordentlich, streng, ja asketisch be- 127
zeichneten. Manchmal gab es zornige Ausbrüche, die aber schnell vergingen und die er mit sich selbst abmachte. Er war ein Einzelgänger, der sich von der Gesellschaft fernhielt, aber durchaus freundschaftsfähig und zwar trotz aller Dissonanzen. Von seinem Erfolg war er überzeugt, und er glaubte, daß er Thomas Mann nicht nur erreichen, sondern auch überflügeln werde, und er wolle berühmter werden als dieser. Er hatte düstere Zukunftsvisionen, was die Entwicklung der Bundesrepublik, aber auch sein persönliches Schicksal anging. Seine Freiheit und seine Unabhängigkeit waren ihm wesentlich.

Scharf gespannter Strich, hochgesteuert, aber den Antrieb mehr gewaltsam disziplinierend als sich mit ihm harmonisch verbindend. Die Formen sind radikal vereinfacht. Das Ganze hat etwas leicht Zwanghaftes, Unausgeglichenes.

128 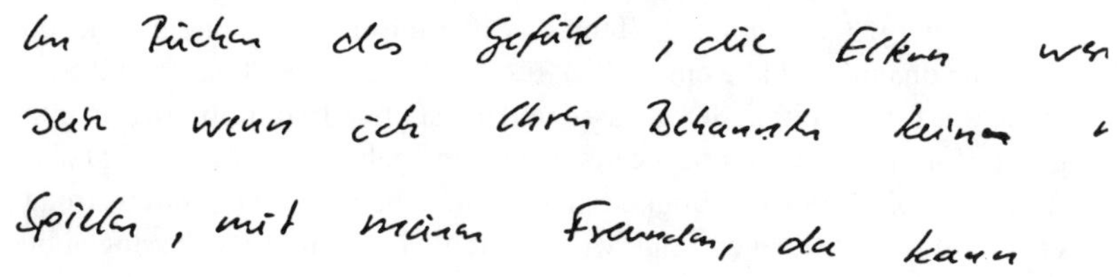

128 Frau, etwa 40, von der Natur eher benachteiligt, aber um so geltungsbedürftiger und auf Erfolg aus. Sie hat hochstaplerische Qualitäten entwickelt, arbeitet in einer Branche, in der wildes Spekulieren möglich ist, verspricht den Leuten goldene Berge, rühmt sich außerordentlicher Fähigkeiten, fälscht Dokumente, so daß sie zunächst zu überzeugen versteht, bis man merkt, daß es sich um Seifenblasen handelt.

Flüchtiger, dranghafter Ablauf, nur durch räumliche Gliederung gesteuert, nicht durch Einsatz am Ablauf selbst, geschickte Formgebung, das ganze mehr andeutend als kräftig hingesetzt, ohne die der Selbstdarstellung zur Verfügung stehenden Mittel, wie etwa die Dynamisierung des Drucks oder dergleichen. Man darf hier, und der Fall ist keineswegs selten, den Umschlag eines Kleinheitsbewußtseins in Größenwahn annehmen.

129 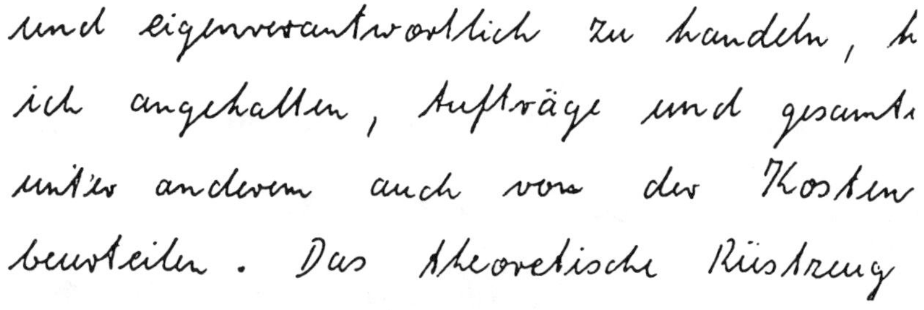
und eigenverantwortlich zu handeln,
ich angehalten, Aufträge und
unter anderem auch von der Kosten
beurteilen. Das theoretische Rüstzeug

129 Guter Techniker, sehr genau, sorgfältig und umsichtig in der Arbeitsweise, wurde auf Grund seiner Leistung vom Reißbrett in den Außendienst geschickt, wo er die allergrößten Schwierigkeiten bekam, und zwar aus Mangel an Wortgewandtheit, an Sensorium für sein Gegenüber, an Geschick und Sicherheit des Auftretens. Er war unfähig, etwas aus sich zu machen, sich sozusagen zu verkaufen. Er kehrte daraufhin wieder in die Konstruktionsabteilung zurück, wo er an einem relativ stillen Platze Gutes leistet.

Bei guter vitaler Spannkraft, hoher Gesteuertheit und sorgfältiger Formgebung bleibt doch vor allem der Eindruck einer gewissen Trockenheit und Steifheit maßgebend. Es gibt hier durchaus eine gewisse Energie im Vorwärtsgehen, eine gute Belastbarkeit, aber keinerlei Tendenz, über das Allernotwendigste in der auch schülerhaften Präsentation, in deren Bereich die Schrift vielleicht noch besser gehört, hinauszugehen.

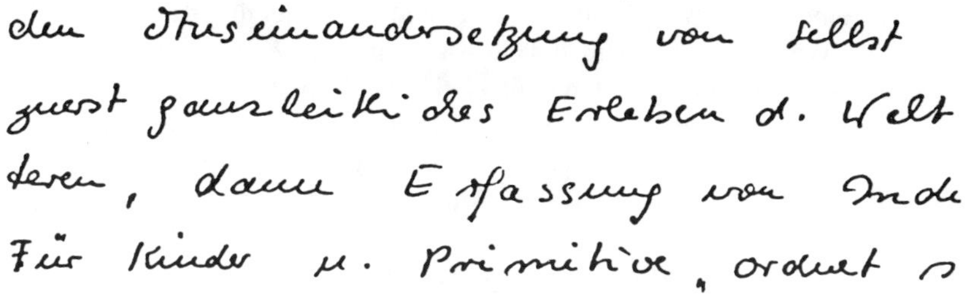
130

130 Ärztin, 34, verheiratet, zwei Kinder. Die vital sehr zarte Frau setzt ihre Umgebung seit vielen Jahren in Erstaunen durch unerhörte Leistungen. Das schafft sie dadurch, daß sie ihre Kräfte äußerst diszipliniert und ökonomisch einsetzt mit Blick für das Wesentliche. Sie arbeitet systematisch aber flexibel, auch im Detail sorgfältig, aber ohne Pedanterie. Sie hat nacheinander zwei Studiengänge mit bestmöglichen Abschlüssen absolviert, immer wieder durch physische Beeinträchtigungen bedroht. Häufig hat sie daneben noch für ihren Lebensunterhalt gearbeitet. Ihre menschliche Seite ist nun dabei nicht etwa verkümmert, wie man es bei soviel Leistungsmotivation erwarten könnte. Sie ist eine sehr gute Mutter, gestaltet ihrer Familie mit viel Geschmack und praktischem Geschick das Heim. Auch hat sie die Fähigkeit zur Freundschaft. Ihre Zuneigung kann sie allerdings nicht in Zärtlichkeit äußern, sie verwandelt sie in liebevolle Aufmerksamkeit, Anteilnahme und zuverlässige Hilfsbereitschaft. Auch ist sie mit hoher sozialer Sensibilität begabt, ohne Dünkel gegen Schwächere, voller Takt, Diskretion, Verständnis, Güte und Humor. Wenn sie gut in Form ist, zeigt sie viel Witz und Charme. Sie lebt sehr bewußt und reflektiert, ist aber kein Problemhuber, kann auch einmal eine Frage offenlassen. Sich selbst erlebt sie allerdings als übersteuert und unspontan, schont sich nicht in ihrem Urteil, erzählt aus ihrer Vergangenheit Geschichten, in denen sie sich als ein boshaftes Mädchen darstellt. Tatsächlich hatte sie in der Geschwisterreihe eine ungünstige Position und eine unruhige, entbehrungsreiche Jugend.

Während die anderen Schriftproben auf dieser Seite eine gewisse Starre oder Dürre zeigen, einen überkontrollierten Ablauf, wird hier der Strich zwar recht bestimmt geführt, bleibt aber dabei fließend und geschmeidig. Auch die Raumaufteilung ist, selbst bei diesen kleinen Ausschnitten gut erkennbar, viel harmonischer. Die geschickte und ökonomische Organisation des Ablaufs bei ansprechender Natürlichkeit ohne jede Mache sind hier wohl das hauptsächliche physiognomische Kennzeichen.

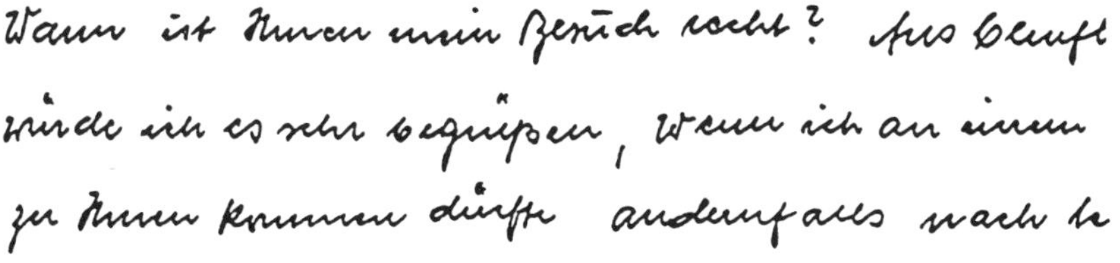
131

(131) Der Schreiber, 30, ist von Beruf Verkäufer und als solcher durch ein stets höfliches und seriöses Wesen, großen Fleiß und Gewissenhaftigkeit zu einem gut durchschnittlichen Erfolg gekommen. Was ihm fehlt, sind freilich von der dynamischen Seite her ein gewisser Biß, oder ein hartnäckiges Stehvermögen, vor allem aber so etwas wie überlegene Sicherheit gegenüber dem Kunden. Er wirkt immer bescheiden, fast etwas ängstlich, in der Haltung leicht beflissen. Allerdings hat er seine Leistung auch erheblichen Krankheiten abgerungen, von denen nach außen hin nichts bekannt wurde, so daß sie als überdurchschnittlich zu werten ist, wenn man eine von Hause aus nicht gerade robuste, vor allem auch noch gestörte Vitalität in Betracht zieht.

Sorgfältig und penibel gemalt, ohne Schwung und Frische, aber diszipliniert und auch harmonisiert. Die Harmonie ist freilich nicht durch Ursprünglichkeit legitimiert, sondern ist nicht ganz natürlich, gehört also schon in den Bereich der Manier.

(132)

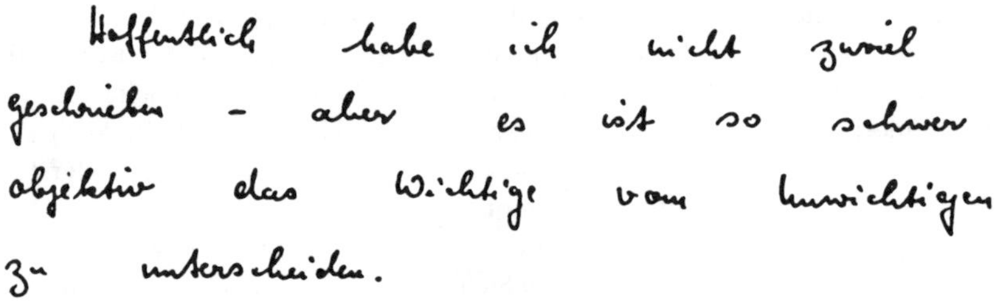
Hoffentlich habe ich nicht zuviel
geschrieben - aber es ist so schwer
objektiv das Wichtige vom Unwichtigen
zu unterscheiden.

(132) Philosophiestudentin, etwa 30, sehr angenehm im Umgang, in der Arbeit fleißig und zuverlässig, hat aber Perioden, in denen sie äußerst menschenscheu ist, sich den ganzen Tag einschließt, nichts tut, nachts fürchterliche panikartige Angstzustände hat und sie manchmal von dem Drang besessen wird, aufzuschreien oder wegzulaufen, so daß sie sich nur mit äußerster Anstrengung unter Zähneknirschen unter Kontrolle halten kann. Wegen eines sogenannten Nervenzusammenbruchs kam sie in psychiatrische Behandlung, die ihr aber nicht wesentlich helfen konnte. Sie sucht verzweifelt Freiheit, Verantwortung und Beschäftigung.

Bei der Schrift handelt es sich weniger um zweckmäßig ökonomisierte Bewegung, als vielmehr um ein Zusammengedrücktwerden durch Zwanghaftigkeit. Die Bewegung steht, sie wird vom Raum überwältigt. Lücken dominieren.

Diskussion

Das Kapitel über Repräsentation ist das einzige, in welchem unsere Beispiele nicht nach maßgebender Ähnlichkeit zusammengestellt werden konnten. Das liegt daran, daß es sich bei den Merkmalen der Repräsentation nicht um Gestaltmerkmale handelt, sondern um Einzelmerkmale, die als solche für sich selbst und auch als Summe nichts anderes bedeuten als eine gewisse Unterstreichung der Selbstdarstellung. Je stärker sie ausgeprägt sind, je mehr davon sich addieren, um so stärker wird die Intensität dieser Tendenz.

Zu den graphischen Mitteln, welche die Präsenz in der Schrift unterstreichen sollen, gehören totale oder partielle Vergrößerung, Druckbetonung im Ganzen oder einzelner Teile, Verbreiterung der Striche und leuchtende Tintenfarben, Zutaten aller Art, deutliche bis überdeutliche Artikulation der Formen, weitgehende Raumausfüllung, wie sie zum Teil schon durch Vergrößerung gegeben ist, durch die betonte Gliederung.

Gemiedene Selbstdarstellung führt zu allgemeiner Reduktion der Bewegung, zu Kleinheit, Druckschwäche, geringem Platzverbrauch und Verzicht auf Akzentuierung ausgezeichneter Orte wie Wortanfänge oder Wortenden. Es handelt sich hier wiederum um eine Summenbildung, deren einzelne Elemente sich additiv verstärken.

In beiden Fällen handelt es sich um sozusagen ideale Merkmalsgruppen, da jedes einzelne Merkmal in dieselbe Richtung weist. Diese Merkmalsgruppen sind aber keine Gestalten, da man im Gegensatz zu solchen hier Einzelstücke wegnehmen oder hinzufügen kann, ohne daß eine Störung entsteht. Eine Ganzheit wie das Bild der vitalen Dynamik kann ohne das Moment der Geschwindigkeit nicht einmal gedacht werden, während es keine besondere Bedeutung hat, ob die Repräsentation Zutaten zu den Formen ausbaut oder darauf verzichtet. Daher wird durch diese Merkmalsgruppen auch keine maßgebende Ähnlichkeit gesetzt. Das zeigt sich auch bei der Interpretation. Wir finden bei unseren Schreibern betont repräsentativer Schriften zwar oft ausgeprägtes Selbstbewußtsein, Freude am öffentlichen Auftreten, Geltungsdrang und dergleichen, aber das schließt keineswegs aus sachliche Bescheidenheit, Unsicherheit, kompensatorisches Verarbeiten von Schwächen.

Ebenso kann die allgemeine Reduktion der Bewegung mit Sparsamkeit der Mittel zu tun haben, mit Ökonomie im Umgang mit den eigenen Kräften, Nützlichkeitserwägungen, mit Bescheidenheit und Vorliebe für Understatement, aber das hindert nicht ein betontes Selbstwertgefühl, ungetrübte Sicherheit, ja auch Größenideen. Einer unserer Schreiber hat im Text eine diese Gegensätzlichkeit beleuchtende Formulierung gebraucht, die der »arroganten Demut«.

Die Merkmale der Repräsentation haben aber auch gestalthafte Qualitäten. Man würde durchaus Gruppen bilden können nach maßgebender Ähnlichkeit in bezug auf das Können, mit dem die Mittel der Selbstdarstellung eingesetzt werden, ob mit selbstverständlicher Sicherheit, Virtuosität, Brillanz, Souveränität, mit Drastik, Dramatik, Lapidarität, Plakatiertheit, Routine, Glätte, Eleganz oder Geschmack. Gestalthaft unterscheiden lassen sich auch bestimmte Stile wie betonte Jugendlichkeit, biedermännische Haltung, Jovialität, preziöse Vornehmheit und eine große Menge anderer.

Gestalthaft teilen sich ebenso unmittelbar mit: Schlichtheit, Bescheidenheit, Askese, aber auch Umständlichkeit, Ungeschick, Formlosigkeit. Da hier jedoch die einfache Betonung oder Unterbetonung der Repräsentation im Vordergrund steht, müssen die hier gezeigten Schriften als nicht durch maßgebende Ähnlichkeit zusammengehaltene Einzelfälle bezeichnet werden.

Es gibt aber auch eine Repräsentation in symbolischen Formen, die nicht der Demonstration dienen, sondern deren Art kennzeichnen sollen. Dazu gehören die üblicherweise in der Graphologie verwendeten Merkmale wie Winkel, Girlanden und Arkaden, Behandlung von Rändern, Zeilen, Abständen, Anfängen und Enden, gewisse räumliche Verhältnisse von Buchstabenteilen zueinander, etwa Betonung der Unterlängen oder der Oberlängen, oder auch die Mittelhöhe im Verhältnis zu den Ausschlägen, Schrägheit oder Steilheit, Linksläufigkeit, Rechtsläufigkeit, Fadenformen und einiges andere mehr. Man findet alle diese Merkmale in der graphologischen Literatur versehen mit zahllosen Bedeutungen, die sie haben sollen. Wenn wir hier vollständig auf sie verzichtet haben, dann deswegen, weil diese Vielzahl von Deutungen ihre Entstehung übertriebenen Amplifikationen verdankt, unberechtigten Zuschreibungen, so daß sie sich verhältnismäßig leicht auf einige wenige reduzieren lassen. Die wichtigsten Deutungen werden nicht durch Einzelmerkmale ermöglicht, sondern durch die gestalthaften, physiognomischen Momente der Schrift.

18. Identität

im strengen Sinne werden Sie ja von mir kaum erwarten, soweit es die Materie selbst und ihre Hintergründe angeht. Wohl aber kann ich Ihnen jetzt sagen, dass mich Ihre Art der Darstellung ungemein anspricht: Sie belegen Ihren Text – soweit ich es bisher feststellen konnte – immer wieder durch Zitate und Beispiele, und das erleichtert einem, der wie ich nicht gewohnt ist sich in abstrakten Begriffen und systematischen Ordnungen zu bewegen, ganz besonders die Aufnahme und das Verständnis der Sache. So stieß ich gleich auf Zitate aus Freud und Ernst Jünger – ich habe immer gefunden, daß man einen Autor gewiß nicht nach der durch Zitate aufgewiesenen Belesenheit beurteilen soll, wohl aber nach der Kunst, dabei beispielhaft zu verwenden und einzuschmelzen in den eigenen Geist.

133 Verleger und Schriftsteller, etwa 80, eine Persönlichkeit von ungewöhnlicher Breite der literarischen Bildung, in seinem Hause und bei seinen Freunden uneingeschränkt geachtet und geliebt. Auch schwerste Schicksalsschläge trug er ohne jede Klage oder gar Wehleidigkeit. Wer von seinen Freunden den Alleinlebenden besuchte, glaubte gewöhnlich den mittlerweile 93-jährigen aufmuntern oder trösten zu sollen. Es trat aber immer das Gegenteil ein, man verließ ihn erfreut, gestärkt, bereichert. Seine gelassene Haltung, seine hohe Formulierungsgabe und sein Witz verließen ihn nie.

Für das Alter zeigt sich hier eine besonders spannkräftige Vitalität, dazu eine alles ergreifende Disziplin, welche jedoch die Natürlichkeit nicht stört. Erst im Alter von 90 Jahren verändert sich die Schrift etwas insofern, als sie dann langschlägige Verzitterungen zeigt. Hier ist nichts verschwommen, unscharf, nur gestisches Getue, auch keine brillante Selbstdarstellung, sondern Gleichgewicht zwischen den vitalen Antrieben und ihrer Verarbeitung durch Gestaltung. Man merkt nichts von den üblichen Problemen des Alters, von Störungen der Spannkraft, wehleidigem Sich-Nachgeben.

134 Manager, 60, souverän wirkender Weltmann, großer Anreger, Vermittler, Förderer und Verwirklicher, der schier Unmögliches möglich gemacht hat. Dabei tritt er vollkommen natürlich auf, hat sich jeden Titel verbeten, hat sich niemals abgeschirmt, sondern war ständig zu erreichen, ständig ansprechbar. Er liebt keine Besserwisserei, Getue oder große Worte, bleibt im Rahmen seiner wirklichen Kenntnisse und übt seinen Beruf vollkommen ehrlich aus. Harte Arbeit ist er gewöhnt, er scheut keine Mühsal und Plackerei, hat aber auch starke Nerven, kann ein außerordentlich hohes Arbeitspensum selbst in hohem Alter noch leisten. Sucht die Wärme und Selbstverständlichkeit harmonischer persönlicher Beziehungen, hat Überzeugungskraft und nennt sich einen glücklichen Menschen, denn er habe aus seiner Passion einen Beruf gemacht. Er gilt als Kontaktgenie, welches Umgang mit den schwierigsten und eigenwilligsten Leuten gelernt hat. Er hat stets mehr Projekte angepackt, als verwirklicht werden konnten, es gibt in seinem Leben viele verpaßte Gelegenheiten, aber vor allem auch außerordentlich erfolgreiche Aufbauarbeit in härtestem Kampf mit den Umständen.

Bild hervorragender vitaler Spannkraft, angemessener Steuerung, Disziplin mit Natürlichkeit verbindend, vor allem von selbstverständlicher Sicherheit des Vortrags, ebenso differenziert wie einfach.

(134)

unerträgliche, eingebildete, aufgeblasene alte Ziege. Und dann noch 12000 Dollars pro Abend!

Alles Liebe Ihnen und schönste Ferienwünsche

Ihr aifrierter

135

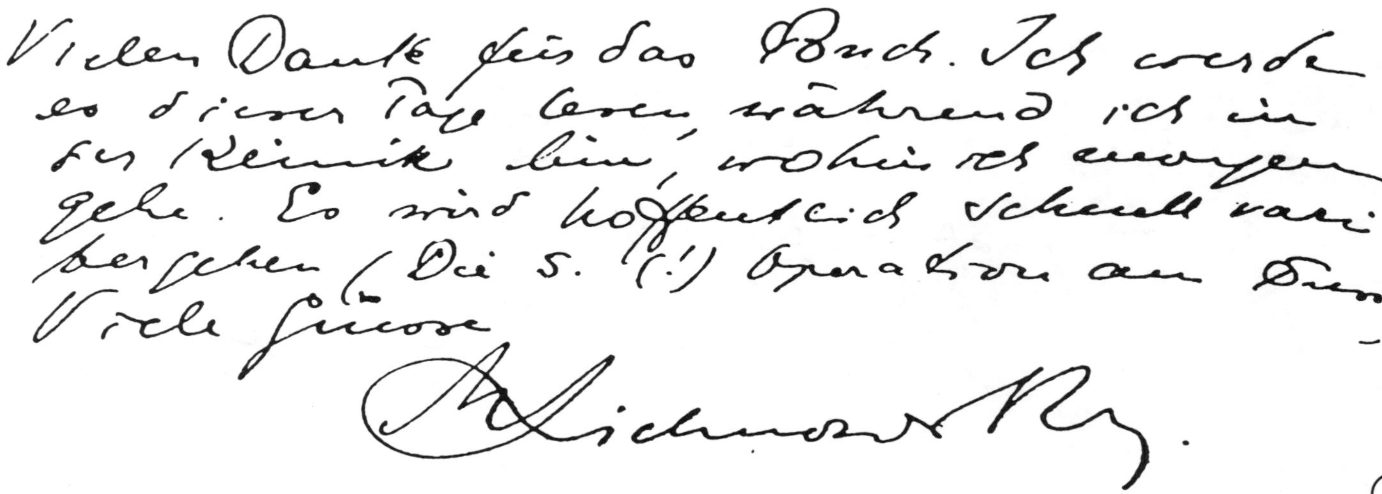
Vielen Dank für das Buch. Ich werde
es dieser Tage lesen, während ich in
der Klinik bin, wohin ich morgen
gehe. Es wird hoffentlich schnell vorübergehen (Die 5. (!) Operation am [illegible]
Viele Grüsse
[illegible]

136

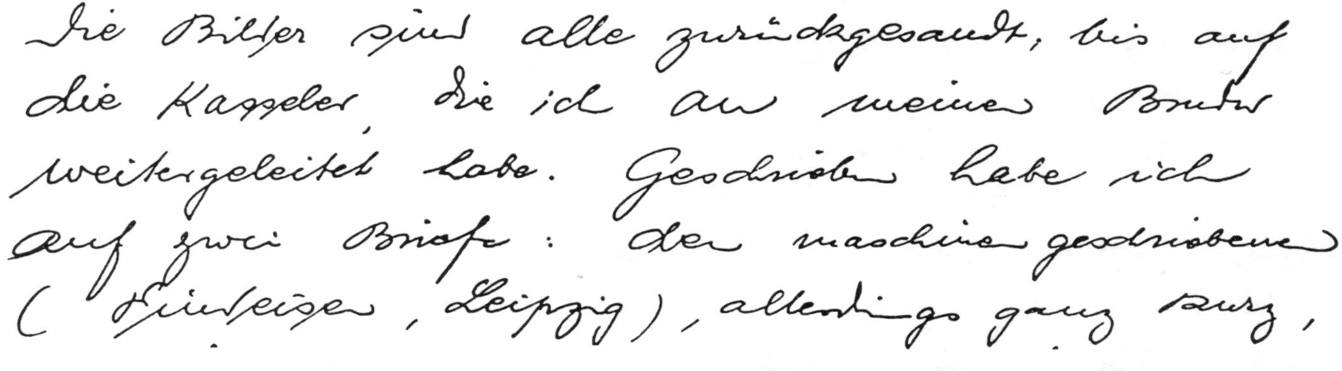
Die Bilder sind alle zurückgesandt, bis auf
die Kasseler, die ich an meinen Bruder
weitergeleitet habe. Geschrieben habe ich
auf zwei Briefe: der maschinengeschriebene
([illegible], Leipzig), allerdings ganz kurz,

Fürstin Mechthilde Lichnowsky, 46, eine der schönsten und reichsten Frauen des Kaiserreichs, auch durch ihr Temperament, ihre Unabhängigkeit und ihre reiche Begabung eine der farbigsten Figuren dieser Zeit. Obwohl selbst große Dame, verachtete sie die Nur-Dame, und wenn man sie mit dem ihr zustehenden Titel »Durchlaucht« anreden wollte, bekam man zur Antwort »Durchschnittlauch, wenn schon, bitte!« Sie rauchte Zigarren und Pfeife, ging in Hosen, alles recht ungewöhnlich für eine Dame vom Hochadel. Sie kritisierte aber auch das Verhalten Deutschlands vor dem Ausbruch des ersten Weltkriegs, nannte beim Aufkommen Hitlers diesen die »Kreatur aus Braunau« und zog 1937 nach England. In der Beschreibung ihrer Kindheit und Jugend erscheint sie als ein hochbegabtes, temperamentvolles, ja wildes Kind von unbeugsamem Charakter, auch durch das System der Strafen bis zu Prügeln, welches in ihrem Elternhaus herrschte, nicht zu brechen. Allerdings war ihr und ihren sieben Geschwistern auch die Liebe der Eltern sicher. Auch die Erziehung in einer Klosterschule überstand sie ohne Schaden. Ihre persönliche Wirkung muß außerordentlich gewesen sein. Es gibt sogar ein Gedicht von Karl Kraus auf sie: »Wunderbare Rettung der Wunderbaren«, nachdem sie beinahe in der Moldau ertrunken wäre. Sie hat eine Reihe Bücher geschrieben, die sich auszeichnen durch Frische, elementare Kraft bei durchgebildetem Kunstverstand, Anschauungsnähe, Heiterkeit. Manchmal bricht freilich auch Polemik durch, vehemente Kritik. (135)

Hier dominiert die spontane, lockere, großzügige Entladung, daneben die vitale Spannung, wobei freilich zu berücksichtigen ist, daß die Schreiberin in dieser Zeit eine Serie von Operationen über sich hat ergehen lassen müssen, von denen sie in ihrem Brief berichtet. Züge von Unbekümmertheit und Unbefangenheit verbinden sich hier mit der Fähigkeit zu einer geschmackvollen und durchaus selbstbewußten Repräsentation. Die Schrift könnte ihren Platz haben auch unter unseren Beispielen für Funktionslust, ja sogar mit einigem Recht unter denen für Erregbarkeit und Dranghaftigkeit.

Diplom-Kaufmann, 37, die Zuverlässigkeit und Gediegenheit selbst, schon in seiner Jugend Ratgeber und Mittelpunkt seiner Umgebung, deren Schwierigkeiten er in einer ausgewogenen, absolut sachlichen Art zu lösen verstand. Er wirkte immer sehr ruhig, stabil, auch etwas in sich gekehrt, dabei aber doch durch Festigkeit und vor allem durch eine hohe Intelligenz imponierend. Im Ausdruck von Gefühlen war er eher etwas gehemmt, verleugnete diese sogar manchmal etwas rauhbeinig, aber von großer Innigkeit, Anhänglichkeit und Fürsorge. Gleich nach dem Kriege übernahm er als kaufmännischer Leiter trotz geringer praktischer Erfahrung eines der größten eisenschaffenden Werke Deutschlands, war einer der Motoren des Aufschwungs dieser Jahre. Obwohl sportlich trainiert, erlag er der außerordentlichen Belastung, die er rückhaltlos auf sich nahm, nach etwa elf Jahren. In seiner ruhigen, unbestechlichen Art galt er als Vorgesetzter, der keine Mätzchen brauchte, um seine Autorität zu zeigen. (136)

137

Zu dieser Schrift sind manchen Betrachtern eingefallen Bezeichnungen wie lyrisch, introvertiert, sensibel, ästhetisch differenziert. Dem müßte man hinzufügen die hohe Beweglichkeit des Ganzen, den reibungslosen, oft sogar geschmeidigen Fluß der Bewegung, so daß man die Schrift auch als ein Muster für Funktionslust und sehr gekonnte Steuerung ansehen dürfte. Das Ganze hat manchmal virtuose Leichtigkeit, ist immer reichhaltig, kontrolliert, glaubwürdig.

Fritz von Unruh, 1885 als Sohn eines späteren Generals geboren, als 12-jähriger in ein Kadetten-Corps aufgenommen, als 16-jähriger zum Duzfreund des jüngsten Sohnes von Kaiser Wilhelm II bestimmt, schied 1911 freiwillig aus der Armee aus, als er nicht auf die Aufführung seines Dramas »Offiziere« verzichten wollte. 1916 wurde er von der obersten Heeresleitung beauftragt, den Generalangriff auf die Festung Verdun zu beschreiben. Erwartet wurde natürlich ein Aufruf zum restlosen Einsatz aller Kräfte gegen den Feind. Er aber brachte ein schonungsloses Bild der Fürchterlichkeit des Krieges, der Leiden des geschundenen Frontsoldaten, so daß er vor ein Kriegsgericht gestellt wurde und der Gerichtsherr ihn auf ein Himmelfahrtskommando schickte. Seine Rettung war nur der Kronprinz, der das Urteil zerriß. (137)

Die Sprache von Unruh ist in höchstem Maße expressiv, von glühendem Pathos erfüllt, ekstatisch und verzückt. Er spricht die übersteigerte Sprache des Expressionismus, aber sie ist nicht Literatur, sondern von tödlichem Ernst erfüllt, es gibt keinen Unterschied zwischen dem, was er sagt, und was er meint. 1932 emigrierte er. Noch in hohem Alter hielt er bedeutende Reden, etwa 1957 mit »Mächtig seid ihr nicht in Waffen«.

Die Probe stammt aus dem Jahre 1911, einige Monate nach seinem Drama »Offiziere«, aus dem Alter von 26 Jahren. Der erste Eindruck bleibt der einer außerordentlichen vitalen Spannkraft, eines Überschusses an Vitalität, der sich dranghaft entlädt, trotzdem gut gesteuert ist. Die Gestaltung ist von mächtigem Pathos bestimmt, das aber nicht aufgesetzt wirkt, so daß seine Selbstaussagen über seine Kraft, sein glühendes Lebensverlangen, von den Höhen der Freiheit, nach denen seine Brust lechze, von seinem Willen zum Weiterstürmen vollständig glaubhaft wirken.

138

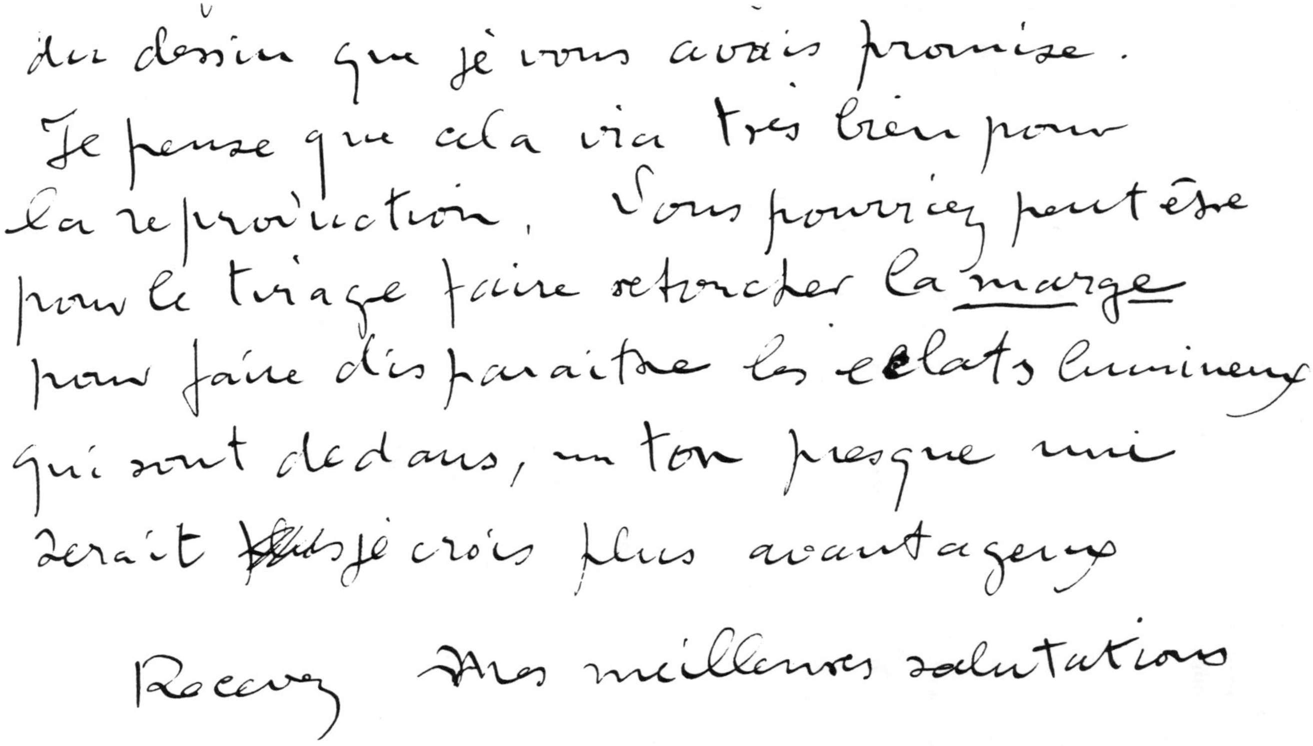
du dessin que je vous avais promise.
Je pense que cela va très bien pour
la reproduction. Vous pourriez peut être
pour le tirage faire retoucher la <u>marge</u>
pour faire disparaître les éclats lumineux
qui sont dedans, un ton presque uni
serait ~~plus~~ je crois plus avantageux
Recevez mes meilleures salutations

Georges Braque, 40, einer der bedeutendsten Maler der Gegenwart, gilt als Maler 138
der beseelten Mitte und des vergeistigten Maßes. Er sagt von sich selbst, daß er nie die Idee gehabt habe, Maler zu werden, ebensowenig wie er sich je vorgenommen habe zu atmen, er erinnere sich an keinen einzigen Willensakt im Leben, er habe Freude am Malen, habe viel gearbeitet, und es sei ihm immer alles sympathisch gewesen, der Mensch, die Natur, alles. Es fehle ihm das Beherrschende, Zugreifende, leidenschaftliche Spannungen seien ihm fremd. Er wird beschrieben als Typ eines aristokratischen Arbeiters, von raschen und fast eleganten Bewegungen, ausdrucksvollen Gebärden der Hände. Er spreche nicht viel, und das, was er sage, wirke immer irgendwie zusammengefaßt, einfach, seine Unterhaltung habe etwas von nahrhaftem Brot. Er gebe dem Zuhörer schöne Beruhigung und eine seltene innere Sicherheit. Von Jugend auf hatte er den Mut zur Unauffälligkeit, hält sich absichtlich im Hintergrund, weil er überzeugt davon ist, daß es auf diese äußeren Dinge auf die Dauer nicht ankommt. Er hat seinen Weg nicht suchen oder sich erkämpfen müssen. Die meisten seiner Bilder hat er verschenkt. Im ersten Weltkrieg als tot auf dem Schlachtfeld liegengeblieben, wurde er durch eine schwierige Gehirnoperation in letzter Stunde gerettet. Auch später gab es verschiedene schwere Krankheiten. Diese Gefährdungen treten in seinen Werken nie in Erscheinung, sie bleiben Beispiel von Gleichgewicht und Harmonie.

Ähnlich wie einige Beispiele aus unserer Gruppe der gewollten Repräsentation arbeitet auch er mit einer subtilen Dynamisierung des Strichs, die nicht plakativ oder demonstrativ ist, sondern in ihrer unendlichen Variation hohe Lebendigkeit zeigt. Ruhe, Freundlichkeit, Gelassenheit, aber auch ein unbefangener natürlicher Ablauf mit Freude an der Bewegung deuten hier auf eine glückliche Verbindung zwischen Harmonie und Funktionslust.

139

Ihr Lieben, wegen Loschi bin ich noch
am verhandeln. Es geht alles drunter u. drüber
Bücher sind noch nicht angekommen! Freund
will auch nochmal kommen. Dank für Eure
Post. Versuch mal im Weihnachtstrubel ein
Buch loszulassen! Hätte gern, Andachten zur IV
Predigtreihe (Klotzverlag) Hat mir sehr gewirkt
was ich von Dir hatte.

Auf zum großen Treck

Herzlichst Heinz

Pfarrer, 50 Jahre, Vater Arbeiter und überzeugter Kommunist, er selber im zweiten Weltkrieg sechs Jahre lang bei der Kriegsmarine, danach als Boxer und Rausschmeißer in St. Pauli, ließ sich zur Fremdenlegion anwerben, floh aber nach kurzer Zeit. Besuchte in der DDR dann die Bergbauschule, wurde Steiger und kommunistischer Funktionär. Um 1950 bekam er den Auftrag, sich mit den Zeugen Jehovas zu befassen und dort Anschluß zu suchen. Durch die damit verbundene Beschäftigung mit religiösen Schriften und der Bibel kam er zum Christentum. 1957, als 35-jähriger mit Frau und zwei Kindern, gab er seine gutbezahlte Stellung im Bergbau auf und begann Theologie zu studieren. Er machte 1960 sein Examen und trat eine Pfarrstelle an mit weniger als der Hälfte seines früheren Gehalts, ohne Privilegien wie sonst, ein auch durch viele Krankheiten in der Familie beschwerliches Leben. Die Ablösung vom Kommunismus vollzog er in offener Auseinandersetzung mit seinen früheren Kollegen, in völliger Souveränität und Furchtlosigkeit, so daß ihm auch seine Gegner den Respekt nicht versagen. Trotz seiner relativ kurzen theologischen Ausbildung hat er sich auch auf seinem neuen Gebiet dank seiner hohen Intelligenz ein beachtliches Wissen erworben. Ungeachtet der außerordentlichen Schwierigkeiten, denen er ausgesetzt ist, zeigt er sich nicht nur gelassen, sondern sogar sehr humorvoll. (139)

Im Verhältnis zu den übrigen Mitgliedern dieser Gruppe entbehrt die Schrift weitgehend der formalen Durchbildung, ja der bloßen Schreibgewandtheit. Manche Formen wirken sogar banal und ungekonnt. Bis auf einzelne Umständlichkeiten dominiert radikale, schonungslose Reduzierung auf das Wesentliche, unbekümmert um Stil, Gefälligkeit oder sonst eine Art von Aufmachung. Die Bewegung wird energisch vorwärts getrieben, die Steuerung ist hoch, führt aber nicht zur Verkrampfung. Eine leichte Dranghaftigkeit dürfte auch gegeben sein.

Diskussion

Fälle gelungener Identität finden sich zahlreich bei den vorhergehenden Schriftproben, insbesondere im Kapitel der starken Lebendigkeit und der Harmonie, Beispiele gestörter oder schwacher Identität bei den vital schwachen, disharmonischen und depressiven.

Zwar hat jede Identität ein eigenes, unverwechselbares Gesicht, aber die Schriften zeigen dennoch eine maßgebende Ähnlichkeit durch die gelungene Steuerung des Antriebs und dessen angemessene Legierung mit einer bestimmten Gestaltungsleistung an dem Material, welches die Vorlage bietet.

Was unsere Schreiber hier verbindet, ist ein »Reifungsvorgang, in welchem das Ich erstens Kontrolle über seine Triebregungen gewinnt, so daß es nicht mehr durch dranghafte Zustände und durch äußere Verlockungen gefährdet werden kann. Man kann also auch in hohen Erregungszuständen immer noch man selber bleiben, die Affekte sind integriert. Das Ich verfügt über starke Kontroll- und Abwehrmechanismen gegen die Intensität der Triebe, und so wird eine innere Stabilität gewährleistet, in der man sich immer als man selber erkennt. Schwache Identität dagegen weiß nicht, warum sie dies oder jenes getan hat, massive Vergehen überraschen nicht zuletzt sie selbst. Zweitens ist Identität dadurch gegeben, daß der Mensch sich von seiner Umgebung beantwortet fühlt, daß er anerkannt wird als er selbst und zugleich in Übereinstimmung mit einer der Rollen, die ihm die Gesellschaft anbietet. Identität beruht also auch auf einem Kontrakt zwischen dem Individuum und seiner Gesellschaft.

Das wirklich erworbene Identitätsgefühl wird, wie Erikson sagt, vollbewußt als psychosoziales Wohlbefinden erlebt. Man weiß, daß man auf dem rechten Weg ist, man hat die Gewißheit, der Anerkennung derer, auf die es ankommt, sicher sein zu dürfen. Identitätsbildung ist eine lebenslange Entwicklung, die häufige Krisen einschließt, und es gehört zu einer geglückten Identität, daß sie trotz beständiger Veränderungen der inneren und äußeren Lebenslage eine gewisse Gleichheit bewahrt und handlungsfähig bleibt. Hierbei ist Verwechslung mit Pseudoformen durchaus möglich, und es läßt sich nicht leicht ein einsichtiges Verhalten von einem starren unterscheiden. Das Ich muß sich durch die Verarbeitung neuer Erfahrungen wandeln können.

Dies alles sind Forderungen, die selten erfüllt werden. In der Wirklichkeit treffen wir meistens auf unvollkommene Ausformungen von Identität, bei denen es ungerecht wäre, sie an allzu hohen Maßstäben zu messen.« (Knobloch, 1971)

Maßgebende Ähnlichkeit der Schreiber ist hier dadurch gegeben, daß man bei ihnen allen von Geschlossenheit, Homogenität, Natürlichkeit bei angemessener Disziplin, Augenmaß, bewältigten Spannungen, Integrität, Vorhandensein eines organisierenden Kernes, Eindeutigkeit, Treue zu sich selbst, Unbestechlichkeit und anderem sprechen kann.

Unseren Fällen von gelungener Identität stellen wir im nächsten Kapitel solche von Pseudoidentität gegenüber. Nicht gelungene Identität hat freilich noch viele andere Formen, etwa in Infantilismen und anderen Entwicklungsstörungen, bei denen man nicht von Pseudoidentität sprechen kann, sondern nur von einer unentwickelten oder gestörten. Was hier mit Identität aber gemeint ist, läßt sich im Vergleich mit den Bildern der Manier am deutlichsten darstellen.

19. Manier

140

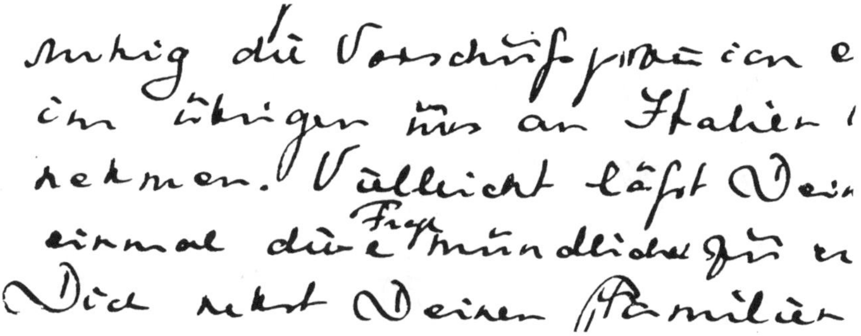

die Vorschriften
im übrigen uns an Italien
nehmen. Vielleicht läßt Dein
einmal die Frage mündlich zu
Dich nebst Deinen Familien

141

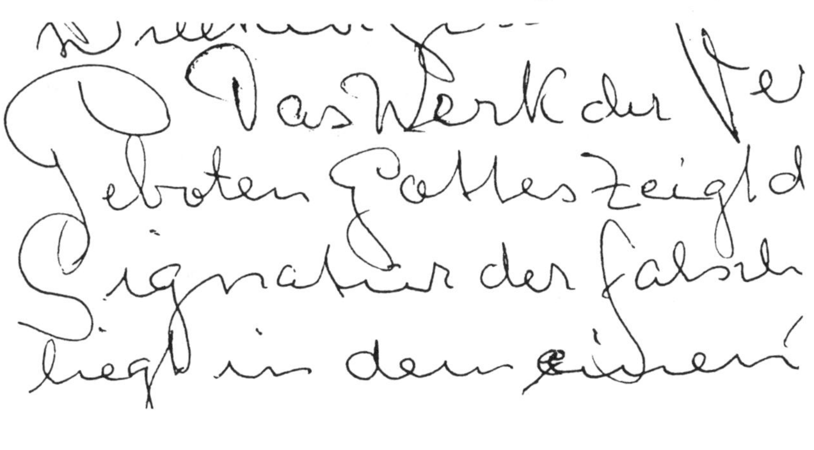

Das Werk der Ve
Geboten Gottes zeigt d
Signatur der falsch
liegt in dem

142

143

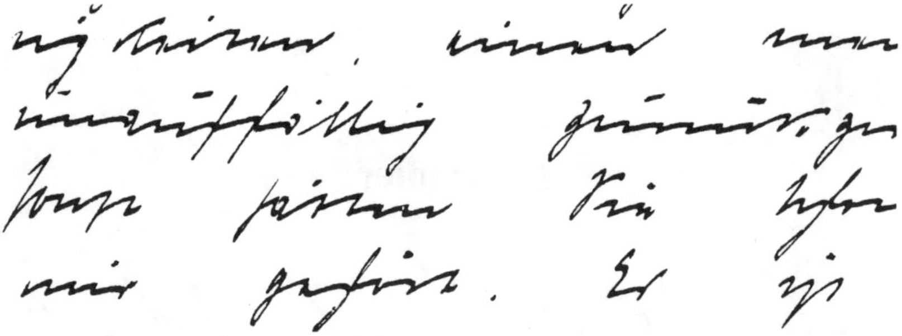

144

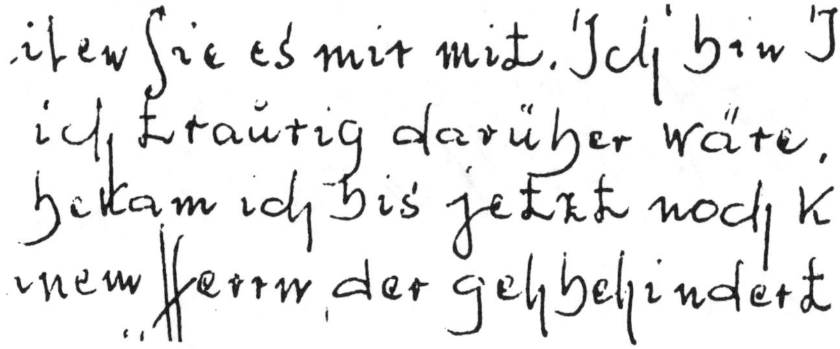

…ißen Sie es mit mit. Ich bin I…
ich traurig darüber wäre.
bekam ich bis jetzt noch k…
…inem Herrn der gehbehindert

145

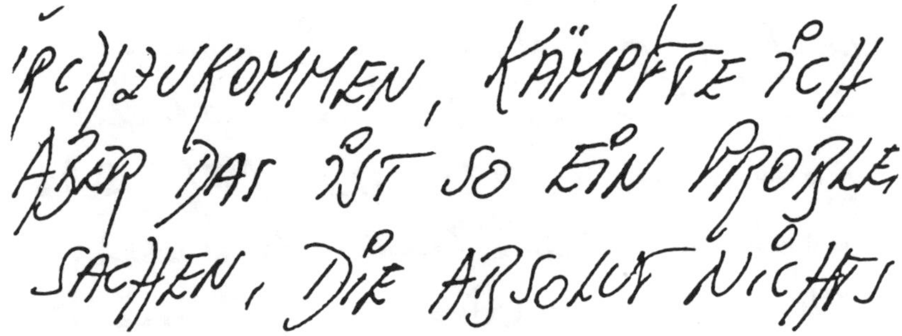

…ICHZUKOMMEN, KÄMPFTE ICH
ABER DAS IST SO EIN PROBLE…
SACHEN, DIE ABSOLUT NICHTS

146

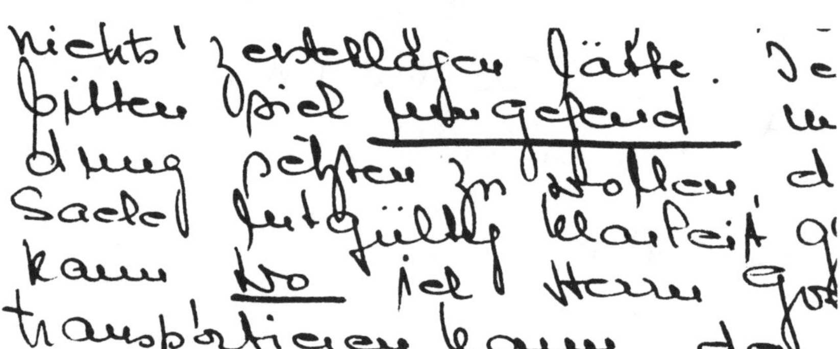

nichts zerschlagen hätte. Je…
bitten Spiel [illegible] u…
dung schaffen zu wollen, d…
Sache endgültig klarheit g…
kann wo ich Herrn Go…
transportieren kann, da…

ils Maler zu erwähnen wären noch 147
Gerold Veraguth, und Kämpf,
man in Kritiken
in der Güterstrasse ennet der Pass
handelt Bettie Thommen mit den

orend göttliche Aphrodite 148
Zeus, listspinnendes, hör' mein
Schmach und bitteres Leid, o

ver zurück oder ablegen 149
der Leitstelle ablieffe
zien haben wir genau

An die Hohe Direktion von jungem Unternehmen 150
Qualitäts- + neuartigen + vielseitigen Haushaltspflegemittel
-spezwaren mit ständig steigenden Umsätzen + beachtl. Markt
Herrn Hans H. v. Köllich - Herm, 4 Düsseldorf - Oberkassel,

Da der Begriff der Manier in der Graphologie bisher unbekannt ist, bringen wir zunächst eine Musterkarte von einigen ihrer Formen, aber ohne biographische Daten und Beschreibung. Sie sollen nur Überblick geben über ein Feld, das die Graphologie bisher nicht vertieft bearbeitet hat. Die Beschäftigung mit manierierten Handschriften ist jedoch für die Deutung äußerst fruchtbar und führt zu Erkenntnissen, wie sie bisher nicht in dieser Klarheit möglich waren. Hierzu mehr bei Knobloch (1981).

Bei der Manier gilt das Wort von Ernst Robert Curtius in »Europäische Literatur und lateinisches Mittelalter«: »Während es nur eine Weise gibt, die Dinge natürlich zu sagen, gibt es tausend Weisen der Unnatur.«

Unsere Beispiele hier zeigen nun tatsächlich alle verschiedensten Gesichter, aber es verbindet sie eines als maßgebende Ähnlichkeit, nämlich das was Curtius die Unnatur nennt. Gemeinsam ist ihnen etwas Übersteigertes, Gewolltes, Gemachtes, Verfremdetes. Die folgenden Beispiele werden zeigen, daß man mit dem Begriff der Manier Verständnis für die bisher trotz ihrer Häufigkeit mißachteten Phänomene und die Möglichkeiten zu einer differenzierten Interpretation derselben gewinnt.

(151) Bei dieser Schrift eines vor vielen Jahrzehnten in einer Anstalt verstorbenen Schizophrenen fehlen leider alle Angaben zur Person, so daß zu ihrer Charakterisierung nur Stellen aus dem vorliegenden Dokument herangezogen werden können. Dieses ist aber sowohl graphisch wie inhaltlich von so übereinstimmend allerhöchster Künstlichkeit, daß es als Prototyp für unsere Auffassung von Manier gelten kann.

Der Text selbst richtet sich an eine Person, die ihm irgendeinmal als »unendlich liebenswert« begegnet war.

»Ja, so war es: Das Leben wollte mich durch niemanden anderen als Dich rufen ... Ich aber negierte, gefangengenommen von meinen eigenen qualvoll errungenen Grundsätzen, verleugnete auch weiterhin das stofflich verfeinerte Genießen der verschwenderisch gestreuten Erdfrucht, die glückhafte Erhebung der voll-sinnlichen Vitalität, schloß mich wunden Herzens ein, kniete an meinem Altar und opferte meinem erschauten Schönheitsideal, meinem Höchstwert, der jedoch bei steter, konsequent beharrlicher Aufrechterhaltung meiner allerdings höchst eigenwilligen Norm eines Tages in Gefahr kommen wird, in einen Zustand von klassizistischer Steifheit, in sphinxhafte Maskenstarre zu verfallen oder bis zur schmerzlichen Entfremdung, ja bis zur seelischen Unfruchtbarkeit erhärten.«

Das ist eine ausgezeichnete Selbstbeschreibung, sprachlich subtil formuliert, und sie enthält vor allem fast alle wesentlichen Charakteristika der Manier, die hier gemeint ist. Es ist tatsächlich jedes Wort wichtig.

Die Schrift ist mit Bleistift auf gelbem Papier geschrieben, kaum lesbar, nur mit fotografischen Hilfsmitteln zu entziffern. Es konnten daher nur einzelne Teile herausgeschnitten werden, wobei allerdings jedes Wort die Physiognomie des Ganzen enthält. Zum Bild der Manier trägt vor allem die außerordentliche Reckung der Formen bei, welche das Verhältnis zwischen niedrigen und hohen Buchstaben empfindlich stören.

151

Erhebliche Eigenwilligkeit zeigt sich auch in Formen selber, etwa dem o, welches immer offen und vor allem überdehnt als Schale geschrieben wird. Die Form ist im Wortsinne »hochgezüchtet«, dabei aber auch wieder stereotyp wie etwa besonders auffällig in den beiden Formen des ch bei »mich, durch«. Diese Stereotypie kennzeichnet die Lebensarmut des Schreibers, seinen vollständigen Mangel an Natürlichkeit, gegen den kompensatorisch Manier eingesetzt wird.

152

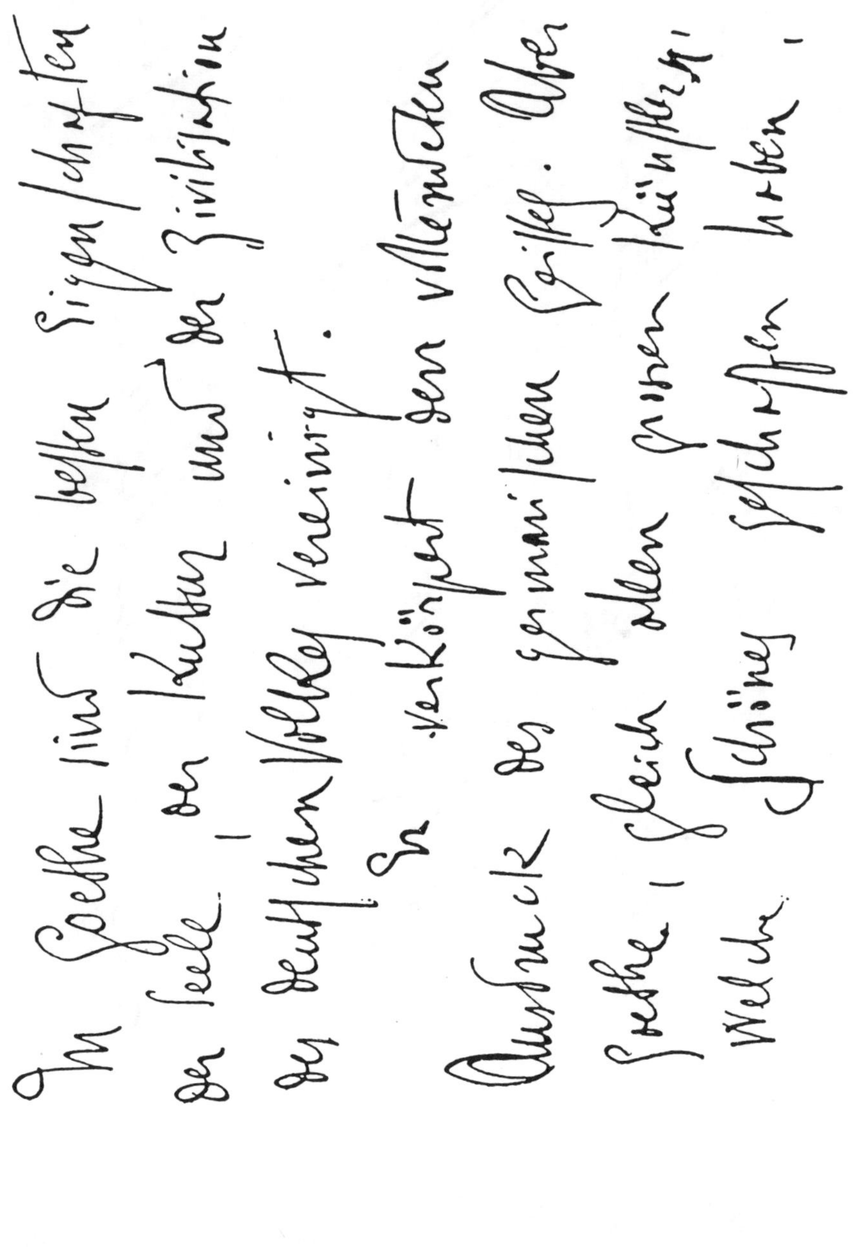

Wer noch eine Erinnerung an Mussolini hat, den Begründer des italienischen Faschismus, dem werden die Bilder einfallen, in denen er sich als erster Staatsschauspieler des Landes in den verschiedensten Rollen darstellen ließ, als Pilot, Hacke schwingender Arbeiter, Sportsmann, Admiral, Bergmann, Feldherr, Drescher, Literat, Philosoph, meistens in cäsarischer Haltung, geballte Energie verströmend, für heutige Betrachter und schon für viele damalige Bilder von grotesker Komik. Beim Ministerium für Volkskultur gab es ein nur für die Herstellung von Fotos seiner Person geschaffenes Büro, welche an allen Wänden und in allen Zeitungen des Landes erschienen. In seinen früheren Jahren war er ein brillanter, polemischer Journalist, mit klassischer, humanistischer Bildung, der auch gut deutsch konnte und die deutsche Kultur verehrte, aber auch damals schon eine Persönlichkeit von starker Egozentrik war mit Gier nach Selbstbestätigung. Obwohl angeblich Sozialist, waren ihm die Massen nichtnur gleichgültig, sondern er verachtete sie. Von Organisation hielt er wenig, wohl aber von der Propaganda allgemeiner Thesen. Gegen Bürokratie war er unduldsam, konnte sich aber ihrer nicht erwehren, und zwar um so weniger, je mehr er an die Macht kam. Er wurde da sehr bald eingeengt durch die eigenen Verwaltungsmechanismen, seine Persönlichkeit wurde starrer, und als er schließlich die Macht verlor, war er auch innerlich völlig gebrochen. Als Feldherr gab er sich grotesken Illusionen hin, war militärisch ahnungslos, fand seine Selbstbestätigung nur dadurch, daß er sich persönlich um jedes noch so kleine Detail kümmerte, etwa Übertragung des deutschen Paradeschrittes auf den passo romano. Er war nicht fähig, sich tatkräftig um große Angelegenheiten zu kümmern, sondern widmete seine Sorgfalt kleinen lokalen Problemen, Provinzrivalitäten und dergleichen. (152)

Das Alter von Mussolini bei der Abgabe der vorliegenden Schriftprobe ist nicht genau bekannt. Es muß sich aber um die Zeit vor oder im Anfang seiner Machtergreifung handeln. Der erste Eindruck ist hier der einer manierierten Gespreiztheit, bei der vor allem auffällt, daß er einen deutschen Text zwar in lateinischer Schrift schreibt, dabei aber das deutsche lange s benutzt, an dem er offenbar einen besonderen Gefallen gefunden hat, obwohl es keineswegs in das Bild paßt. Die Bewegung ist lebhaft, der Strich aber eher weich, in seiner Dynamik schwankend, das Ganze mehr gewollt und demonstrierend als wirklich lebendig und originell.

153

würde von konventionell-pathetischer
Sentimentalität (die ja mit der Rühr-
seligkeit ~~e~~mancher deutscher und
englischer Literaten des 18. Jahrhunderts
kaum in Beziehung gesetzt werden
könnte) nicht im geringsten getrübt
sein; im Gegenteil: sie müßte nur
ganz schlicht unser gegenseitiges
Verhältnis illustrieren; dies ist ein

bahnhof vollzogen werden. Es grü,

Student, 28, Skandinavier, der nach fünfzehn Semestern die Universität verließ, um nach Hause zurückzukehren. Als Gläubiger seine Adresse ausfindig machen wollten, stellte sich heraus, daß er nur im ersten Semester an der Universität eingeschrieben war, seitdem nicht mehr. Er behauptete aber in all den Jahren fleißig zu studieren, hatte angeblich sogar eine Doktorarbeit, bei der er aber nie über den ersten Satz mit dreizehn Worten hinauskam, die er ständig umstellte. Sein Ideal war der deutsche Professor alten Stils, und er trug deswegen eine Brille, wenngleich aus Fensterglas, da er sie nicht nötig hatte, rasierte seine Stirne auch aus, um ein gedankenvolleres Profil zu erhalten. Sein Benehmen war stets unangreifbar, immer vornehm und zeremoniell, geschraubt, überhöflich, eine gleichbleibende Fassade anscheinend ohne Stimmungshintergrund. Er sprach ein überperfektes Deutsch, das er in kurzer Zeit gelernt hatte. Obwohl aus reicher Familie und mit einem großen Wechsel ausgestattet, hatte er doch nie Geld, sondern pumpte alle Freunde an. Was er mit dem Geld machte, ist nie herausgekommen. Er lebte nämlich sehr bescheiden, verbrauchte fast nichts. Seine Freunde äußerten verständlicherweise unziemliche Hypothesen über den Verbleib des Geldes, aber es kam nie etwas heraus. Er sah die Welt, wie er sie sehen wollte, vorgefaßten Meinungen entsprechend. Nach seiner ersten Reise in ein kommunistisches Land berichtete er, man sähe auf der Straße nur glückstrahlende Menschen. (153)

Im Inhalt seines Briefes reiht er Worthülsen aneinander, es wird mit viel Feierlichkeit und ausschweifender Umständlichkeit fast nichts gesagt. Zur Entstehungsgeschichte dieser Pseudoidentität gibt es nun einige Andeutungen aus seinen Jugendjahren, wonach er offenbar einen Bruch in der Persönlichkeit erlebt hat.

Oberflächlich betrachtet ist die Schrift geschmackvoll, gut geordnet, verrät Bildung. Der Vortrag ist gekonnt und sicher. Auch die vitale Spannkraft ist hoch.

Aber wenn man sich etwas in die Schrift eingelebt hat, tritt mehr und mehr so etwas wie eine unangreifbare Glätte in Erscheinung, ein leichtes Pathos, ein würdevolles und feierliches Sich-Ausbreiten. Spontan ist die Bewegung nicht, sie bricht an keiner Stelle aus, sondern bleibt sorgfältig geführt. Sie hat dadurch etwas Malendes. Aber gerade diese feierliche Gemaltheit ist hier das Hauptindiz für Manier, also eine Maske besonderer Art.

(154)

HOFFE, ES GING U. GEHT IHNEN GUT/BES-
i JEDENFALLS WIRD MIR ES DEN GANZEN
UTER ÜBER ERGANGEN IST. WAS SCHLAF
KENNE ICH KAUM NOCH. JA, DAS HERZ,
MÜDE HERZ! WER WEISS, WIE LANGE
NOCH STANDHÄLT. AM 2. OCTB. WÜRDE
70 JAHRE, WENN, JA WENN ICH'S ER-
SE.

= DEM AUCH SEI: BEREIT ZUM GROSSEN
BRUCH BIN ICH IMMER!

„ERSCHEINUNG VERGEHT!"

Melchior Lechter, bedeutender Meister des Jugendstils, 70, hat zehn Jahre lang die (154)
Veröffentlichungen von Stefan George typographisch gestaltet. Erlernte das Handwerk des Glasmalers von Grund auf, arbeitete für seinen Unterhalt nachts, mit dem eisernen Willen, ein akademisches Studium zu absolvieren. Er lebte nur der Arbeit. Nebenher erwarb er sich umfassende Kenntnisse der Weltliteratur und Philosophie, war ein ausgezeichneter Musiker ohne Notenkenntnis. Seine Liebe galt den großen Denkern Indiens und den Mystikern aller Zeiten. In schwerer Krankheit, bei häufigen Depressionen fand er seinen Trost im Werk Richard Wagners und in einer Art indisch-katholischem Mystizismus. Er suchte Versenkung in die ewigen Urgründe des Seins, in die höchsten Geheimnisse der Schöpfung. Er forderte, demütig das Walten von geheimen Kräften als Wirklichkeit hinzunehmen. Seine Kontakte zu Frauen standen auf der Basis reinster Seelengemeinschaft, ohne trübende irdische Beimengungen.

Seine Abneigung galt der »sogenannten modernen Kunst allerletzter verruchtester Richtung«. Boshafteres, Satanischeres gebe es nicht. Er glaubt auch, daß Menschen zu ihm auf geheimes Geheiß geschickt werden, damit er sie zum rechten Pfade lenke. Das einzig Erstrebenswerte sei, sich in heiliger Stille zu verkriechen und nur noch dem Ewigen hingegeben zu sein. Am Weihnachtsfest versenkt er sich in ewige Dinge.

Das vorliegende Schreiben stammt aus dem Jahr 1935, zwei Jahre vor dem Tode des Schreibers, und beschäftigt sich vor allem mit der Behauptung, er sei früher Schüler von Rudolf Steiner gewesen und verdanke diesem spirituelle Erkenntnisse. Er verwahrt sich dagegen mit der Bemerkung, nichts hätte ihm Sirius-ferner gelegen. Die Beziehung zu Steiner hätte sich auf wenige höfliche Phrasen beschränkt.

Zunächst fallen hier wohl die Bilder drängender Unruhe, leichter Ansprechbarkeit und Erregbarkeit in diesen fliegenden, man könnte auch sagen fliehenden und ätherischen Zügen auf. Die Formen bestehen aus Großbuchstaben, die mit erheblicher Flüssigkeit aneinandergereiht sind, etwas für die damalige Zeit Seltenes. Es handelt sich also um eine Privatschrift, die nur ihm gehört. Die einzelnen Formen sind gekonnt, aber auch eigenwillig umgebildet. Für sich gesehen sind manche Buchstaben schwer lesbar, etwa B, R oder T. Der Raum ist dekorativ gegliedert. Zum Vergleich läßt sich die Privathandschrift von Stefan George anführen, zu seiner Zeit einzigartig, wenngleich von vielen Schülern nachgeahmt. Sie bezeichnet die wie auch die unseres Schreibers hier elitäre Manier der Abwendung vom Gewöhnlichen, der ästhetischen Durchgestaltung aller eigenen Lebensäußerungen.

155

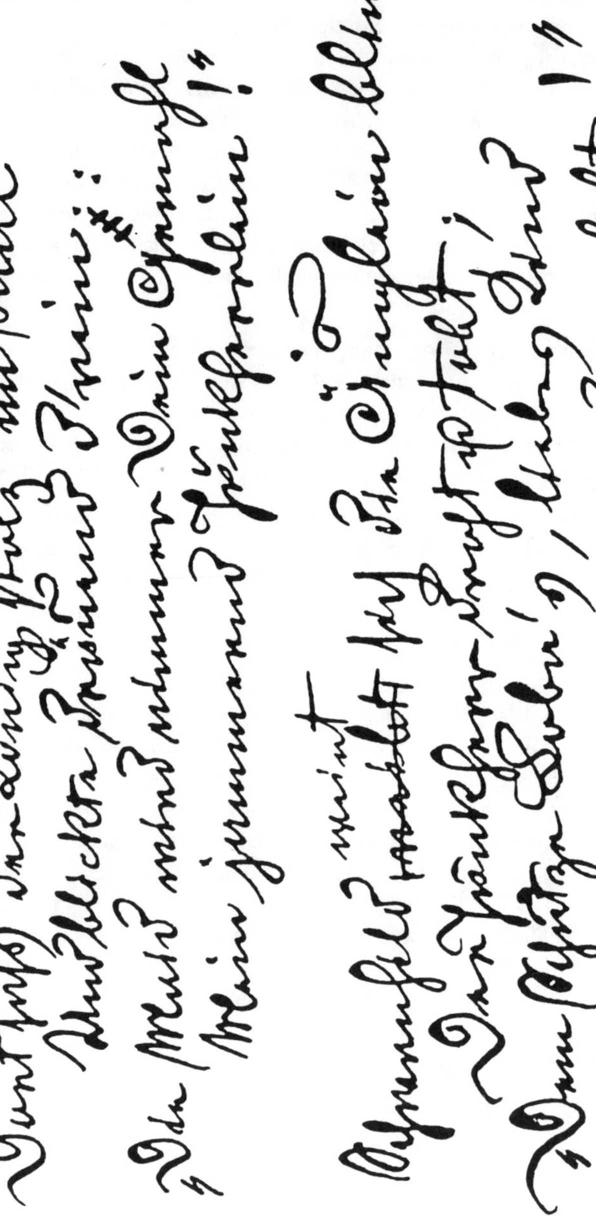

Die Bedeutung des Schreibers, Guido von List, Alter unbekannt, besteht darin, (155) daß man ihn mit seinen Ideen zu den Vorläufern des Nationalsozialismus rechnen muß, etwa mit seiner Mystik des Hakenkreuzes. Er wurde 1848 geboren, Erbe eines großen Vermögens, begann früh mit Dichtungen, schrieb ein Epos »Walkürenweihe«, später Dramen und viele Bücher, etwa über »Das Geheimnis der Runen«, oder »Die Ursprache der Ariogermanen und ihre Mysteriensprache«. Der Stil dieser Werke ist mythisch-mystisch, es breitet sich ein schrankenloses Phantasieren aus. Die vorliegende Schriftprobe ist zugleich eine Stilprobe. Wegen ihrer Schwerlesbarkeit die Übersetzung:

Dort saß der König stolz im Saal
Und blickte dräuend d'rein:
»Die Maid wird nimmer Dein Gemahl
Mein jammernd Junkherrlein!«

Schwanhild weint sich die Äuglein blind,
Der Junkherr droht und tobt;
»Dem Schutze Loba's, liebes Kind
Vertrau, – wir sind verlobt!«

Man könnte das für bloßen Schwulst halten, aber dahinter steckt die Beziehung zur Welt der Sage, der Wunder und Abenteuer. Es steckt auch dahinter der elitäre Anspruch auf die Verkündung höherer Wahrheiten. Als solcher Prophet vergangener Zeiten fand er zahlreiche Schüler, einen Zirkel bildend, der mehr in der Verborgenheit wirkte als in der Öffentlichkeit.

Als manieriert kann man hier vor allem die ins Groteske gehende Formgebung bezeichnen, die ausschweifende Erweiterung etwa der u-Haken, unterstrichen durch penetrante Druckbetonung. Ob es sich nun um eine Schrift handelt, die der Schreiber auch im Alltag verwendet, oder um eine Art Schönschrift, die seinen Gedichten vorbehalten blieb, war nicht festzustellen. Immerhin hält er bei zahlreichen Gedichten seinen Stil mit penibler Sorgfalt durch, wenngleich nicht immer mit so üppig breitem Strich.

156

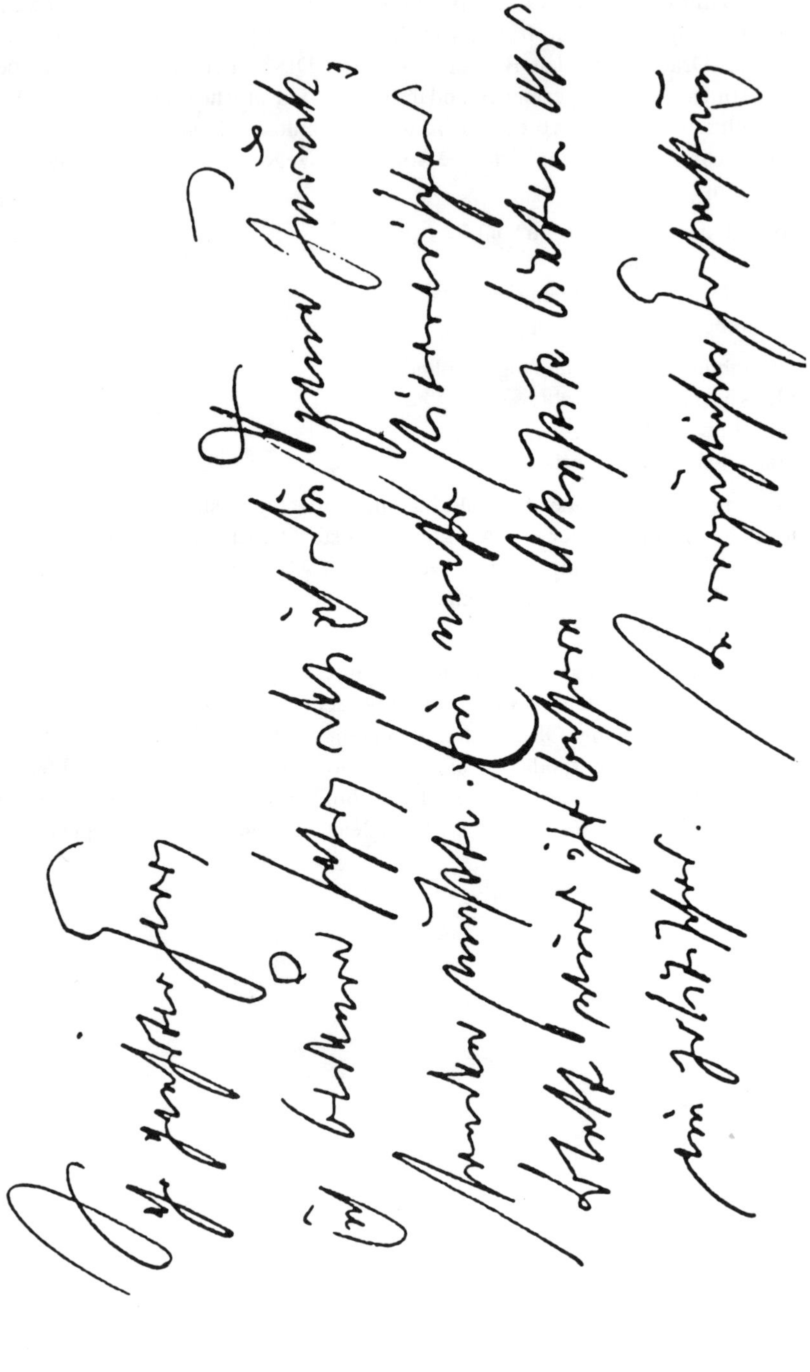

Als ausgezeichnetes Beispiel für Manier präsentiert sich Maximilian Harden, einer der bekanntesten und aggressivsten Journalisten des Kaiserreichs, vor allem durch seinen Stil. Ein Zitat aus seiner Zeitschrift »Die Zukunft«: 156

»Denn: schrumpfte der neben dem ›gelernten‹ Spengler zwar zum Notklempnerchen, so konnte seine fast unfehlbar courbettierende, von Bilanzentjungferung in judenchristliche Mystagogik, von der Elektrobank über die Hürden der Kunstgeschichte hinweg in die Düsternis der Veden tänzelnde Rede und der Orientcharme seines Glitzerkopfes, seiner Rabindrathenau-Allüre doch lange blenden, bis aus allen Fugen des Gefunkels Unfruchtbarkeit gähnte.«

Man hat diesen Stil einen verquollenen Brei genannt, maßlos überladen, originalitätssüchtig, prunkhaft, nach Effekten haschend, hochstilisiert. Er wollte damit auf den Leser Zwang ausüben, ihm das Verständnis absichtlich erschweren, damit er Gedankenarbeit zu leisten habe. Zwang übte er aber auch auf sich selber aus. Fotos zeigen ihn immer nur todernst, in gezwungener Haltung, er lebte asketisch, mit geringen privaten Bedürfnissen, vollbrachte mit fanatischem Fleiß eine ungeheure Arbeitsleistung, arbeitete manchmal vierundzwanzig Stunden und mehr ununterbrochen seitenlang ohne geringste Korrektur, lebte, obwohl Zentralfigur des öffentlichen Lebens, äußerst zurückgezoen. Sein Kampf galt der angefaulten Moral, Korruption und Dekadenz der Gesellschaft. Hier zeigte er eine fanatische Oppositionswut, ohne Kompromiß. Seine Freundschaften waren immer von kurzer Dauer, scheiterten an seiner Überempfindlichkeit, seinem Mißtrauen und seiner Eifersucht. Er war ein absoluter Einzelgänger und Nonkonformist. Sein Haß konnte sich ins Pathologische steigern. Er war ein exzentrischer und monomaner Einzelgänger.

Der erste Eindruck ist hier der erheblicher Dissonanz, vor allem in der Zusammenbefindlichkeit von Erregbarkeit und Rigidität, dann in der Formgebung durch den Wechsel von vereinfachten und kleinen Formen mit übermäßig vergrößerten, gereckten, aufgeblähten. Es fehlt an angemessenen Proportionen. Die vitale Spannung ist erheblich, die Steuerung fast erdrückend. Von Monotonie kann man sicher nicht sprechen, aber auch nicht von Lebendigkeit, weil dazu das Ganze zu verzerrt, zu exzentrisch wirkt.

(157)

ausschließlich gezeichnet — die paar Aquarelle die ich gemacht habe, hat alle Goltz bekommen. Ich denke aber im Lauf des nächsten halben Jahres einige neue Bilder herauszubringen und werde Ihnen dann sofort schreiben — ein paar Aquarelle hoffe ich Ihnen ebenfalls bald übersenden zu können. Wenn Sie hier vorbeikommen, suchen Sie mich bitte auf und bitte schöne Grüße an Herrn Kirchhoff

George Grosz, 29, Zeichner und Maler, der bissigste, radikalste, aber auch wirkungsmächtigste Satiriker der Weimarer Republik. Als Siebenjähriger hatte er ein Erlebnis, einen Zusammenstoß mit der Brutalität der Welt, welches er lebenslang nicht vergessen konnte. Seitdem war sein Lebensvertrauen gestört. Er blieb ein skeptischer Individualist, der der Überzeugung war, das jeder Mensch etwas von einer Mißgeburt in sich habe. Sehr auffällig bei ihm war seine Neigung, in verschiedenen Rollen aufzutreten, sich als sehr gegensätzliche Person zu verkleiden, Freunde, aber auch Fremde damit zu verblüffen, Versteckspiel zu treiben. Er konnte nicht nur eine andere Person, sondern auch eine andere Mentalität überzeugend darstellen. So war er selten er selbst, sondern gab meist vor, ein anderer zu sein. Deswegen war auch schwer zu erraten, was er meinte. Wenn er ja sagte, hieß es meistens nein, und umgekehrt. Von sich wie von anderen verlangte er gleich das Äußerste, lebte in Extremen, ohne Konzessionen. Er konnte sanft und gefällig sein, aber auch lärmend und streitend, alle beleidigend. Er war voller Paradoxe. Das Leben konnte er nur mit Alkohol ertragen, dessen Gebrauch im Alter zunahm. Freunden gegenüber war er jedoch loyal, sehr mitteilungsbedürftig, ein guter Erzähler, in seinen Briefen von sehr direkter Offenheit, komisch und witzig. Er lebte aber meist in selbstgewählter Einsamkeit. Von sich selbst sagt er: Ich bin immer bedrückt und immer aufgerührt von einem Gefühl der Sinnlosigkeit im Leben«. (157)

Spannkraft, Sicherheit, ausgeprägte Formgenauigkeit fallen zunächst besonders auf. Aber die Schrift wirkt auch voller Manier wegen ihrer absichtlichen, schülerhaften Gemaltheit. Sie ist zwar insofern nicht schülerhaft, als sie zugleich auch ein starkes Profil hat, vor allem aber durch Formenwechsel – er schreibt drei verschiedene r in ausgeprägter Form – aus der Norm fällt. In der Literatur über ihn wird auch sein Zeichenstil infantil genannt, von gewollter Simplizität, wobei Infantilismus als Stilmerkmal nur ein Ersatzbegriff sein soll in Ermangelung eines besser passenden Ausdrucks. Manier als gewollte Simplizität, eine gar nicht ganz seltene Form der Pseudoidentität, ist hier wohl die führende physiognomische Kategorie.

 (158)

Bildhauer, 60. Persönlichkeit von hoher Kultur und beträchtlicher künstlerischer Begabung, der aber, wozu ihn freilich seine materiellen Verhältnisse befähigten, nie (158)

etwas verkaufte, aber auch nie etwas ausstellte oder zeigte. Er lebte in völliger Zurückgezogenheit, hatte nur wenige, ganz ausgewählte Kontakte. Seine ganze Liebe galt einer großen Samlung ostasiatischer Kunstwerke. Wegen seiner esoterischen Zurückgezogenheit ist er unbekannt geblieben.

Obwohl es in der Schrift auch recht komplizierte und einfallsreiche Manierismen gibt, haben wir in den drei vorliegenden Beispielen den Fall, daß hauptsächlich mit einem einzigen Mittel gearbeitet wird, mit der Betonung der geraden Linie, wobei Buchstaben manchmal nach unten verlängert werden, Kurven eine bloße Andeutung erfahren, jedenfalls ein starkes Übergewicht über die schulmäßig vorgeschriebene Flächigkeit besteht. Von allen Formen auf dieser Seite hat die erste der betont artikulierenden Druckstärke durchaus eine gewisse vitale Spannung, aber eben auch viel Gewolltheit, dazu etwas Stereotypes.

(159)

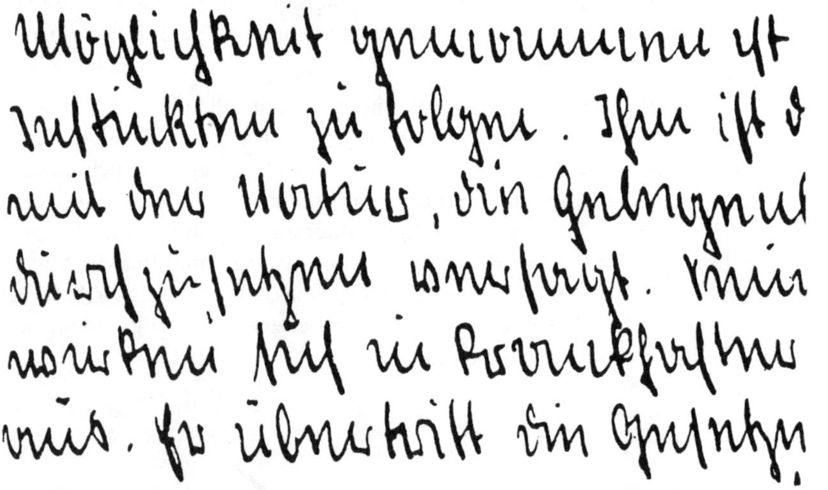

(159) Berufsoffizier, 20 Jahre, nach Verhängung einer eher geringfügigen Disziplinarstrafe Suizid. Die der Einstellung vorhergehende Eignungsuntersuchung bescheinigte ihm einen vornehmen Charakter, Wohlerzogenheit, Gutmütigkeit, physische Zartheit bei Härte gegen sich selbst. Seine Stimme wird beschrieben als zaghaft, fast mädchenhaft. Er habe wenig Profil, viel jugendliche Unausgeglichenheit, aber hohen Leistungswillen und Ernsthaftigkeit. Im Truppenbericht über den Selbstmord werden ihm häufige Verfehlungen wie Zuspätkommen, dazu Mangel an Konzentrationskraft vorgeworfen. Bei Rügen bemängelte man an ihm einen überheblichen Gesichtsausdruck, seine Kameraden bezeichneten ihn als hochmütig, in einem seiner Abschiedsbriefe steht das Wort »Noblesse oblige«. Es ist ihm offenbar nicht gelungen, seiner weichen Natur Härte abzutrotzen, im Rahmen der von ihm gewählten Laufbahn seine Identität zu finden. Er zerbricht an Überforderung.

Bei dieser Schrift gab es Stimmen von Beobachtern, welche sie als massiv, männlich, ausgesprochen, energisch, fordernd bezeichneten. Aber beim zweiten Blick traten dann die Eintönigkeit des Ganzen hervor, vor allem aber die Weichheit des Strichs, das Gepreßte und Gebogene, das völlig Unspontane. Die Schrift hat etwas Verquältes, sich selbst Blockierendes.

Die Manier bedient sich hier wieder eines einzigen Mittels, nämlich einer schlecht durchgehaltenen, aber doch betonten gleichmäßigen Druckstärke in vereinfachten Formen. Sie ist der Träger bzw. die materielle Basis der Gewolltheit, imitierten Männlichkeit, Unfreiheit. Die Stilisierung der Schrift auf die gerade Linie hin ergibt eine Maske des Willens, während es dahinter an der vitalen Spannkraft fehlt, auf die sich die sogenannte Willenskraft gründen könnte. Auch ist die Monotonie des Ganzen nicht zu übersehen.

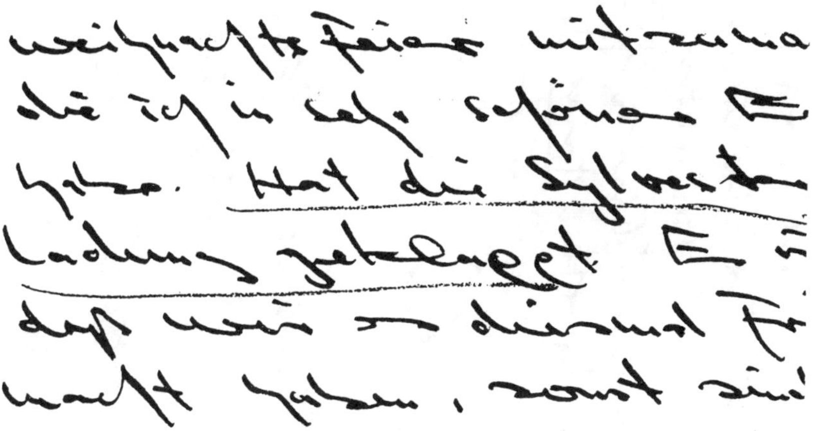
160

Mädchen aus reichem Hause, zwischen den Eltern, immer hin- und hergezogen, sehr verwöhnt und anspruchsvoll, trotz Unterstützung und Nachhilfe zu geregelter Arbeit unfähig, aber von riesigem Geltungsbedürfnis, das sie auf abenteuerliche und aggressive Weise zu befriedigen suchte. Sie wirkte teils lahm, teils aufgeregt. Ihre Identität bezog sie lediglich aus der Zugehörigkeit zu einer adeligen Familie. 160

Während die beiden oberen Proben eine gewisse Anspannung zeigen, wirkt hier der Strich eher lasch und zerlaufend, es fehlt deutlich an konzentrierender Zusammenfassung. Als Manier haben wir hier nach unten verlängerte Buchstaben in Geraden oder leicht gebogenen Linien, wobei vor allem auffällt, was die Schreiberin mit ihrem h macht. Manier tritt also hier auch in einer Verzerrung der Form zutage.

161

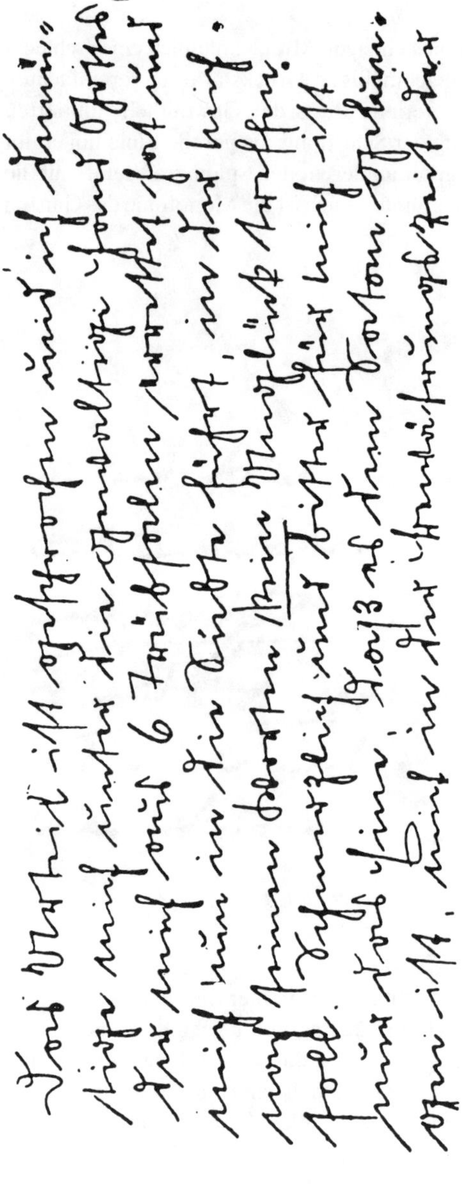

162

Frau, 50, Musterbild christlicher Gesinnung, von großer Frömmigkeit, wortreich, 161
vor allem außerordentlich bibelfest, in der Gemeindearbeit sehr aktiv tätig, der Liebling der geistlichen Herren. Sie wurde daher auch bald mit Geldverwaltung betraut, und zwar ganz unkontrolliert, so daß sich später nicht feststellen ließ, was überhaupt fehlte. Als alles herausgekommen war, fragte der Richter, ob denn niemand ein polizeiliches Führungszeugnis angefordert hätte, bevor man ihr eine so wichtige Position übertrug. Das Register ihrer Vorstrafen war lang. Bis zum letzten Augenblick bewahrte sie eine eiskalte Haltung, spielte mit viel Bibelworten die reuige Sünderin, schrieb Briefe mit indirekten Drohungen, und da alles vor der Gemeinde geheim gehalten worden war, sammelte sie noch am Tage des Strafantritts Spenden ein.

Die Schrift zeigt eine starre Pose, die zäh und kontrolliert durchgehalten wird. Sie wirkt mehr gezeichnet als geschrieben. Die Buchstaben wirken aneinandergelötet, es ist kein freier und spontaner Zug zu sehen.

Bei eigenwilliger Abwandlung von Einzelformen wird doch eine gestochene Schulmäßigkeit angestrebt, freilich ohne Pseudokorrektheit.

Ein meist stiller und unauffälliger Mann, der sehr fleißig für seine Familie sorgt, sich 162
aber bei geringsten Anlässen sehr aufregen kann und Jähzornsanfälle hat, die ihn behandlungsreif gemacht haben. Im übrigen begnügt er sich mit schriftlicher Darstellung von verschrobenen Weltverbesserungsideen, die er an Behörden richtet. Der Großvater war geisteskrank, der Vater Trinker.

Besonders deutliche Artikulation der Formen auch in den kleinsten Details, außerordentliche Deutlichkeit, aber auch stereotyp, leicht exzentrisch, starre Strichführung. Die Schrift erinnert an einige andere hier abgebildeten Proben von als schizophren bezeichneten Persönlichkeiten. Zwanghafte Übersteuerung tötet den spontanen Ausdruck.

163

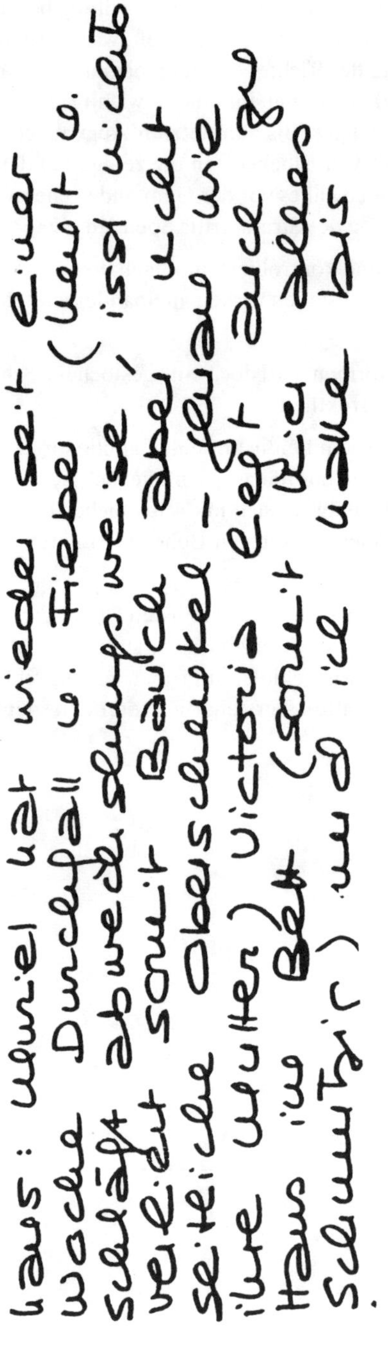
haus: Muriel hat wieder seit einer
Woche Durchfall u. Fieber (heult u.
schläft abwechslungsweise, isst nichts
verliert somit Bauch aber nicht
seitliche Oberschenkel – genau wie
ihre Mutter) Victoria liegt auch zu
Haus im Bett (somit hier alles
schmutzig) und ich habe bis

164

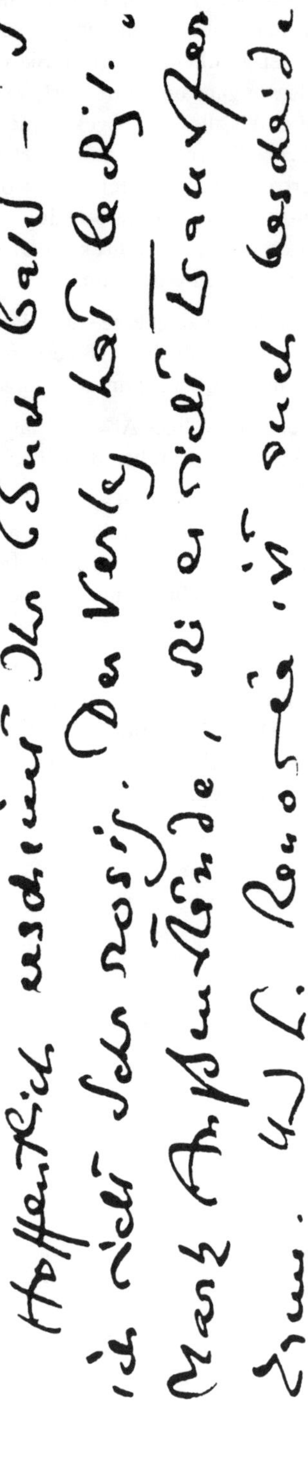
Hoffentlich erscheint Ihr Buch bald – und
ich nicht sehr rosig. Der Verlag hat lediglich
Markt Anpassungsstände, die er nicht trauen
kann. W. L. Renommé ist auch bescheiden

Frau, 35, intellektuell hervorragend begabt, hat ohne wesentliche Mühe anspruchsvolle akademische Examina abgelegt, ist aber infolge ihrer seelischen und auch körperlichen Leiden außerstande, einen Beruf auszuüben. Sie ist im Umgang sehr angenehm, ihren beiden Kindern gegenüber liebevoll, auch recht freundschaftsfähig, ist aber über sich selbst im unklaren. Eine psychologische Interpretation ihrer Persönlichkeit befriedigt sie nicht, sie sucht vielmehr eine philosophische. Esoterische Neigungen sind ausgeprägt. Ihre Identitätsschwäche könnte vor allem darauf zurückgeführt werden, daß sie in ihrer Jugend seelisch mißhandelt worden ist, von einem Wechselbad ins andere kam, so daß sich schon bei dem Kind ein krankhaftes Mißtrauen entwickelte, während später körperliche Störungen hinzukamen. Diese sind zum Teil recht massiv, auch auffällig, aber sie versucht mit viel Takt sie auch vor ihren Kindern zu verbergen. (163)

Sehr weicher, ungehemmt gleitender, ein ornamentales Band erzeugender Strich, ähnlich den schlangenhaften Arabesken des Jugendstils, formal gekonnt, wenngleich nicht von ausgeprägtem Profil, geringe vitale Spannkraft und geringe Steuerung.

Der Schreiber war in jungen Jahren ein guter Fotograf, obgleich weder technisch noch künstlerisch meßbar an Anspruch, der heute an Berufsfotografen gestellt wird. Er glaubte, zu einem großen Schriftsteller berufen zu sein und sprach dauernd von einem bedeutenden Werke, an dem er arbeite. Er verfügte in der Tat über ein gefälliges Ausdruckstalent, hat aber in seinem Leben nur wenige Zeilen zustande gebracht. Sich zu Höherem berufen fühlend, verweigerte er jede Arbeit, schob die Sorge um seine Existenz auch in Kleinigkeiten ganz auf andere ab. Er hielt sich für schuldlos vom Unglück verfolgt und nie gewürdigt. In der Tat hatte er viel vom Pechvogel an sich. Anstatt sich selbst die Schuld an seinem Versagen zuzuschreiben, machte er andere dafür verantwortlich. Sein Lieblingsspruch war: »Alle Menschen sind schlecht.« Wenn er auch andere ausnutzte, so war er aber doch nicht bösartig. Seine negative Einstellung zum Leben äußerte sich nur in Worten. Und wenn er auch tagsüber beschäftigungslos herumsaß, so lebte er auf, wenn er autofahren konnte. Nachdem er sich schon lange selbst aufgegeben hatte, starb er früh an einer leichten Krankheit. (164)

Äußerungen zu dieser Schrift betonen vor allem die gefällige Formgebung, Geschmack, Sensibilität, aber auch Manieriertheit und Gemachtheit. Es wird auch meist richtig gesehen, daß die Flüssigkeit des Ablaufs einer großen Schreibgewandtheit ihre Entstehung verdankt, nicht vitaler Spannkraft. Dieser Schwäche wegen kann man auch nicht von Funktionslust reden, denn dazu gehört, daß die Schrift wirklich liefe, nicht nur geläufig wäre. Die Bindung an die Norm ist gering, viele kleine Formen sind nur angedeutet oder verschwunden, das Bedürfnis nach Repräsentation wurde größer, wobei die angestrebte Originalität sich demaskiert durch ihre Überzogenheit and zugleich ihre Banalität. Das Ganze hat wenig Glaubwürdigkeit.

Diskussion

Der hier verwendete Begriff der Manier ist der Kunstgeschichte entnommen, die mannigfache Beziehungen zur Graphologie hat. Als Kunst nicht länger Kampf mit Stoff und Material bedeutete, sondern Ausdruck und spontane Niederschrift, wurde der Kunsthistoriker, wie Wilfried Wiegand (1977) gesagt hat, zum Bruder des Graphologen. Schon 1937 hat Degenhardt eine »Graphologie der Handzeichnungen« entwickelt, in welcher er zeigt, daß die Betrachtung der Strichführung allein die Lokalisierung einer Zeichnung erlaubt. Es wird ihm dadurch möglich, die Florentiner Graphik zu unterscheiden von der venezianischen oder der veronesischen.

Der Begriff der Manier bietet auch eine bedeutende Möglichkeit zum besseren Verständnis von handschriftlichem Ausdruck. Die Formeigentümlichkeiten des künstlerischen Manierismus sind nämlich von Kunsthistorikern nicht nur beschrieben, sonder auch psychologisch gedeutet worden.

Wilhelm Pinder sagt in seinem Beitrag »Zur Physiognomik des Manierismus«, den er für die Festschrift zum 60. Geburtstag von Klages verfaßt hat: »Unwillkürlich wird der sorgfältigere Betrachter zum Frager, zum »Tiefenpsychologen«. Er und andere haben einen großen Schatz des Manierismus zusammengetragen. Diese Stilmomente finden sich aber nicht nur in manieristischen Kunstwerken, sondern auch in Handschriften, so daß von daher auch die Übernahme kunsthistorischer Interpretation in die graphologische Deutung gerechtfertigt wirkt. Zu den besonderen Stileigentümlichkeiten des Manierismus gehören in der Kunst zunächst die zwar sicher beherrschte, doch nicht mehr gefühlte Form, welche Akzente häuft. Die Einzelformen sind forciert, sie zeigen einen ehrgeizigen Originalitätstrieb, wiederholen aber dabei fremde Vorbilder unfrei. Der Manierismus sucht das Glatte, Starre und Tote, nicht die organisch quellende, sondern die auferlegte Form, überhaupt das Förmliche, das Zeremoniell. Zu seinen charakteristischen Zügen gehören das Entfremden, Erstarrenlassen, Erkalten und Vertoten der klassischen Form. Der Manierismus stückelt Bilder aus Bestandteilen verschiedener Realität, aus Figuren abweichender Größenordnung oder mischt auch Bruchstücke fremder Form unter die klassische. Der Bildzusammenhang wird labil.

Gesucht wir das Spröde und Künstliche, das Überschlanke, Gedehnte und Gezerrte, insbesondere auch die unorganisch gestörte Form. Die ursprünglichen Kunstformen werden in Extreme getrieben, umgebogen, so daß sie affektiert, gekünstelt, hohl, verbraucht, entartet erscheinen. Alle Gestalten werden nach vorgefaßten Linien gebogen, gedrückt oder gepreßt. Es gibt auch einen manieristischen Raum, der durch Raumflucht und Raumstauungen gekennzeichnet wird. Horizontale und vertikale Streckung werden übertrieben. Aus anderen Kunstwerken werden bereits formulierte Formvorstellungen übernommen und als reine Formzitate verwendet.

In der Handschrift nun sind manierierte Züge beispielsweise erkennbar durch Spreizung, Dehnung, Knickung, Zerrung, Reckung, Verdrehung, Blähung von Formen, an der Disproportionierung von räumlichen Verhältnissen, an Stilmomenten wie übermäßiger Glätte, Gestochenheit, gewaltsamer Prägnanz, aber auch Gemaltheit. Von Bedeutung sind nicht zuletzt zeichnerische Einschläge in einem sonst eher spontan wirkenden Duktus. Es finden sich stereotype Wiederholungen derselben Formelemente, Verfremdung von Formen bis ins Absurde. Das ästhetische Niveau von manierierten Handschriften kann sehr hoch wie auch sehr niedrig sein, die Manier kann mit sehr viel Aufwand selbst erarbeitet oder aber nur aufgeklebt sein. Es fehlt die Grazie des Natürlichen, es besteht die Tendenz zur Verzerrung und Verfratzung, zu panzerhafter Starre. In seltenen Fällen wird als Pose allerdings auch Natürlichkeit angestrebt, aber diese ist, wie schon Oscar Wilde sagte, sehr schwer durchzuhalten. Auch unscheinbare Schulmäßigkeit ist manchmal Manier.

Zur psychologischen Interpretation der Kunstgeschichte gehören geheime Lebensangst, Verdeckung von Lebensschwäche, Unsicherheit erschütterter Lebenskraft, Zeichen von Fragwürdigkeit und Ungewißheit menschlicher Existenz, keine unproblematische Seinssicherheit, verlorenes Vertrauen ins All, in Dinge, in die Menschen, in sich selbst, Zweifel, Langeweile, Skepsis, Modulationsunfähigkeit im affektiven Bereich, gegenüber der Mitwelt Verhärtung oder maßlose Empfindlichkeit, Zurückgezogenheit auf den bloßen Umgang mit sich selbst, falsche Auffassung und Verarbeitung äußerer Eindrücke, Fehlen innerer Einheitlichkeit und Folgerichtigkeit, Rationalisierung und Logik bis zur Absurdität, narzißtischer Originalitätstrieb, Streben nach Verschleierung, Betonung von Etikette, Zeremoniell, Mode, Ritual, Suche nach erlösenden Weltformeln, bei denen Mystik und Magie eine bedeutende Rolle spielen. Auch auf höchstem Niveau bleibt ein Eindruck von Pseudohaftigkeit, von Mangel an innerer Wahrheit, an Übereinstimmung mit sich selbst und Homogenität, um nur einiges zu nennen. Überblickt man die Biographien unserer Schreiber, so wird man vieles davon in ihnen wiederfinden, etwa das Bedürfnis nach Masken, die Erhöhung des Lebens durch Mystik und Magie, die esoterische Abkapselung, die Tendenz zur Verschleierung und Verheimlichung, zum überladenen, pompösen oder auch verzerrten Ausdruck, die Enttäuschung am Leben.

20. Gestalttheorie und Handschriftanalyse

In den »Graphologischen Monatsheften« vom Jahre 1900 findet sich in einem Aufsatz »Zur Methode in der Graphologie« von Klages ein ebenso merkwürdiger wie bedeutsamer Satz zur Arbeitsweise graphologischer Praxis.

»Überwiegende Eckenbindung etwa bezeichnet dem ausübenden Graphologen in der ersten Handschrift vielleicht Hartnäckigkeit, in der zweiten Entschiedenheit, in der dritten Reizbarkeit, in der vierten Ausdauer, in der fünften »Egoismus«, in der sechsten »Gerechtigkeit«, in der siebenten Unbeeinflußbarkeit, in der achten gar nichts, in der neunten Fleiß, in der zehnten Schroffheit, in der elften Gesinnungstreue, in der zwölften Mangel an Anpassungsvermögen, in der dreizehnten Spottsucht, in der vierzehnten Schwerfälligkeit, in der fünfzehnten Widerspruchsgeist, in der sechzehnten »Lebensernst«, in der siebenzehnten Eigensinn und so noch manches andere mehr je nach dem handschriftlichen *Gesamtbilde*, in welches sich ihm dieser Bindungstypus einordnet.« (Sämtliche Werke, Band 8, S. 55)

Auf den ersten Blick enthält dieser Satz freilich nichts Auffälliges. Einzelmerkmalsdeutung der vorliegenden Art wird bis heute eifrig betrieben, nur die Zahl der Deutungen hat sich erheblich vermehrt. Auch die Abhängigkeit der Einzelmerkmale von einem Gesamtzusammenhang wird meistens anerkannt. Merkwürdig an diesem Satz ist aber, daß die im achten Fall genannte Möglichkeit, daß ein Einzelmerkmal nichts bedeuten könne, weder von Klages noch von irgendeinem anderen Autor graphologischer Literatur jemals wieder erwähnt wird. Und bedeutsam ist dieser Satz insofern, als man sich fragen muß, was mit handschriftlichem Gesamtbild eigentlich gemeint ist. Man findet bei Klages keine Bestimmung dafür, was ein Gesamtbild, oder wie er auch sagt, eine Gesamtheit von Merkmalen oder ein Merkmalszusammenhang eigentlich sei. Wenn man ein Gesamtbild analysiert, dann sollte man eigentlich auf so etwas wie eine Komposition, eine Struktur treffen, in der jedes Teil seinen bestimmten Ort hat, eine Rolle im Ganzen. Die Merkmale dagegen, die Klages in einem Zusammenhang sieht, hängen in Wirklichkeit zum großen Teil nicht zusammen, sondern sie befinden sich nur zusammen. Sie sind Schrifteigenschaften ganz verschiedener Abstraktionshöhe. Klages hat in seiner Disposition der Merkmale, etwa in »Handschrift und Charakter« keine sinnvolle, natürliche Ordnung gegeben, sondern eine eher willkürliche, jedenfalls künstliche Klassifikation, die keineswegs auf der Analyse eines Gesamtbildes beruht, obwohl er fordert, daß jeder Einzelauslegung die Zergliederung und Beschreibung der ganzen Handschrift vorherzugehen habe.

Zu meinem großen Bedauern muß ich, obwohl es die Homogenität meiner Äußerungen stört, auf das Problem der künstlichen Ordnung ausführlicher eingehen. Es wird dabei zwar nur ein Einzelfall besprochen, aber er steht stellvertretend für fast alles, was an graphologischer Literatur nicht nur in Büchern, sondern auch in Zeitschriftenaufsätzen existiert. Wer daran nicht interessiert ist, mag die betreffenden Seiten überschlagen bis dahin, wo das Problem der natürlichen Ordnung zur Sprache kommt.

Die »GRAPHOLOGISCHE DIAGNOSTIK« (1961) von Müller-Enskat wurde deswegen gewählt, weil das Lehrbuch eine weite Verbreitung erfahren hat und weil sie sich von der in der graphologischen Literatur vorherrschenden Makulatur dadurch unterscheidet, daß die Autoren ernsthaft und gründlich vorgegangen sind.

Der gesamte Lehrstoff wird, nicht eingerechnet das Schriftenheft, auf 300 Seiten in nicht weniger als 243 Kapiteln und Kapitelchen dargeboten.

Es kommen dazu 82 Tabellen, Kurven, Schemazeichnungen, Vorarbeitenblätter. In 32 Deutungstabellen werden schätzungsweise mehrere Tausend Eigenschaftsbegriffe aufgeführt. In minutiöser Weise wird alles abgedeckt, was überhaupt mit Graphologie zu tun hat. Es wird größtmögliche Vollständigkeit angestrebt. Man muß Kapitel für Kapitel durcharbeiten, ein Überspringen hieße den Faden zu verlieren. Umfang und Anordnung des Stoffes zeigen die Tendenz zu einem Höchstmaß an Belehrung und Erklärung.

Wagenschein (1980) sagt zu einem solchen Verfahren »es liegt ihm eine (dem Lehrer meist nicht bewußte) Vorstellung des Lernens als eine Art des Einsammelns zugrunde, des Verstehens als eines kollektiven Nachvollziehens kleiner Einzelschritte, und des Lehrens als eine Zubereitung und Darbietung geeigneter Portionen.«

Was nun die Inhalte angeht, so wird angestrebt eine Zusammenfassung aller für wichtig gehaltenen bisherigen Systeme, Methoden und Ansätze der Graphologie. Sie sollen in ein größeres System integriert werden.

Die hier zusammengefaßten graphologischen Konzepte sind allerdings sehr verschieden in bezug auf methodische Strenge, Denksauberkeit, Lebensnähe und Originalität.

Der Versuch einer Integration wird dennoch gemacht. So gibt es bei Müller-Enskat den Begriff Eigenart, der bei ihnen eine führende Rolle spielt als Ganzheitsmerkmal oder übergreifender Befund. Es ist damit aber nur Abweichung von der Schulvorlage gemeint, ein Begriff, der die allerverschiedensten Tatbestände deckt, also nicht eine bestimmte ganzheitliche Kategorie der Handschrift meinen kann. Eigenart in diesem Sinne ist sicher kein Ganzheitsmerkmal. Aber dieser Einwand ist von geringerer Bedeutung gegenüber der Tatsache, daß Müller-Enskat ausdrücklich behaupten, dieser Begriff von Eigenart stamme nicht von ihnen, sondern von Klages, und sie hätten ihn nur erklärt.

Nun ist es völlig legitim, Eigenart so zu definieren, wie man will. Man darf nur nicht sagen, man habe hiermit ein Bestandstück der Lehre von Klages, und zwar ein äußerst wichtiges, in ein eigenes System eingebaut.

Dem liegt der unglückliche Gedanke zugrunde, es müsse der Zentralbegriff des Klages'schen Systems, nämlich des Formniveau, welches er auch Eigenartsgrad, Rhythmus, Lebendigkeit, Ursprünglichkeit und anders nennt, zum Behufe besserer Handhabung »zerschlagen« werden. Klages hat nun immer wieder gesagt, daß Formniveau und Eigenart gleichbedeutend seien, und zwar ein Wertbegriff, den er auch »Wertstufe der Erscheinung« nennt. Er bedeutet nichts weiter als Lebendigkeit, aber auch nichts anderes als Rhythmus oder Ursprünglichkeit. Damit wird ein durchaus als bedeutend erlebbarer Tatbestand mehr umschrieben als definiert. Insofern gibt es auch für Klages keine psychologische Interpretation dieser Begriffe. Diese wird nun von Müller-Enskat versucht.

Beispielsweise wird der Begriff Eigenart aus der Gesellschaft von Formniveau, Rhythmus und Ursprünglichkeit, mit denen er gleichbedeutend ist, herausgelöst und es werden ihm eine Reihe von Bedeutungen zugeschrieben wie hohe Individualität, Originalität, Eigenbrötelei, Abseitigkeit, Ablehnung jeder sozialen Einstellung, Starallüren, Exzentrik, Einfachheit, Unselbständigkeit, Gesichtslosigkeit, Banalität, Infantilität, also ein Sammelsurium nicht miteinander zusammenhängender Begriffe.

Man kann aber bei Klages nachlesen, was er dazu sagen würde, und er scheint auch schon 1925 geahnt zu haben, was für Verwechslungen geschehen könnten.

Es erschien damals ein »Lehrbuch der Graphologie« von Gerstner, in welchem drei Eigenartsgrade nach Gerstner, nach Klages und sechs nach der französischen Graphologie als sinngemäß gegenübergestellt werden. Er nennt das bei dem Verfasser eines graphologischen Lehrbuchs ein starkes Stück, und um »schauerlichen Panschungen« einfach einmal vorzubeugen, zählt er noch einmal die Züge des zu beschreibenden Sachverhalts auf, den man durchdacht haben müsse, bevor man glauben darf, man wisse, wovon man redet. Zitiert sei davon nur der dritte Absatz.

»Die anschauliche Qualität »Formniveau« läßt sich, wie schon gesagt, als *lebendige Eigenart* kennzeichnen. Warum und inwiefern, kann hier nicht dargelegt werden. Nur was Eigenart oder Urwüchsigkeit jedenfalls *nicht* sei, werde kurz repetiert. Sie ist erstens nicht unterscheidende *Besonderheit.* Eine scheußliche Grimasse übertrifft an Besonderheit womöglich den Kopf der Meduse, nicht so an Lebensfülle; und hinwieder: von zwei Grimassen kann die eine erschütternd lebensvoll sein (man denke an manche Karikaturen Leonardos!), die andere albern und leer. – Sie ist zweitens nicht *Wohlgefälligkeit* (mit oder ohne »Ästhetik«)! Ansprechende Glätte, »Harmonie«, gewinnende Kurvigkeit kommt bald mit Lebensleerheit verbunden vor, bald auch mit Lebensfülle.« (ebda. 8, S. 255 f.)

Die Sachlage ist damit ganz eindeutig. Müller-Enskat verstehen unter dem Begriff Eigenart erstens etwas völlig anderes als Klages, und zweitens sind sie der Ansicht, sie hätten damit Klages erklärt und verbessert. Namensgleichheit allein ist aber kein integrierender Faktor, wenn die Inhalte verschieden sind. Es handelt sich also um eine »schauerliche Panschung«.

Genau dasselbe passiert bei Müller-Enskat mit dem Rhythmusbegriff, der bei Klages dasselbe bedeutet wie Formniveau, Eigenart oder anderes. Müller-Enskat versuchen diesmal eine Fusion mit dem Rhythmusbegriff der Bewegungsphysiologie, wie er von Pophal eingeführt worden ist. Sie sind also der Ansicht, man könne ihn bewegungsphysiologisch erklären, und zwar sehen sie in den rhythmischen Hin- und Herbewegungen eine Art Modell für die Klages'sche Rhythmusdefinition. Sie sind der Ansicht, sie hätten damit einen Kernsachverhalt gefunden, der sowohl der Graphologie von Klages als auch der Bewegungsphysiologie von Pophal zugrunde liege.

Diese Gleichsetzung ist um so weniger verständlich, als Klages schon 1942 in einer ausführlichen Auseinandersetzung mit den bewegungsphysiologischen Erörterungen von Pophal aufs strengste seinen Rhythmusbegriff von dem der Bewegungsphysiologie getrennt hat. Eine Verwechslung seines werthaltigen Rhythmusbegriffes mit dem wertfreien der Bewegungsphysiologie sollte seitdem eigentlich nicht mehr möglich sein. (ebda. 8, S. 479)

Die Unzulässigkeit des Verfahrens wird am besten durch ein extremes Beispiel unterstrichen. Bei Klages kommt als gleichbedeutend mit Begriffen wie Formniveau, Rhythmus oder Eigenart auch einmal das Wort »Wertaroma der Erscheinung« vor. Die materielle Grundlage davon müßte nach der Methode von Müller-Enskat demgemäß ein Stoff sein, den man an der Schrift riechen könnte. Aber wenn es einen solchen Geruch der Schrift gäbe, dann hätte er ebensowenig mit dem Wertaroma zu tun wie die elastische Hin- und Herbewegung der Bewegungsphysiologie mit dem Rhythmus von Klages.

Nach der Ermittlung und Registrierung der Schriftmerkmale kommen Müller-Enskat zum Kapitel der allgemeinen Bedeutungsableitungen. Das zentrale Thema ist dort die Frage, wie man von Schriftmerkmalen zu Deutungen kommen kann. Die Autoren benutzen dazu, wie in der Graphologie allgemein üblich, Analogieschlüsse.

Solche Analogieschlüsse in der Graphologie sind zum Teil allgemein bekannt, und sie haben deswegen ein so großes Gewicht erhalten, weil sie sehr plausibel sind. Daß die gerade Linie Willenskraft bedeutet, die Kurve Weichheit, die Steillage Vernunft, die Schräglage Gefühl, der Druck Triebhaftigkeit, die Größe Geltungsbedürfnis – das alles leuchtet sehr ein und überzeugt.

Das Denken in Analogien kann aber auch ausschweifende Formen annehmen:

»Um nur einige dieser Analogien zu nennen: links und rechts in der Schrift entsprechen Polaritäten wie Mutter und Vater, Vergangenheit und Gegenwart; der Ort, an dem sich die schreibende Feder jeweils befindet, ist ein Punkt, der das Ich symbolisiert, von welchem aus gesehen links die Vergangenheit, rechts die Zukunft liegt, rechts vor allem das Ziel der Wünsche. Oben und unten symbolisiert Himmel und Hölle, Geist und Trieb, Wunsch und Wirklichkeit. Die Schreibfläche selbst stellt die Lebensbühne dar, auf der man erscheint, oder die Materie, mit der man sich auseinandersetzen muß, oder den Boden, auf dem man Fuß faßt. Dieser Boden, auf dem man steht, wird aber auch durch die Zeile verkörpert, auf der die Buchstaben stehen, so daß auch die Zeile so etwas wie eine Basis bedeuten soll. In der hebräischen Schrift übrigens ist die vorgeschriebene Zeile keinc Basis, sondern sie stellt den Himmel dar, an welchem die Buchstaben aufgehängt werden. Eine französische Professorin der Physik (Dubouchet, 1960) hat sogar Analogien zwischen physikalischen Momenten wie Masse und Gewicht mit graphischen Tatbeständen gezogen. Man findet auch ins Physiologische gehende Analogien wie etwa die zwischen Tintenfluß und Fluß der Körpersäfte, insbesondere des Blutes. Auch Analogien zu bestimmten Formen der Darmtätigkeit wurden schon gezogen.« (Knobloch, 1971)

Man sieht, daß hier phantasievollen Spekulationen kein Zwang angetan worden ist.

Die auf Analogieschlüssen beruhenden Deutungen sind in der Tat die allerunsichersten in der Graphologie. Sie sind oft ganz plausibel, aber was plausibel ist, braucht nicht gültig zu sein.

Müller-Enskat nun haben das Problem zunächst vereinfacht dadurch, daß sie ganz allgemein unterscheiden Analogien der Bewegung, der Form, des Raumes und der Zeit. Das sieht ganz einfach aus, scheint elegant verschiedene Ansätze zusammenzufassen. In Wirklichkeit enthält dieses Stück ihres Systems einen schwerwiegenden Fehler. Man kann nicht von Bewegungsanalogien sprechen etwa derart, daß nach dem Analogiedenken die motorische Kraft analog der seelischen sei. Auf die Bewegung nämlich ist dieses Analogieprinzip nicht anwendbar. Schon Carl Gross (1942) hat gezeigt, daß Merkmale, die sich auf die Ablaufsweise einer Bewegung beziehen, nicht, wie Klages es tut, nach Analogie von Zweckhandlungen gedeutet werden können. »Hier besteht kein *Sinn*zusammenhang, sondern eine *unmittelbare Entsprechung von innerer (vitaler) und äußerer (graphischer) Ablaufsweise.*« Anders gesagt, es handelt sich hier nicht um Analogie, sondern um Homologie. Das ist eine Unterscheidung von größter Tragweite für das Verständnis dessen, was Handschrift eigentlich ist. Müller-Enskat haben zwar Carl Gross und seine Dreiteilung der Merkmale nach Bewegung, Form und Raum ausführlich zitiert, aber die entscheidende, von ihm selbst gesperrt hervorgehobene Stelle nicht verstanden. Wenn man eine Arkade als Symbol für Verschlossenheit deutet, so ist das ein vertretbarer Analogieschluß. Aber vitale Kraft ist nicht etwa ein Symbol für etwas anderes, sondern steht nur für sich selbst.

Es gibt also nicht nur das Herleitungsprinzip der Analogie, sondern das viel wichtigere der Homologie. Analogien sind mehr oder weniger beliebig, lassen einem wilden Spekulieren Tür und Tor offen, während homologe Sachverhalte wie etwa vitale Spannkraft oder Antriebsschwäche völlig eindeutig sind, so daß man bei ihnen auf festem Boden steht.

Die hier zutage tretende Unfähigkeit, den eigentlichen Kern der Dreiteilung von Gross zu sehen, die Sonderstellung der Bewegung, trägt dann auch zu Deutungsableitungen bei, die nicht legitim sind, weil Analogisches mit Homologem verwechselt wird. Anders gesagt, der Druck als Bestandteil einer vitalen Bewegung bedeutet für sich gesehen nichts, sondern nur aus dem Gesamt dieser Bewegung ergeben sich Folgerungen wie Spannkraft, Belastbarkeit, Schwung, Dranghaftigkeit, Funktionslust und andere. Für Müller-Enskat wie überhaupt die meisten Graphologen sind aber die Merkmale der Bewegung einzeln gesehen Sinnträger, und man kann ihnen viele Bedeutungen zuschreiben, die ihnen nicht zukommen, wohl aber dann die Merkmalstabellen in ungebührlicher Weise aufblähen. Wenn das Einzelmerkmal Druck einen Sinn haben soll, so kann es den nur bekommen außerhalb der vitalen Bewegung, etwa in der Bedeutung von bewußter Dramatisierung, Unterstreichung, Hervorhebung.

Müller-Enskat sind also hier wieder dem schon früher zu beobachtenden Formalismus zum Opfer gefallen, der Unvereinbares auf einen Nenner zu bringen sucht.

Nach Beispielen aus dem Bereich der Registrierung der Merkmale und dem der Deutungsherleitungen noch einiges zu dem der speziellen Bedeutungsfindung. Hierfür wird ein Vorarbeitenblatt vorgeführt, in das sämtliche registrierten Merkmale aufgenommen werden sollen, dabei die Einzelmerkmale in eine Merkmalskurve. Nun wissen wir, daß die Graphologie entstanden ist ohne jede methodische Vorarbeit, ohne Merkmalsbeschreibung, sondern durch die unmittelbare Provokation empfänglicher Naturen durch Schriften. Dieses Angebot nun wird hier zunächst streng abgelehnt, es darf keine Deutung erfolgen, weil sie den Deutungsgang nur stören könnte. Der Deutungsgang geht von der Registrierung zu den Tabellen mit den Deutungen selbst, von Punkt zu Punkt und von Tabelle zu Tabelle. Jede Einmischung von spontanen Deutungen wird zurückgewiesen. Man gewinnt den Eindruck, daß man bei einer vollständigen Registrierung der Schriftmerkmale und deren Koppelung mit den Deutungstabellen die Schrift eigentlich nicht mehr braucht. Bezeichnend ist in diesem Zusammenhang auch eine Wendung wie die, daß im Falle von besonderen Schwierigkeiten bei der Kombination von Merkmalsbedeutungen die Kurve einfach der Reihenfolge nach »herunterzudeuten« wäre. Für die Notierung von spontanen Beobachtungen, von freien Einfällen ist in dieser Merkmalsregistrierung kein Platz vorgesehen. Es besteht sozusagen ein Berührungsverbot gegenüber der Schrift, bevor man sich nicht das Gesamtsystem einverleibt hat. Der Primat der exakten Registrierung wird auch dadurch unterstrichen, daß Müller-Enskat zwar gelegentlich von Ganzheit sprechen, aber darunter keineswegs die Schrift selbst verstehen, sondern »die gesamte Schriftbeschreibung«. (ebda. S. 139) Hierbei handelt es sich aber nicht um eine Ganzheit, sondern um ihr Gegenteil, um eine beliebig zu vergrößernde oder zu verkleinernde Summe ihrer Einzelbeobachtungen. Eine Ganzheit ist aber immer etwas anderes als die Summe ihrer Teile.

Die weite Distanz zum Gegenstand, seine nur formalistische Erfassung wird auch dadurch belegt, daß Müller-Enskat zwar von Klages die Unterscheidung von physiognomischen Daten, die sie gerne Eindruckscharaktere nennen, und gegenständlichen Merkmalen übernehmen, aber das Wesentliche daran nicht sehen, daß diese nämlich beide einen verschiedenen Erfassungsmodus haben. Es scheint ihnen unbekannt oder sie setzen sich einfach nicht damit auseinander, daß Klages, im Gegensatz zum Erfassen von Merkmalen, bei der Aufnahme von physiognomischen Daten eine grundsätzliche Haltungsänderung fordert. Wir haben ihn damit schon im ersten Kapitel dieses Buches referiert, bringen aber jetzt das ganze Zitat. Die Sperrungen sind von Klages.

»Er muß beim Betrachten des Gebildes, dessen Charakter er kennenlernen möchte, *zunächt* einmal seinen Verstand zum Schweigen bringen, muß nichts beobachten *wollen*, muß sich dem Eindruck möglichst passiv anheimgeben, muß – indem er am besten die Augen schließt – sich besinnen, was er dank solcher Aufnahmebereitschaft *erlebt* hat, und muß endlich versuchen, das Erlebte in bezug auf den Erlebnisanlaß in Worte zu fassen.« (ebda. 8, S. 416)

Die Methode von Müller-Enskat kennt eine solche Haltungsänderung nicht. Sie sind sogar ausdrücklich dagegen, sich »auf ein mehr oder weniger diffuses Erleben« oder auf eine »Begegnung mit der Schrift« einzustellen. (ebda. S. 76) Eine unmittelbare Beziehung zum Gegenstand, wie sie Norbert Bischof oder Konrad Lorenz für die Biologie schildern, Martin Wagenschein für Mathematik und Physik, eine Haltung der »gleichschwebenden Aufmerksamkeit« von Freud, der dieser gegenüber alle Hilfsmittel, also auch das Aufschreiben und vor allem das absichtliche Aufmerken ablehnt, gibt es für sie nicht. Statt anzunehmen, was ihnen die Schrift durch ihre physiognomischen Qualitäten anbietet, fragen sie diese mit einer Liste ab, um festzustellen, ob sie »passen«, was sie demgemäß zu Instrumenten macht.

Begreiflich wird das freilich, wenn Müller in schätzenswerter Aufrichtigkeit im Vorwort eines früheren Buches (1941) schreibt, daß es ihm »offengestanden« immer sehr schwer gefallen ist, Schriften zu deuten. Es ist dies wohl die eigentliche Ursache seines jahrzehntelangen Experimentierens mit immer anderen Methoden.

Insgesamt sind die Charakteristika dieses Unternehmens die Einstellung auf totales Belehren, auf Stoffülle vor Gegenstandsnähe, dann die Unkenntnis der Dignität der physiognomischen Qualitäten, Formalismus bei der Ausdehnung des Analogieprinzips auf die Bewegung, der Glaube, Gleichnamigkeit der Begriffe bedeute auch inhaltliche Verwandtschaft, Fehlen einer unmittelbaren Beziehung zur Schrift ohne Vermittlung von Abstraktionen, in welcher die Sache selbst zu Worte kommen kann.

Martin Wagenschein hat gesagt, was ein solches Verfahren wert ist: »Ein solcher systematischer Lehrgang verführt zur Vollständigkeit (denn er will bereitstellen) ... So baut er einen imposanten Schotterhaufen. Gerade, indem er sich an die Systematik klammert, begräbt er sie und verstopft den Durchblick. Er verwechselt Systematik des Stoffes mit Systematik des Denkens.« (Wagenschein, ebda. S. 9)

Er fügt an anderer Stelle hinzu, daß mit einem solchen Schrittchen-Verfahren die Lernlust enttäuscht, von den Vorrats-Stoffmengen erstickt werde.

Natürliche Ordnung

In der Wissenschaft von Fauna und Flora gibt es das Problem der richtigen Ordnung der vorgefundenen organischen Gestalten, der Taxonomie. Die klassische Taxonomie ist heute allerdings zurückgedrängt durch die Erforschung des genetischen Codes, aber auch diese spielt sich innerhalb des existierenden morphologischen Systems ab. Der bedeutende Physiko-Chemiker Michael Polanyi (1958) bringt das Beispiel des Biologen Josef Hooker, der im Jahre 1859 mehr als 8 000 Arten von australischen Pflanzen zusammengebracht und veröffentlicht hat. Mehr als 7 000 davon hat er selbst gesammelt, gesehen und katalogisiert. Die von ihm gefundenen Verwandtschaften haben sich in der größten Zahl der Fälle durch spätere Beobachtungen von Botanikern als gültig erwiesen. Man sagte von ihm, nur wenige, wenn überhaupt jemand kannte oder wird jemals Pflanzen so genau kennen wie er. Er kannte seine Pflanzen persönlich. Polanyi zieht daher das Fazit, daß, wenn man Ordnung in die Vielzahl der Tiere und Pflanzen auf der Erde bringen will, sie vor allem erst einmal ansehen muß. Taxonomie ist nichts anderes als Kennerschaft.

Handschriften sind daher nicht durch Anhäufung von Abstraktionen in eine natürliche Ordnung zu bringen, sondern einzig und allein dadurch, daß man sich sehr lange mit ihnen beschäftigt, und zwar mit ihnen selbst, nicht mit noch so gründlich erarbeiteten sogenannten Merkmalsprotokollen. Man soll sie nicht mit Hilfe eines angelegten Schemas zergliedern, sondern unangetastet als Gestalten betrachten.

Einer natürlichen Ordnung kann man daher nur näherkommen, wenn man sich an einer Psychologie orientiert, die eine Theorie von Gesamtbild hat, von deren Teilen und ihren Beziehungen zueinander. Eine solche gibt es nur in der Gestaltpsychologie oder auch Gestalttheorie, welche Gestalt oder Ganzheit definiert als etwas, das, wie man früher sagte, mehr ist als die Summe seiner Teile, oder wie man heute sagt, etwas anderes als diese Summe. Im Gegensatz dazu steht die bloße Addition von Teilen, die bloße Und-Summe oder die wirre Anhäufung.

Das zweite Gestaltkriterium ist das der Transponierbarkeit. Wir erkennen eine Melodie wieder in der Darbietung eines großen Orchesters, eines Chors oder auf der Blockflöte geblasen. Dabei hat sich vieles geändert, doch nicht die Rolle der einzelnen Teile im Ganzen. Jeder Teil hat da seinen Platz in einem bestimmten Gefüge. Erst wenn dieser Platz geändert wird, wird die Wiedererkennbarkeit gestört.

Das hochkomplexe Gebilde einer individuellen Handschrift ist nun sicher etwas ganz anderes als eine Summe von gleichartigen Teilen. Sie erfüllt damit das erste Gestaltkriterium. Und was die Transponierbarkeit angeht, so erkennen wir einen Schreiber wieder nicht nur an seiner Laufschrift, sondern auch an seiner Druckschrift.

Wesenseigenschaften

Wolfgang Metzger sagt in seinem Standardwerk der Gestaltpsychologie, der zuerst 1940 erschienenen »Psychologie«, daß die Gestaltpsychologie zum ersten Mal ein Verständnis dafür ermögliche, inwiefern unter anderem eben auch die Handschrift unmittelbar anschaulich erlebt werden könne und nicht jedesmal erst durch wissenschaftliche Analyse erschlossen zu werden brauche. Seine folgenden Ausführungen über die Eigenschaften von Gestalten machen das deutlich.

Er unterscheidet drei Arten von Gestalteigenschaften, von denen er als wichtigste Gruppe die Wesenseigenschaften bezeichnet, die auf alles überhaupt Antreffbare angewendet werden können. Und da er nun unter diese auch alle physiognomischen oder Ausdruckseigenschaften einordnet, wobei er als Beispiele aufführt feierlich, freundlich, stolz, finster, friedlich, wuchtig, zierlich und andere, ergibt sich hier auch eine Beziehung zur graphologischen Deutungslehre, in der physiognomischen Qualitäten oder Erscheinungscharaktere, wie Klages sie genannt hat, eine bedeutende Rolle spielen. Was Metzger weiter über Wesenseigenschaften sagt, kann das Verständnis des graphischen Tatbestandes wesentlich bereichern.

Wesenseigenschaften besäßen über allen sonstigen Eigenschaften von Dingen den unbestrittenen Vorrang. In der Entwicklungsgeschichte des Menschen spielten Wesenseigenschaften viel früher eine Rolle als einfache Sinnesqualitäten. Ferner seien die Wesenseigenschaften dasjenige an dem anschaulich Gegebenen, das allein fähig sei, auf uns Eindruck zu *machen*, unser eigenes Wesen unmittelbar zu berühren. Auch gebe es außerordentliche Verschiedenheiten in der Empfänglichkeit der Wesenseigenschaften. Manche seien dafür so gut wie blind, hielten sie für Hirngespinste, während sie für andere eindringlichste Wirklichkeit seien. Man könnte daher nur darauf hinweisen, niemanden aber zu ihrer Anerkennung zwingen.

In diesen Äußerungen wird klar, daß die Graphologie durch den Eindruck entstanden ist, den Wesenseigenschaften der Schrift auf Betrachter gemacht und diese dadurch zu Deutungen provoziert haben.

Individuell verschiedene Empfänglichkeit für Wesenseigenschaften macht ferner verständlicher, warum es Betrachter gibt, für welche Handschriften ein Chaos von Linien und Formen darstellen, ebenso verwirrend wie nichtssagend, während andere bis zur Erschütterung gerührt werden etwa von dem hohen Rang einer Handschrift, der sich ihnen unmittelbar mitteilt.

Über die unterschiedliche Begabung zur Gestaltwahrnehmung finden sich auch bei Konrad Lorenz in seinen Abhandlungen »Über tierisches und menschliches Verhalten« Parallelen. Er sagt darin, daß zur Gestaltwahrnehmung besonders begabte Menschen dazu neigen, jene zu verachten, die nicht zu sehen vermögen, was sie selbst ganz selbstverständlich wahrnehmen. Rational eingestellte Naturen hingegen, die nach Lorenz selten gleichzeitig hervorragende Fähigkeiten zur Wahrnehmung komplexer Gestalten besäßen, hielten die in dieser Hinsicht Begabten für kritiklose Schwätzer.

Struktureigenschaften

Eine zweite Art von Gestalteigenschaften sind nach Metzger die der Struktur oder des Gefüges. Zu jedem Wesen, sofern es sich überhaupt in Gefügen äußert, gebe es ein ganz bestimmtes Gefüge, in dem es sich am reinsten und zwingendsten verwirkliche. Als solche Strukturen nennt er die der Anordnung oder des Aufbaues, der Raumform oder der Figuralstruktur, des Rhythmus oder der Verlaufsstruktur bei Bewegungen. Unschwer wird man hier wiederum Merkmale erkennen, die auch in der Handschrift seit alters her beschrieben werden.

Es ist nun vor einem Irrtum zu warnen. In seinem Anfangszitat spricht Klages davon, dąß überwiegende Eckenbindung im achten Falle gar nichts bedeuten könne. Und einen solchen Fall der Bedeutungslosigkeit von Merkmalen im graphologischen Sinne haben wir hier. Wenn wir die Struktur einer sehr unruhigen Bewegung beschreiben wollen, so kommen darin häufig Ecken oder Winkel vor. Diese aber bedeuten dann nichts, sondern sind lediglich physikalischer Natur, ebenso wie die anderen Merkmale, etwa Geschwindigkeit, Druck oder Weite, die diese Struktur bilden. Die meisten Merkmalsgruppen aber, die in der graphologischen Literatur zusammengestellt werden, sind keine Strukturen, keine Gestalteigenschaften, sondern sind psychologisch gemeinte Kombinationen der Bedeutungen von Einzelmerkmalen.

Eine Analyse der Handschrift nach den sie bildenden Strukturen wird vorläufig immer mit dem Vorurteil zu kämpfen haben, daß es keine Merkmale ohne Bedeutung geben könne.

Wie sehr die einzelnen Teile einer Struktur für sich gesehen bedeutungslos sind, läßt sich daran zeigen, daß ein einzelnes Merkmal je nach der Struktur, in der es steht, sich verändert. Ein Einzelton, der im Zusammenhang einer anderen Tonart wiederholt wird, wird, wie Metzger sagt, von der Mehrzahl musikalischer Menschen im Verlauf weniger Sekunden nicht wiedererkannt, sondern klingt völlig anders, ist ein anderer Ton. Die Musiklehre hat daraus die Konsequenz gezogen, diesen Unterschied durch besondere Namen je nach Tonart zu berücksichtigen. Ein und derselbe Tastenanschlag auf dem Klavier kann daher mit eis und f notiert werden.

So wie ein und derselbe Anschlag sich je nach gestalthaftem Zusammenhang verschieden anhört, ist es auch mit dem graphischen Bild. Ein und dasselbe Merkmal sieht je nach seinem physikalischen oder seinem bedeutungstragenden Charakter anders aus. Nur bleibt leider im Gegensatz zur Musiklehre der Name in der Graphologie derselbe.

Stoffliche Eigenschaften

Metzger unterscheidet noch eine dritte Ganzqualität, unter die alle stofflichen Eigenschaften fallen, das »Material«, etwa durchsichtig, leuchtend, rauh, glatt, glänzend, die bei der Beschreibung der Strichbeschaffenheit gelegentlich eine Rolle spielen können.

Anmutungsweisen

Im graphologischen Sprachgebrauch werden physiognomische Qualität bzw. Wesenseigenschaft gleichsinnig verwendet mit Anmutungsweise. Jedoch hebt Metzger Anmutungsweisen logisch von den eigentlichen Wesenseigenschaften scharf ab, wenngleich auch im Einzelfall über die Zuordnung Zweifel bestehen könnten. Es handelt sich um Eigenschaften wie anziehend, abstoßend, gefällig, bedrückend, widerwärtig, langweilig, interessant, beängstigend usw. Sie seien unmittelbarer Ausfluß ihres Wesens in seinem Verhältnis zum Wesen des angesprochenen Subjekts. Diese Unterscheidung empfiehlt sich auch für die Graphologie aus besonderem Grunde. Jedem Betrachter von Handschrift ist bekannt, daß es immer wieder welche gibt, zu denen er keinen Zugang findet, obwohl sie zu ihm zu sprechen scheinen. Eine Reaktion ist aber fast immer gegeben, die nach sympathisch und unsympathisch. Dieses spontane Gefühlsurteil besagt zwar wenig über den Gegenstand, wohl über das Verhältnis des Betrachters zu ihm und damit etwas über dessen Person selbst. Da kann sich jeder fragen, warum gerade er etwas unsympathisch findet, obwohl andere mit ebensolchem Recht etwas anziehend und erfreulich finden können. Da könnte man bei sich Vorurteile erkennen, übertriebene Empfindlichkeiten oder ein sonstwie begründetes schiefes Urteil.

Prägnanz

Eine besonders bedeutsame Eigenschaft von Gestalten ist ihre Prägnanz. Es können damit gemeint sein die Klarheit, Schärfe, Übersichtlichkeit, Einfachheit, Integrität, Vollständigkeit, Richtigkeit, Gestörtheit, Mangelhaftigkeit, Geschädigtheit, Lükkenhaftigkeit, Gefälschtheit. Man könnte demgemäß wohl auch von Pseudogestalt sprechen. Es gibt bei Gestalten auch ein zwiespältiges Schwanken zwischen verschiedenen Prägnanzbereichen, oder Zwischencharaktere, die indifferent oder verschwommen anmuten, nichtssagend oder gesichtslos, weder Fisch noch Fleisch sind. Es können aber auch gemeint sein die Inhaltsschwere, die Sinnerfülltheit, Sinnträchtigkeit, Ausdrucksgeladenheit, Bedeutungstiefe, Gefügefülle, Schwere, Dichte, spezifisches Gewicht, Wirklichkeit, innere Wahrheit. Albert Wellek hat in einer Arbeit über »Das Prägnanzproblem der Gestaltpsychologie und das ›Exemplarische‹ in der Pädagogik« die Ausgeprägtheit der Gestalt im Sinne der Einfachheit, Klarheit oder Schärfe als Gestaltgüte unterschieden von der Gestalttiefe, die das sei, was die Gestalt wesentlich mache. Durch ihren »Tiefgang« sei die Gestalt verwoben in Sinnordnungen oder physiognomische Bedeutsamkeiten in oft unüberschaubarer Fülle.

Gestalttiefe entspricht damit weitgehend dem, was Klages mit dem etwas unglücklichen und meistens unverstandenen Begriff des Formniveaus gemeint hat. Wie schon früher ausgeführt, versteht er darunter eine Wertstufe jeder Erscheinung, für die er Namen vorschlägt wie Eigenartsgrad, Ursprünglichkeitsgrad, Stärke des Rhythmus, die alle Fälle besagen. Er stellt es jedem frei, noch unbekannte hinzuzuerfinden, die dann wieder dasselbe meinen würden. (ebda. 8, S. 509)

Im Sinne seiner Lebensphilosophie meint er damit den mehr oder weniger großen Gehalt an Leben, über den der Mensch verfügt. Da sich nicht jeder etwas darunter vorstellen kann, bringen wir ein erhellendes Beispiel aus der Gestalttheorie. Metzger (ebda. S. 69) hat gesagt, daß »zweifellos rein strukturgebundene Wesenseigenschaften im äußersten Fall die Erscheinungsweise einer Beschaffenheit, einer »Färbung« annehmen, die das fragliche Ganze bis in jeden kleinsten Teil hinein durchtränkt; beispielsweise wenn in manchem Beethoven'schen Andante jeder einzelne Ton so klingt, als sei er erst von Beethoven erfunden worden.«

»daß jeder einzelne Ton so klingt, als sei er erst von Beethoven erfunden worden«,: es gibt kaum ein schöneres Beispiel für das, was Klages mit Ursprünglichkeit gemeint hat, Eigenart oder Formniveau. Was kann daran noch »aufzuspalten« oder »auseinanderzufalten« sein?

Eine gewisse Schwierigkeit bei der Benennung von Gestalteigenschaften besteht darin, daß die Sprache uns nicht genügend Begriffe liefert, um jeweils für Wesenseigenschaften, Gefügeeigenschaften und Anmutungsweisen spezifische Benennungen möglich zu machen. Es kann daher durchaus sein, daß ein- und derselbe Begriff in allen drei Kategorien auftaucht. Erst der Zusammenhang kann dann auf den jeweils gemeinten Geltungsbereich hinweisen.

Gestaltunabhängige Einzelmerkmale

Die Gestalttheorie kennt den Begriff des Isolats (Rausch, 1966), entstanden durch gedankliche Isolierung der Teile eines Ganzen, wobei dann eine Gestaltqualität verschwindet. Die isolierten Teile besitzen nach Rausch Einzelgegenständlichkeiten, die ihnen jeweils eigentümliche Erscheinungsweisen haben.

In der Biologie gibt es nach Konrad Lorenz auch ein solches Isolat, nämlich den »relativ ganzheitsunabhängigen Baustein«. Ihm gegenüber sei die Methode der isolierenden Betrachtung erlaubt. Aber, die Forschung müsse jederzeit bereit sein, zu der sonst obligaten ganzheitsgerechten Methode der Analyse in breiter Front zurückzukehren.

Diese »Analyse in breiter Front« haben wir bisher ausschließlich praktiziert. Es gibt aber in der Handschrift auch die Möglichkeit, Einzelmerkmale in isolierender Betrachtung zu sehen und ihnen Deutungen zuzuschreiben. Diese gedankliche Operation stellt sich dar in der Unterscheidung von hochstufig abstrakten Allgemeinmerkmalen, die in jeder Handschrift vorkommen, also keinen individuellen Charakter haben, wie Bindungsformen, Längenunterschiedlichkeit, Zeilenverlauf und dergleichen. Wegen der Allgemeinheit dieser Begriffe können auch ihre Bedeutungen nur allgemein sein, und darum ist die Anzahl von Charakterzügen und Verhaltensweisen, die mit ihnen sei es durch Erfahrungen oder durch Deutungsherleitungen aus dem Analogieprinzip abgeleitet werden, sehr groß. Damit stellt sich die Frage, welche Deutung im individuellen Einzelfall von all diesen vielen die zutreffende ist. Klages hat daher ein Verfahren der Bedeutungseinschränkung entwickelt, welches er Dominantenlehre nennt. Dieses hat aber verschiedene Mängel, auf die ich (1971) hingewiesen habe, und bringt niemals letzte Sicherheit in der Zuordnung. Es wäre weitgehend überflüssig, wenn in den Merkmalstabellen nur diejenigen Bedeutungen enthalten wären, die dem Merkmal aus eigenem Recht zukommen. Das wären dann immer nur wenige. Die meisten Deutungen aber werden durch gestalthafte Zusammenhänge möglich, durch Wesenseigenschaften, welche Deutungen unmittelbar mitteilen.
Die Deutung des Einzelmerkmals bleibt daher grundsätzlich mit großer Unsicherheit behaftet. Sie hat weder mit dem Wesen noch mit der Struktur der Handschrift etwas zu tun. Und da wir hier eine gestalthafte Analyse der Handschrift beabsichtigen, klammern wir seine Darstellung aus. Es mag manchen, der schon graphologische Literatur gelesen hat, hart ankommen, daß er hier nichts etwa über die Hunderte von möglichen Bedeutungen der Girlande erfährt, aber er mag sie anderswo nachlesen.

Die geringe Bedeutung von Einzelmerkmalen läßt sich an unserem Einleitungssatz von Klages wohl am besten zeigen. Faßt man einmal wegen ihrer ethischen Betonung Eigenschaften zusammen wie Gerechtigkeit, Gesinnungstreue und Lebensernst, die Klages an der überwiegenden Eckenbindung ablesen will, so sind diese in Wirklichkeit Wesenseigenschaften des Gesamtbildes, zu denen sich schwerlich ein bestimmtes Gefüge benennen läßt. Dementsprechend besteht auch bei ausschweifendstem Analogiedenken kein Grund, etwa dem Schreiber von Girlanden oder Arkaden Gesinnungstreue abzusprechen.

Was ferner beispielsweise Reizbarkeit angeht, so gibt es dafür wiederum ein bestimmtes Gefüge, in welchem Ecken vorkommen können, aber nicht unbedingt müssen. Die Deutung Reizbarkeit hängt jedenfalls nur an diesem Gefüge, nicht an irgendeinem Einzelteil dieses. Die Ecke hätte hier für sich gesehen keinerlei Bedeutung. In ähnlicher Weise lassen sich auch alle anderen von Klage genannten Eigenschaften gestalthaften Kategorien zuordnen, in denen zwar Eckenbindung vorkommen kann, aber keinesfalls muß.

In der graphologischen Literatur überwiegt bis heute die Einzelmerkmalsdeutung, die versucht, vom Teil zumGanzen zu kommen. Man findet da oft genug für Ganzheit eindrucksblinde Graphologen, die zwar auch von Ganzheit reden, aber in Wirklichkeit Begriffsspiele ohne Anschauungsgehalt betreiben. Dergleichen kann sich nun auf einem gewissen intellektuellen Niveau abspielen. Darunter aber kommt noch eine nicht geringe Zahl derjenigen, für welche die Handschrift so etwas wie ein Steinbaukasten ist, aus dem sich nach einem Schema allerlei Gebilde zusammensetzen lassen. Da hat jedes Schleifchen, jedes Häkchen, jede Spitze, jedes Dreieck eine eigene feste Bedeutung.

Gerade der unsicherste Deutungsbereich bietet die meiste Möglichkeit zur Entfaltung abstruser Systeme, privater Ideologien, angstvoller Detailkrämerei, zur Fixation auf einen Teilaspekt der Schrift. Fixierende Aufmerksamkeit überwiegt hier die freischwebende, wie sie Freud für die Beobachtung von subtilen Phänomenen fordert. Detailbesessenheit breitet sich aus auf Kosten eines souveränen Überblicks. Das hochdifferenzierte Phänomen Handschrift wird auf einige grob gegenstandsähnliche Formen reduziert.

System einer gestalttheoretischen Analyse der Handschrift

Geht man von den hier beschriebenen gestaltpsychologischen Voraussetzungen an eine Zergliederung handschriftlicher Gestalten, dann ergibt sich, als ein erster Entwurf gedacht, folgende Analyse des Tatbestandes.

Die individuelle Handschrift ist eine Gestalt, die aus zwei Teilgestalten besteht. Die eine ist das Motorium des Schreibers, welches den Schreibakt ermöglicht, die andere leitet sich her aus der Nachbildung der Schulvorlage. Antriebsgestalt wird so unterschieden von Formgestalt.

Das Motorium erzeugt zwei bedeutende Gestalteigenschaften, die voneinander unabhängig sind. Die eine kann man seine qualitative Seite nennen, gestalttheoretisch Gestalttiefe, erlebbar an einem Mehr oder Weniger an Reichhaltigkeit oder Lebendigkeit der Bewegung. Es handelt sich hier um Wesenseigenschaften, zu denen ein Gefüge nicht hinreichend aufgewiesen werden kann.

Die andere Gestalteigenschaft des Motoriums läßt sich als quantitative Seite bezeichnen, die wahrgenommen wird an der Intensität bzw. Expansion der Schreibbewegung. Hier nun können wir zu Wesenseigenschaften wie etwa Spannkraft oder Schwächlichkeit ein genau bestimmbares Gefüge in Gestalt der physikalsch aufzufassenden Einzelmerkmale Druck, Geschwindigkeit, Verbundenheit, Größe und Weite beschreiben.

Das Motorium läßt sich weiter zergliedern in Teilgestalten. Diese lassen sich mit Wesensmerkmalen beschreiben, aber auch mit ihren Strukturen aufweisen, wobei diese letzteren bestehen aus bestimmten, gegeneinander abhebbaren Varianten des Komplexes der Bewegungsmerkmale. Als Teilgestalten lassen sich unterscheiden Dranghaftigkeit, Funktionslust, Gestimmtheit und Affektivität, wobei für letzteren Bereich Klages bereits Antriebsgestalten von Freude und Zorn beschrieben hat.

Um das Motorium für die Herstellung einer Handschrift geeignet zu machen, muß es gesteuert werden. Dabei überlagern individuell verschiedene Steuerungsgestalten oder auch nur Summen von Steuerungsimpulsen verschiedener Art und Stärke den Ablauf der Bewegung. Sie lassen sich mit Wesensmerkmalen beschreiben wie auch mit den oben genannten Struktureigenschaften.

Die Steuerung, die sozusagen als Gelenk zwischen den beiden großen Teilgestalten der Handschrift fungiert, ermöglicht die individuelle Nachahmung der Schulvorlage. Diese selbst stellt zwar eine Summe von Gestalten dar, wie jedes Alphabet, doch haben diese so viele gemeinsame ganzheitliche Züge, daß wir vereinfachend von Formgestalt sprechen können.

Diese kann ganz allgemein charakterisiert werden nach dem Grad ihrer Prägnanz, wobei nun nicht Ausdrucksgeladenheit oder Bedeutungsfülle im Sinne der Gestalttiefe gemeint werden, sondern Gestaltgüte im Sinne von Klarheit, Übersichtlichkeit, Vollständigkeit, Richtigkeit oder auch Gestörtheit und Mangelhaftigkeit.

Überwiegt die Unterordnung unter die Forderung der Schulvorlage, dann wird das erkennbar an Gestaltmerkmalen der Präsentation, des Vorzeigens, wie etwa Ordentlichkeit, Formgenauigkeit, Sauberkeit, Gestochenheit, Präzision und gegenteilige wie Vernachlässigung, Verwahrlosung oder aber auch Eigenwilligkeit oder exzentrische Züge. Wer etwa an Ordentlichkeit das Beflissene oder an Sauberkeit das Sterile sieht, hat Wesenseigenschaften erfaßt, während es aber auch möglich ist, im Vergleich mit der jeweiligen Vorlage formale Strukturen aufzuzeigen.

Überwiegt der »persönliche Ausdruck«, dann kommt man zu Qualitäten der Repräsentation oder Selbstdarstellung wie Sicherheit, Gekonntheit, Glätte, Ungeschick oder Understatement. Den Wesenseigenschaften lassen sich hier oft auch bestimmte Gefügeeigenschaften zuordnen. So wäre Understatement mit einer ausschweifenden, üppigen Formgebung nicht vereinbar. Doch wäre nur durch Kleinheit und Vereinfachung das Wesen dieser Haltung nicht genügend erfaßt.

Der Bereich der Repräsentation ist das eigentliche Feld der Einzelmerkmale, die nicht physikalischer Art sind, sondern als Bedeutungsträger gesehen werden. Sie stehen in keinem gestalthaften Zusammenhang, können aber dafür Summen bilden. Hier ist also der Platz aller der Merkmale, auf denen traditionell die graphologische

Deutung beruht. Sie sind aber nicht das Fundament der Deutung, sondern ein Sonderbereich von geringerer Wichtigkeit als die gestalthaften Zusammenhänge, werden aber hier nicht näher besprochen.

Aus der Verbindung motorischer und formaler Züge der Handschrift entwickelt sich ein besonderes Gestaltmerkmal, das der Identität bzw. der Pseudoidentität oder Manier.

Literaturverzeichnis

Ehrenstein, Walter: Probleme des höheren Seelenlebens, 1965
Goldmeier, E.: Über Ähnlichkeit bei gesehenen Figuren, Psychol. Forsch. 21, 1937
Gross, Carl: Vitalität und Handschrift, 1942
von Hentig, Hartmut: Wie frei sind freie Schulen?, 1985
Klages, Ludwig: Die Wissenschaft am Scheidewege von Leben und Geist. Festschrift zum 60. Geburtstag, herausgegeben von Hans Prinzhorn, 1932.
Klages, Ludwig: Graphologie I, Band 7, 1968
Klages, Ludwig: Graphologie II, Band 8, 1971
Knobloch, Hans: Die Lebensgestalt der Handschrift, 1950
Knobloch, Hans: Deine Schrift dein Charakter, 1953
Knobloch, Hans: Graphologisches Archiv (Atlas), 1958
Knobloch, Hans: Graphologie, in: Lexikon der Pädagogik, 1970
Knobloch, Hans: »Manier in der Handschrift«, in »Vom dienenden Geist«, Beiträge zu Gegenwartsfragen der Psychologie und der Schriftpsychologie, Festschrift zum 65. Geburtstag von Herbert Hönel, Verlag Braumüller, Wien, 1981
Knobloch, Hans: Handbuch der Graphologie, Neue Modelle der Handschriften-Analyse, 1971
Knobloch, Hans: Die graphologische Bewegung, in: Die Psychologie des 20. Jahrhunderts, Band XIII, Kindler, Zürich
Lorenz, Konrad: Über tierisches und menschliches Verhalten, Band 2, 1965
Metzger, Wolfgang: Psychologie, 2. Auflage, 1954
Müller, Arno: Über Ähnlichkeit bei Handschriften, Bericht über den 22. Kongreß der Deutschen Gesellschaft für Psychologie, 1960
Müller, W. H. und Enskat, A.: Mensch und Handschrift, 1941
Müller, W. H. und Enskat, A.: Graphologische Diagnostik, 1961
Polanyi, M.: Personal knowledge. Towards a post-critical philosophy. 1958
Polanyi, M.: The tacit dimension. 1966
Polanyi, M.: Knowing and being. 1969
Rausch, Edwin: Das Eigenschaftsproblem in der Gestalttheorie der Wahrnehmung, Handbuch der Psychologie, 1. Band, Allgemeine Psychologie, 2. Auflage, Göttingen, 1974
Schröder, Hans Eggert: Ludwig Klages, Die Geschichte seines Lebens, Erster Teil, Die Jugend, 1966
Wagenschein, Martin: Verstehen lehren, 1968
Wagenschein, Martin: Naturphänomene sehen und verstehen, 1980
Wellek, Albert: in Psychologie in Selbstdarstellungen, 1972 (herausgegeben von Pongratz, L. J., Traxel, W., Wehner, E. G.)
Wellek, Albert: Ganzheitspsychologie und Ganzheitspädagogik als Wegbereiter für das »Exemplarische«, in Guss, Kurt (Hrsg) Gestalttheorie und Erziehung, 1975
Wiegand, Wilfried: »Dürer, der denkende Künstler«, FAZ 8.10.77 (Artikel über Erich Panofskys Werk »Das Leben und die Kunst Albrecht Dürers«)

Sachregister

Abdrosselung 171
Abenteuer 162, 178, 213
abenteuerlich 120, 219
abenteuerlustig 120
abgewürgt 156
Abhängigkeit, süchtige 73
Abkapselung, esoterische 225
Ablauf 64, 73, 86, 157, 240
– getriebener 44
– natürlicher 197
– stoßweiser 44
Ablenkungen 157
Abschalten 110, 155
Absicherung 110, 131, 157
absichtlich 217
absichtslose Präsenz 9
Abstimmung 124
– harmonische 136
abstoßend 236
Abstraktion 233
Abstraktionshöhe 227
absurd 38, 225
Absurdität 225
adrett 168
ähnlich 53
Ähnlichkeit 12, 13, 40, 53, 55, 57, 78, 109, 187
– maßgebende 200, 204
Ähnlichkeitsserie 94
Ängste 109, 140
ängstlich 11, 20, 40, 62, 91, 93, 97, 173, 186
Ängstlichkeit 11, 19
ästhetisch 195
ätherisch 211
Äußerliches 134
Äußerlichkeiten 46
Äußerungsweise 80
Affektentladung 176
affektiert 224
Affektivität 13, 23, 32, 69, 109, 137, 157, 158, 176, 240
Aggressionen 38
aggressiv 17, 44, 148, 165, 215, 219
Aggressivität 154
Aktionismus 78
aktiv 28, 221
Aktivität 15, 154
Akzente 224
albern 229
Alkohol 123, 217
Alkoholgenuß 123, 140
Alphabet 173, 240
Ambitionen 88, 132
Amplifikationen 188
Analogie 231
Analogiedenken 231
Analogieprinzip 231, 238
Analogieschlüsse 230
Analyse 227, 234
– gestalthafte 238
andeutend 184
Andeutungen 182
Anerkennung 150, 200
Anforderungen 170, 171
angemessen gesteuert 86
angenehm 80, 90, 91, 94, 95, 104, 115, 118, 143, 172, 186, 223
Angepaßtheit 174
Angeschlagenheit 60
angestrengt gemalt 95
Angriffslust 176
Angst 32, 39, 91, 109, 174
anhänglich 50, 168
Anhänglichkeit 172, 193
anklagend 91, 162
anklammern 168
anmutig 104
Anmutsqualitäten 12
Anmutungsweise 236, 237
Anpassung, 44, 109
anpassungsbereit, 102
Anpassungsbereitschaft 136
anpassungswillig 115
Anreger 190
Anregung 115
Anschauungsgehalt 239
Anschauungsnähe 190
Anspannung 62, 145, 219
ansprechbar 91, 135
Ansprechbarkeit 57, 80, 137, 211
Anspruch 110
– elitärer 213
Anspruchshaltung 48

anspruchslos 177
Anspruchslosigkeit 102
anspruchsvoll 219
Ansprüche 80, 94, 109, 115, 178
Anstrengung 34, 64, 95, 137, 145, 183, 186
Anteilnahme 100, 185
Antipathie 48
Antrieb 23, 44, 53, 83, 124, 150, 157, 158, 178, 183, 190
Antrieb, Organisation des 50
Antriebsgestalt 46, 65, 173, 240
Antriebsschwäche 231
Antriebsspannung 55
Antriebsstärke 50
anziehend 236
Anziehungskraft 11, 68, 83, 157
apathisch 60
Arabeske, schlangenhafte 223
Arbeit 73
Arbeitsbelastung 172
Arbeitsfähigkeit 88
Arbeitshaltung 63
Arbeitskraft 46, 63, 65, 118, 124, 128, 132, 148, 170, 179
Arbeitsleistung 41, 183, 215
Arbeitslust 109
Arbeitspensum 190
arbeitsunfähig 123
Arbeitsweise 57, 184
Arbeitswillen 91
Arglosigkeit 25
Argumente 104
arrogante Demut 187
Artikulation 32
– betont dramatisiert 179
artikulierender Druck 178
artikulierende Druckbetonung 178
artikuliert 32, 38
Askese 188
asketisch 46, 128, 183, 215
Atem 28
atemberaubende Gepreßtheit 152
atemnehmende Kontrolle 157
atmend 40, 104
Atmosphäre 107
attraktiv 50
Aufbauarbeit 190
aufdringlich 11
auffällig 223
Auffassung 183
aufflammend 162
Aufgabe 171, 173
aufgelöst 123, 137, 140, 145, 160
aufgepreßt 172
aufgeregt 77, 219
aufgerührt 217
aufgeschlossen 36, 96, 100, 133, 176
aufgeweicht 96
Aufmachung 199
aufmerksam 154
Aufmerksamkeit 145, 185
Aufnahmebereitschaft 232
aufopfern 170
Aufputz 60
Aufregung 136
aufrichtig 104, 131
Auftreten 184, 187
Auftrieb 71
Augenmaß 136, 200
Aura 21
Ausarbeitung 173
ausdauernd 46, 155
Ausdruck 160, 225
Ausdruckseigenschaft
– physiognomische 234
Ausdrucksgeladenheit 237, 240
Ausdruckstalent 225
Auseinandersetzung 199
ausfüllend 73
ausgeglichen 112
ausgleichende Art 118, 168
Ausgeprägtheit 237
ausgewogen 118, 193
ausmalend 97
ausrutschend 107
Ausschläge 136
Ausstrahlungskraft 69
austauschbar 41
authentisch 40
autokratisch 75
Autorität 21, 48, 57, 75, 150, 154, 193
avital 96

banal 19, 32, 34, 38, 77, 115, 199, 223
Band, ornamental 223
Basis 64
– materielle 219
Baustein, ganzheitsunabhängig 238
beängstigend 236
Bedeutsamkeit, physiognomische 237
Bedeutungsfülle 240
Bedeutungslosigkeit 235
Bedeutungstiefe 237
Bedeutungsträger 240
bedrückend 11, 236
bedrückt 217
Bedrücktheit 25
bedürfnislos 80

Bedürfnisse 60, 155, 157
beeinflußbar 132
Beeinträchtigung 185
befangen 170
Befindlichkeit 109
beflissen 109, 168, 186
Beflissenheit 19, 170, 173, 240
befremdlich 38
Begabung 235
Begeisterung 86
Begeisterungsfähigkeit 123
Begriffsspiel 239
beherrscht 156
Beherrschung 100, 197
Beispiel 17
bejahend 102
Bejahungskraft 40
Belastbarkeit 34, 62, 63, 65, 88, 91, 93, 104, 143, 170, 172, 178, 182, 184
beleidigend 217
Beleidigungen 77
beliebt 96, 102, 140
benachteiligt 184
Beobachtung 112
bequem 162, 174
Bequemlichkeit 136
beruflicher Ehrgeiz 102
Berufsinteresse 50
Beruhigung 197
Beschaffenheit 237
beschaulich 53
bescheiden 25, 73, 112, 131, 170, 171, 177, 186, 209
Bescheidenheit 102, 187, 188
Beschimpfungen 77
Beschlagnahme 77
beschränkt 57
Beschreibungskraft 27
beschwichtigen 136
beseelte Mitte 197
besessen 162
Besessenheit 73
Besserwisserei 190
Besonderheit 229
besonnen 46
Besonnenheit 21
bestimmt 185
Bestimmtheit 102
betriebsam 47
Betriebsamkeit 15
Betschwester 162
Beweglichkeit 195
Bewegung 32, 48, 73, 77, 86, 91, 157
– physiologische 64
Bewegungsentfaltung 178
Bewegungsfreude 148
Bewegungskraft 65
Bewegungslosigkeit 109
Bewegungslust 88, 107
Bewegungssturm 69
bewußt 185
Bewußtheit 124
beziehungsschwach 57
bibelfest 221
bieder 11
biedermännische Haltung 188
Bild, graphisches 236
Bilderfülle 160
Bildkraft 162
Bildungsniveau 30, 32
Bildzusammenhang 224
Bindung 41, 140
Biß 186
bissig 145, 217
Bitterkeit 23
bizarr 34
blaß 40
blind 162
blockierend 53, 78, 219
blockiert 91, 137
Blockierung 11, 75, 180
bösartig 223
Böses 112
boshaftes 185
Brei, verquollener 215
brillant 207
brillante Selbstdarstellung 190
Brillanz 25, 188
brüchig 165
burschikos 109

Charisma 45
charismatische Züge 65
charmant 90
Charme 14, 88, 120, 185
Cleverness 104
Clown 123
Code, genetischer 233

Dame 190
damenhaft 77
Dankbarkeit 60
Darstellungsweise, trockene 131
Darstellungsweise, umständliche 131
Daten, physiognomische 232
defekt 11
Dekadenz 215
dekorativ 176

demonstrativ 197
demonstrierend 207
demütig 211
Denkweise 50
Depression 21, 40, 93, 95, 140, 143
depressiv 32, 60, 90, 94, 109, 110, 168
Depressivität 13
derb 118
Detail 131, 155 185
Detailbesessenheit 239
deutlich 100, 123, 155
Deutlichkeit 62, 77, 95, 97, 123, 176
Deutung 238
Deutungsherleitung 238
devot 11
Dichte 25, 94, 237
differenziert 25, 190
differenzierte Lebendigkeit 124
Differenziertheit 21, 80
Differenzierung 73, 179
diplomatisch 50
direkt 44, 46, 154
Direktheit 83
Disharmonie 145
disharmonisch 34, 155
diskret 85
Diskretion 68, 185
Diskussion 180
Disproportionierung 225
Dissonanz 38, 93, 145, 148, 183, 215
distanziert 183
distanzlos 55
Disziplin 21, 33, 118, 154, 156, 162, 190, 200
diszipliniert 55, 156, 185, 186
dogmatisch 48
Domination 48
dominierend 46, 86
drängend 17, 28, 162
Dramatik 188
dramatisch 118
dramatisierend 77
dramatisierende Gewolltheit 124
dramatisierende Selbstdarstellung 162
Drang 23, 78, 157
dranghaft 32, 44, 78, 150, 174, 184, 195
dranghaft-sehnsüchtig 94
dranghafte Unruhe 77, 165
dranghafte Züge 46
Dranghaftes 145
Dranghaftigkeit 44, 69, 71, 73, 78, 80, 104, 109, 112, 118, 120, 123, 193, 199, 240
Drangschrift 73, 83
Drastik 188
drastisch 179
Drill 157
Druck 104
– aggressiver 65
– lastender 134
Dünkel 185
dünn 40
Dünnblütigkeit 143
dürftig 40, 152
Dürftigkeit 60, 62
dürr 60, 65, 75, 182
Dürre 118, 185
dulden 102
dumpf 162
Dumpfheit 135
durchgebildet 90
Durchgestaltung 30, 211
durchhaltefähig 115
Durchhaltekraft 155
durchhalten 23, 156
Durchhaltevermögen 88
durchlässig 157
Durchlässigkeit der Gefühle 88
Durchsetzungsdrang 50
Durchsetzungskraft 148
Dynamik 187, 207
dynamisch 156, 186
dynamische Struktur 110
Dynamisierung 178, 179, 184
– subtile 197

echt 40
Egozentrik 207
Ehrgeiz 62, 75, 112, 115, 168, 183
ehrgeizig 50, 53, 71
ehrlich 44, 134
Eifer 131, 145
Eifersucht 11, 75, 120
Eifersuchtswahn 60
eifersüchtig 94
Eigenart 12, 229, 230, 237
eigenartig 38
Eigenartsgrad 228, 237
Eigenschaft, stoffliche 236
eigenwillig 167, 221
Eigenwilligkeit 100, 206, 240
Eindeutigkeit 40, 83, 150, 200
Eindruck, ganzheitlicher 64
eindrucksblind 239
Eindruckscharakter 232
Eindruckserlebnisse 7
Eindrucksfähigkeit 28
einfach 27, 80, 190
Einfachheit 11, 23, 112, 237
einfallsreich 90, 218

eingeschneit 171
eingestanzt 132
eingreifen 65
Einheitlichkeit 225
einkerbend 124
Einklang 136
Einsamkeit 217
Einsatz 63
einsichtig 75
eintönig 120, 131, 134
Eintönigkeit 219
Einzelgänger 57, 182, 183, 215
– monomaner 215
Einzelgegenständlichkeit 238
Einzelheiten 183
Einzelkämpfer 182
Einzelton 235
Ekstase 123
ekstatisch 176, 195
elastisch 53, 65, 83, 156
elegant 131, 140
elementar 17
elementarisch 17
elitär 21
emanzipiert 115
emotionale Konflikte 96
Empfänglichkeit 234, 235
empfindlich 28, 118
Empfindlichkeit 225, 236
Energie 28, 131, 184
Energieverbrauch 78
energisch 75, 80, 112, 132, 199, 219
Engagement 50, 182
entartet 224
entbehrungsreich 185
entfremden 224
enthemmt 44, 65, 78, 145, 157
Enthemmtheit 62, 69, 78, 80, 123
Entladung 17, 75, 83, 193
– spontane 50
Entschiedenheit 118
entspannt 182
Entspanntheit, lockere 120
Entspannung 148, 150, 155
Enttäuschung 41, 225
Entwicklung 168, 200
Entwicklungspotential 96
Entwicklungsstörung 200
epileptisch 176
Ereignislosigkeit 41
ereignisreich 100
Erfolg 148, 174, 178, 179
erfolgreich 177
Erfolgsmensch 178
erfreulich 236
ergeben 172
Ergebung 168
erhalten 224
Erleben 41, 64
Erlebnis 64
Erlebnisanlaß 232
Erlebnisarmut 41
Erlebnisfähigkeit 40, 41, 124
Erlebnisleere 109
Erlebnisschwäche 77
erloschen 32, 78
ermüdend 170
Ernst 128
– tödlicher 195
ernst 96, 134, 156
Ernsthaftigkeit 32, 34, 218
Eros 160
Erregbarkeit 38, 44, 57, 92, 93, 118, 120, 123, 124, 133, 137, 150, 154, 162, 176, 193, 211, 215
erregt 38, 77
Erregtheit 123
Erregung 57, 140
Erregungszustände 123, 137, 140
Erscheinung 237
Erscheinungscharakter 12, 234
Erscheinungsweise 237
Erschöpfbarkeit 66
Erschöpfung 60
erschüttert 124
Erschütterung 235
erstarren lassen 224
Erstarrung 100
eruptive Entladung, 78
Erzähler 217
Erziehung 174
erzwungen 145
Esoteriker 128
esoterisch 218
Essenz 17
Etikette 225
Euphorie 107, 109, 110
euphorisch 80, 110
Exaktheit 102
exaltiert 118, 124
exemplarische Methode 7
exemplarisches Lernen 7, 9
Expansion 240
expansiv 46, 53
Experimente 88
Explosion 176
explosiv 137, 148
Expressionismus 195

expressiv 195
Extrem 148, 217, 224
exzentrisch 100, 124, 162, 174, 215, 221
exzentrische Züge 176

fade 124, 140
Färbung 237
fahrig 118
fanatisch 46
Farbe 60
Farbigkeit 12, 19, 41
Fassade 209
faszinierende Ausstrahlung 162
faul 155
Faulheit 154
Fehlentwicklung 104
Fehler 180
Fehlerlosigkeit, absolute 93
Feierlichkeit 209
feinfühlig 179
Feinfühligkeit 176
Feingefühl 172
fest 107, 155
– feste Hand 104
festfahrend 53
Festigkeit 23, 32, 86, 102, 112, 145, 193
fetischistisches Getue 190
Fieber 160
fieberhaft 71
fiebrig 137
fiebrige Erregtheit 152
Fingerspitzengefühl 131
flach 34, 40
flache Betriebsamkeit 109
Flachheit 38, 60, 75
Fleiß 27, 134, 171, 172, 186
– fanatischer 215
– spontaner 183
fleißig 62, 94, 96, 131, 132, 186, 221
flexibel 50, 80, 86, 115, 132, 137, 185
Flexibilität 131
fliegend 73, 211
fließend 185
flüchtig 184
flüssig 65, 88, 115, 172, 183
Flüssigkeit 50, 73, 102, 134, 136, 223
Fluß 131
Förderer 190
förmlich 224
Folgerichtigkeit 225
Forcierung 145, 150
fordernd 148, 219
Form 27, 152
– auferlegte 224
– gestörte 224
Formgebung 32, 60, 184
– ausschweifend üppige 240
Formgenauigkeit 217, 240
Formgestalt 173, 239, 240
formlos 174
Formlosigkeit 88, 188
Formniveau 12, 228, 229, 230, 237
Formpräzision 109
Formulierung 180
Formulierungsgabe 190
Formvernachlässigung 107
Formwille 133
Formzitate 224
fraglos 17
Fragwürdigkeit 225
frech 40
frei 38, 102, 134, 176, 221
Freiheit 45, 68, 183, 186, 195
Freiheitsliebe 148
Freiheitsraum 183
fremd 41
Freude 9, 88, 174, 197, 240
freudefähig 156
freudlos 150
Freund 176
freundlich 46, 73, 84, 152
Freundlichkeit 86, 197
Freundschaft 96, 185
freundschaftlich 86
freundschaftsfähig 183, 223
frigide 34
frisch 55, 57, 88, 104, 152
Frische 45, 80, 86, 107, 168, 186, 190
Frivolität 68
Fröhlichkeit 123
Frömmigkeit 221
Front 178
Frühreife 27
Führung 132, 143
Führungseigenschaften 55
Führungskraft 118
führungslos 140
Fülle 27
Fürsorge 168, 193
Funktionslust 15, 23, 32, 44, 50, 73, 88, 102, 104, 109, 118, 120, 157, 193, 195, 197, 223, 240
Furchtlosigkeit 199

Ganzheit 8, 187, 232, 234, 239
ganzheitlich 12
gebogen 219, 224
gebremst 86
Gedächtnis 48
Gedankenfülle 160
gedankenlos 157
Gedankentiefe 27
gedehnt 224
gediegen 131, 133
Gediegenheit 131, 193
gedrosselt 156, 157
gedrückt 224
geduldig 63, 104, 112
gefällig 96, 168, 217, 223, 236
Gefälligkeit 168, 199
Gefälschtheit 237
Gefrorenheit 32
Gefüge 64, 168, 234, 235, 239, 240
Gefügeeigenschaft 237
Gefügefülle 237
Gefühlsurteil, spontanes 236
Gehalt 237
Geheimnisse 211
gehemmt 86, 182, 193
gehemmte Natürlichkeit 102
Gehemmtheit 64
gehetzt 71, 75
Gehetztheit 78
Gehorsam 46
geisteskrank 96, 221
gekonnt 209, 223
Gekonntheit 50, 240
gekünstelt 224
geladen 44
gelähmt 57
gelangweilt 140
gelassen 84, 182, 199
gelassene Haltung 190
Gelassenheit, 11, 23, 28, 110, 112, 115, 133, 136, 157, 197
gelehrt 148
Gelenk 240
Geltungsbedürfnis, 23, 77, 219
geltungsbedürftig 184
Geltungsdrang 187
gemacht 204
Gemachtheit 223
gemalt 38
Gemaltheit 217, 225
Gemaltheit, feierliche 209
Gemüt 57, 68
Gemütswärme 133
gemütsvoll 148
genau 104, 184
Genauigkeit 128, 173, 183
Generalisten 86
geplant 137
Gepflegtheit 168
gepreßt 78, 156, 224
gequält 93, 145
Gequältheit 60
gequetscht 152
gerade 152
geradlinig 154
Geradlinigkeit 83
gereizt 28, 162
Gesamtbild 227, 233
geschädigt 90
Geschädigtheit 62, 237
geschäftig 46
Geschick 84, 131, 184, 185
geschickt 115, 185
geschleudert 77
Geschlossenheit 21, 30, 200
Geschmack 185, 223
Geschmacklosigkeit 28
geschmackvoll 209
geschmeidig 137, 123, 185
geschraubt 209
geschrieben 221
gesellig 86, 96, 109, 155, 179
Geselligkeit 45, 84
Gesicht 62, 172, 173
gesichtslos 137, 237
Gesinnung 45
– christliche 221
gespannt 53, 75
Gesperrtheit 131
Gespreiztheit, manierierte 207
Gestalt 17, 234, 237, 239, 240
Gestalteigenschaft 234, 235, 237, 239, 240
Gestalten 173, 187, 233, 237
Gestaltgüte 237, 240
gestalthafte Qualitäten 187
Gestaltkriterium 234
Gestaltmerkmale 187, 240, 241
Gestaltpsychologie 234, 239
gestaltpsychologisch 8
Gestaltqualität 12, 238
gestalttheoretisch 239
Gestalttheorie 64, 234, 237
Gestalttiefe 12, 237, 239, 240
Gestaltung 176, 190
Gestaltwahrnehmung 13, 235
gestaut 86
Geste 48

gesteuert 17, 44, 55, 80, 83, 97, 123, 132, 154, 183, 195
Gesteuertheit 23, 48, 184
Gestimmtheit 240
gestört 38, 199
gestörte Vitalität 186
Gestörtheit 25, 60, 64, 182, 237, 240
gestochen 172
Gestochenheit 156, 225, 240
gesunder Menschenverstand 85
Gesundheit 168
Getriebenheit 78
getrieben 71, 140, 162
Getriebensein 69
Getue 190
gewählt 176
Gewalt 46
gewaltsam 34, 69, 71, 162, 183
Gewaltsamkeit 75, 78, 93, 145, 148
Gewandtheit 134
Gewicht, spezifisches 237
gewinnend 104
Gewissen 57
gewissenhaft 155f
Gewissenhaftigkeit 170, 176, 186
Gewissensqual 32
gewöhnlich 32, 211
gewollt 69, 131, 204, 207, 217
Gewolltheit 33, 124, 150, 218
gewürgt 134
gezeichnet 221
gezerrt 224
gezwungen 154
Gezwungenheit 38, 150
Glätte 75, 225, 229, 240
Glätte, unangreifbare 209
glaubhaft 195
glaubwürdig 11, 44, 134, 195
Glaubwürdigkeit 40, 71, 83, 150, 223
Gleichgewicht 136, 152, 190, 197
gleichgültig 34, 69, 140, 165, 174
Gleichgültigkeit 34, 40, 136
gleichmäßig gestimmt 118
Gleichmut 15, 136
gleichschwebende Aufmerksamkeit 9
Gliederung 73, 150
Glück 9, 68
glücklich 104
Glücksmöglichkeiten 41
Grazie 123, 225
Größenideen 187
Größenwahn 184
groß 124
großherzige Lebenserziehung 112
großherzige Unbekümmertheit 178
Großherzigkeit 40, 136
großräumig 73
großzügig 36, 112
großzügige Art 86, 88, 176, 178, 193
Großzügigkeit, unbefangene 118
Groteske 213
Grübelei 176
Grübelzwang 32
gründlich 57
Grundlage, materielle 64
Grundsätze 174
Güte 112, 185
gütig 60
gut 36, 168
gutartig 94
gutherzig 46
gutmütig 145, 165
Gutmütigkeit 218
gutwillig 143

Härte 17, 44, 48, 134, 148, 150, 218
haften 73, 109
Halbheiten 145
Halbherziges 78
haltlos 137
Haltung 131, 145, 152, 174, 215
– gezwungene 215
– -sänderung 232
handeln 65
Handschrift, manieriert 204
Handschriftgestalt 12
Harmonie 15, 104, 136, 150, 179, 186, 197, 199, 229
harmonisch 104, 112, 118, 131, 168, 172, 183, 185
harmonisieren 136
harmonisiert 186
hart 152
harter Arbeiter 171
hartnäckig 132, 133, 137, 156, 186
Haß 215
Hast 118
heftig 44, 64, 118, 120, 137, 182
Heftigkeit 162
heiter 28, 32, 50, 75, 96, 102, 107, 112, 152, 172, 182
Heiterkeit 14, 162, 190
Hektik 75, 78
hektisch 44, 65, 123, 124, 137
Helfer 176
Helle 160
Hemmungen 92
hemmungslos 83, 107, 140, 162

Herausforderung 78
Herbheit 134
Herr 178
herrisch 69
herzlich 25, 28, 118, 156
hilflos 40, 60, 143
hilfsbereit 60, 112
Hilfsbereitschaft 118, 185
Hingabe 133, 134
hingebend 28
hochdifferenziert 128
hochgesteuert 156, 172
hochkontrollierte Spannung 156
hochmütig 218
hochsensibel 53
hochstaplerisch 184
hochstilisiert 215
höflich 46, 91, 95, 109, 186
Höhepunkt 63
hölzern 131 ff
Hölzernheit 137
Hoffnungen 41
Hoffnungsgläubigkeit 40
Hoffnungslosigkeit 96
hohl 224
Homogenität 44, 48, 200
Homologie 231
hübsch 152
human 136
Humor 19, 86, 185
humorlos 118
humorvoll 36, 100, 112, 118, 199
hypomanische Festesfreude 110

Ich 60
Ideale 134
idealisierend 152
ideenreich 155
Identität 30, 33, 199, 218, 200, 241
Identitätsbildung 200
Identitätsgefühl 200
Identitätsschwäche 223
Illusion 140, 207, 165
Image 174
Impetus 65
Impressionist 123
Improvisieren 88
impulsiv 64, 176
Impulsivität 28, 154
indifferent 237
Individualist 217
individualistisch 174
Individualität 57, 174
infantil 38, 96, 217
Infantilismen 200
Infantilismus 217
Inhaltsschwere 237
Initiative 50
innere Wahrheit 237
Innigkeit 193
innovativ 155
instabil 156
Instinkt 162
instinktiv 73
Integrität 200, 237
intelligent 180
Intelligenz 14, 50, 63, 199
Intelligenz, soziale 131
Intensität 11, 23, 83, 110, 160, 240
intensiv 34, 88, 100
intensive Ausstrahlung 148
intensiver Einsatz 75
interessant 236
Interesse 83, 183
Interessen 60, 178
Interessenlosigkeit 40
Intrigen 110
introvertiert 195
intuitiv 148
Inversion 120
Ironie 86
irritierbar 62
irritiert 137
Irrtum 183

Jähzornsanfall 221
Joga 128
Jovialität 188
jugendlich 104
Jugendlichkeit 25, 188
Jugendstil 223

kahl 60
kalkuliert 137
kalt 40, 75
Kampf 182
Kampfesfreude 65
Kampfnatur 124
Kampfstimmung 134
karg 131, 156, 182, 183
Kategorie
– gestalthafte 239
– physiognomische 217
Kennerschaft 233
Kern 200
kernig 23, 57
ketzerischer Katholik 182
Kinderlähmung 118

kindlich 168
kindlich-offen 96
Klage 190
klar 71
klare Haltung 100
Klarheit 77, 237, 240
Klassifikation, künstliche 227
klebend 73, 94, 95, 109, 135
Kleinheit 240
Kleinheitsbewußtsein 184
kleinlich 11, 173
Klischee 182
klischeehaftes 11
klug 88
Knickung 225
knochig 131
Können 128, 176, 188
komisch 128, 217
Kommunikator 86
Kompensationsmechanismen 41
kompensatorisches Verarbeiten 187
Kompetenz 7, 8, 13, 179
Komplexität 8
kompliziert 155
Kompliziertheit 218
Komposition 227
Kompromisse 88, 176, 215
Konformismus 174
Konfrontation 53
konsequent 154
Konsequenz 23, 46
konservativ 11
konstant 131
Konstanz 48
konstruktiver Geist 86
Kontakt 32, 55, 62, 104, 170
kontaktarm 60
kontaktbegabt 131
Kontaktfähigkeit 88
kontaktfreudig 109
kontaktgehemmt 93
Kontaktgenie 190
Kontrastgestalt 13
Kontrolle 21, 104, 131, 154, 155, 186
Kontrolleur 155
kontrolliert 50, 134, 195
Kontrolliertheit 172
Kontur 19
konturlos 96
konventionell 176
Konventionen 68
Konzentration 90, 94, 115, 131, 140, 145, 154, 155, 183
Konzentrationskraft 218
Konzentrationsschwäche 157
konzentrierende Kraft 143
konzentrierende Reduktion 32
konzentriert 17, 170, 171, 219
Konzession 217
korrekt 132, 168, 173
Korrektheit 24, 48, 173
Korrekturen 155
Korruption 215
Korsett 157
Kräfte 63, 88, 185
kräftig 64, 178, 180, 184
kränkbar 28
kränklich 25, 46
Kraft 11, 15, 19, 25, 60, 65, 68, 71, 78, 97, 128, 157, 162, 195
– elementare 190
Kraftakt 78
Kraftanstrengung 183
Kraftbildung 45
Kraftdruck 17
Kraftgefühl 65
kraftlos 62, 113
Kraftlosigkeit 143
Kraftverlust 95
kraftvoll 64, 80, 83, 86, 88, 104, 118
Krampf 109, 172
krampfhaft 170
krampfhafte Steuerung 63
Krise 200
Krisensituationen 50
Kritik, vehemente 193
kühl 47
Kühle 21, 150
Kühnheiten 162
künstlich 224
kultiviert 53, 77, 177
Kultur 217
Kummer 155
Kunstverständnis 80
Kunstverstand 190
kurzsichtig 145

labil 224
Labilität 137, 152
Lachen 123
Lärmendes 38, 137, 217
lässig 162, 174
lahm 91, 115, 219
Lahmheit 64, 66
langatmig 131
Langeweile 225
langsam 64, 133, 155
langweilig 17, 23, 57, 112, 118, 134, 236

lasch 55, 140, 219
Last 96
Laune 120
launenhaft 28, 118
launisch 162
laut 77
Lauterkeit 182
Leben 17, 225
lebendig 25, 40, 100, 131, 120, 168
Lebendigkeit 9, 12, 16, 23, 24, 28, 30, 64, 90, 100, 109, 128, 132, 168, 197, 199, 215, 228, 229, 239
Lebensäußerung 211
Lebensangst 225
Lebensarmut 206
Lebensdrang 68, 78, 83
lebensfremd 128
Lebensfreude 68
lebensfreudig 155
lebensfroh 182
Lebensfülle 229
Lebensgenießer 179
lebensklug 115
Lebensklugheit 104, 112
lebenskräftig 96
Lebenskraft 60, 225
Lebenskünstler 120
Lebensleerheit 229
Lebensmut 182
Lebensphilosophie 237
Lebenspraktiker 65
lebenspraktische Klugheit 80
Lebensschwäche 225
Lebensstil 150, 179
Lebensstörung 32
Lebenssturm 68
lebenstüchtig 66, 90
Lebensunfähigkeit 92
Lebensverlangen 195
Lebensvertrauen 217
lebensvoll 118, 229
lebhaft 102, 176, 207
Lebhaftigkeit 15, 104, 152
leer 34, 38, 40, 60, 62, 77, 124, 152, 229
Leere 25, 38, 40, 41, 60, 90
leicht 32, 38, 102, 123, 183
leichtbeweglich 137
leichtfüßig 53, 110
Leichtigkeit 50, 100, 102, 107, 183, 195
leichtlebig 109
Leichtsinn 154
leichtsinnig 109, 120, 155
leid 223
Leiden 34, 60, 63, 128
Leidenschaft 17, 150
leidenschaftlich 44
Leidenschaftlichkeit 150
Leistung 109, 171
Leistungen 185
Leistungsdruck 157
leistungsfähig 165
Leistungsfähigkeit 109, 156
Leistungsmotivation 185
Leistungswillen 218
Leistungszwang 172
Lernlust 233
lernwillig 62, 104
lesbar 32, 34, 75, 86
Lesbarkeit 173
Lesefertigkeit 174
leserlich 71
Leserlichkeit 174
Liebe 96, 100
liebenswürdig 55, 75, 115, 152, 168, 178
Liebesenttäuschung 94
Liebeskraft 160
liebevoll 27, 63, 80, 97, 102, 112, 156, 170, 223
liebevolle Sorgfalt 173
lieblich 104
linkisch 128
locker 32, 38, 48, 53, 64, 73, 86, 88, 104, 109, 110, 113, 172, 193
lockere Züge 154
lockerer Ablauf 88, 104
Lockerheit 80, 86, 109, 112, 136, 168, 170
Logik 225
Losgelöstheit 140
loyal 217
Loyalität 41
lückenhaft 91
Lückenhaftigkeit 131, 237
Luftdruckkurve 64, 78, 88
Luftschwingungen 64
Lustigkeit, leere 110
Lustlosigkeit 25
Lustlosigkeit, leere 109
lustvoll ausgemalt 124
lustvolle Vertiefung 88
lyrisch 195

Machtbedürfnis 77
Machthunger 75
Machtproben 78
Macke 185
mädchenhaft 152, 218
männlich 219
Männlichkeit 145, 219
Mätzchen 11, 86, 193

Magie 225
Magnanimitas 40
malend 209
Mangelhaftigkeit 237, 240
Manier 11, 15, 60, 95, 102, 124, 131, 135, 174, 176, 186, 200, 204, 206, 209, 211, 217, 219, 224, 225, 241
manieriert 123, 135, 213
Manieriertheit 223
Manierismus 224
manieristisch 224
manieristisch übersteigert 69
markante Konzentration 176
markantes Profil 150
Maske 33, 209
Maß 136
maßgebende Ähnlichkeit 187 f
massiv 73, 88, 120, 219, 223
Massivität 77 f
maßvolles Urteil 112
Material 236
materielle Basis 78
– Ebene 88
Meditation 128
Melancholiker 34
menschenscheu 186
Methode, ganzheitsgerechte 238
Milde 27
Mimik 34
Mißbrauch 92
Mißerfolg 78, 174
Mißgeburt 217
Mißmut 40
Mißtrauen 86, 134, 215, 223
mißtrauisch 40
Mitgefühl 148
mitmachen 118
Mitteilsamkeit 83
mitteilungsbedürftig 217
Mode 176, 225
modelliert 25
Modulation 38, 40, 102
Modulationsunfähigkeit 225
Moduliertheit 21
Möglichkeiten 88
monoton 23, 32, 38, 40, 41, 62, 69, 124, 132, 168, 170, 172
Monotonie 215, 219
Moral 215
Moralin 112
Motorium 157, 239, 240
Müdigkeit 66
Mühe 96
Mühelosigkeit 88
mühevolle Bewegung 95
Mühsal 190
mürrisch 60
mütterlich 112, 162, 170
munter 55, 109
musisch 53
Musterhaftigkeit 174
Musterschüler 168, 174
musterschülerhaft 38
Mut 21, 118, 148
mutig 46
Mutlosigkeit 92
Mutterwitz 88
Mystik 213, 225
mythisch-mystisch 213

Nachbildung 239
nachdenklich 53
nachlässig 162
nachlässige Formgebung 113
nackt 75
Nähe 109
naiv 168
Naivität 25, 124
narzißtisch 168
natürlich 50, 57, 62, 71, 86, 110, 113, 118, 120, 152, 154, 168, 172, 186, 190, 225
natürlich lebendig 69
natürliche Eleganz 112
natürliche Ordnung 8
natürlicher Bewegungsablauf 102
Natürlichkeit 11, 15, 17, 21, 38, 44, 83, 86, 100, 109, 112, 118, 185, 190, 200, 206
naturell 182
Naturtalent 120
Neid 23
Neigung, esoterische 223
Neigungen, pseudoesoterische 34
Nerven 190
Nervenkitzel 78
nervös 55, 124
Neugier 140
Neugierde 88
Nicht-Begreifen 60
nichtssagend 60, 134, 235, 237
Niveau 21, 30, 225
nivellieren 40, 41
noble Haltung 100
noble Menschlichkeit 176
Noblesse 21
Nonkonformist 215
Norm 23, 69, 100, 162, 173, 174, 217, 223
normtreu 174
nüchtern 86, 118, 131, 173

Nüchternheit 32
Nützlichkeitssinn 46
Nutzbarkeit 17

oberflächlich 109
Ökonomie 63, 66, 187
ökonomisch 102, 185
ökonomisierte Bewegung 186
offen 28, 62, 80, 104, 118, 154, 172
Offenheit 40, 217
ordentlich 40, 60 183
Ordentlichkeit 110, 240
ordinär 77, 162
ordinäre Formgebung 77
Ordinäres 34
Ordnung 112, 233
– künstliche 227
– natürliche 227, 228, 233
Organisation 86, 136, 157
Organisator 155
organisch 178, 224
organisieren 45, 65
organisiert 115
organisierter Ablauf 88
Originalität 23, 45, 107, 223
Originalitätsprinzip 224
originalitätssüchtig 215
Originalitätstrieb, bizarrer 34
– narzißtischer 225
originell 69, 207
Opportunismus 44
Oppositionswut 215
Optimismus 15
optimistisch 102, 104

pädagogischer Eros 148
pädagogische Sorgfalt 102
panikartige Angstzustände 186
Paradoxie 217
Passion 150
Passioniertheit 23
passiv 11, 145, 165
Pathos 45, 195, 209
Pedanterie 23, 28, 154, 185
pedantisch 155
peinliche Sorgfalt 93, 170
penibel 186
Perfektionismus 88, 174
persönliche Note 95
Persönlichkeit
– sanft, still 177
– starr, labil 162
Persönlichkeitsbild 34
Persönlichkeitswirkung 148
Person 182
Perspektive 110, 136, 137
Perversion 34
pessimistisch 90, 97
Pflichtgefühl 91, 128, 156
Phantasie 162, 183, 213
phantasiearm 131
phantasievoll 11, 120, 182
philosophisch 53
Phrasen 182
Physiognomie 204
physiognomielos 165
Physiognomik 224
physiognomisch 12, 65, 157
physiognomische Kategorie 110
physiognomische Lesbarkeit 173
physiognomische Momente 188
physiognomische Qualität 78
Plackerei 190
plakativ 179, 197
plakative Selbstdemonstration 180
planlos 41
plastisch 38, 85, 172
Platzangst 36
plump 134
Polemik 190
polemisch 207
pompös 225
Pose 33, 48, 104, 225
– starre 221
prägnant 88
Prägnanz 77, 112, 225, 237, 240
Prägnanzbereich 237
präsent 40, 88
Präsentation 23, 33, 44, 48, 69, 88, 100, 112, 120, 150, 171, 172, 240
Präsentieren der Leistung 173
präsentierend 109
Präsenz 12, 187
präzise 57, 71, 174
Präzisierung 176
Präzision 21, 32, 33, 107, 150, 155, 170, 240
pragmatisch orientiert 53
pragmatische Natur 45
Praktiken, sadistische 120
praktisch 88, 104
Praxis 86
Prestigedenken 25
preziös 168
preziöse Vornehmheit 188
Preziöses 21
Privathandschrift 211
Privatschrift 211

Profil 19, 23, 30, 33, 60, 73, 94, 124, 131, 217, 218, 223
profiliert 40, 71
Probieren 88
Proportion 215
prunkhaft 215
Pseudoform 200
Pseudogestalt 237
Pseudokorrektheit 221
Pseudohaftigkeit 225
Pseudoidentität 33, 200, 209, 217, 241
pünktlich 120

Qualität 12, 66, 110, 240
Qualität, physiognomische 234, 236
Quantität 110, 150
quellend 224
Querulant 179
Quetschungen 118

Rachegefühle 41
radikal 69, 75, 148, 150, 182, 199, 217
Radikalität 45
Rätselwesen, faszinierendes 34
Rang 235
rasch 55
Ratgeber 193
Rationalisierung 225
Raubbau 78
rauhbeinig 193
Raum, manieristischer 224
Raumflucht 224
Raumstauung 224
rauschhafte Übersteigerung 176
Reagibilität 28
Reaktionär 48
Realität 224
rechtschaffen 112
redlich 182
Reduktion 131, 150, 187
reduziert 60
Reduzierung, schonungslose 199
reflektiert 185
regellos 143
Regenerationsfähigkeit 65
reguliert 171
Regulierung 156
Reibungsverluste 115
reichhaltig 25, 40, 195
Reichhaltigkeit 239
Reichtum 27
Reife 30
Reinheit 21, 152
Reiz 157
Reizbarkeit 239
Repräsentation 23, 48, 69, 80, 88, 112, 150, 176, 178, 187, 188, 193, 197, 223, 240
repräsentativ 50
repräsentative Bedürfnisse 102
Resignation 66, 123
Ressentiment 40, 115
Revolutionär 176
Rhythmus 12, 228, 229, 230
Richtigkeit 237, 240
richtungslos 140
Rigide 134, 137, 156
Rigidität 128, 137, 170, 171, 215
Risikofreude 15
riskant 75
Ritual 95, 225
robust 44, 131, 170, 186
Rolle 217, 227, 234
Routine 171
Rückgrat 23
Rücksichtnahme 168
rücksichtslos 69
Rüge 218
Ruhe 104, 157, 197
ruhelos 137
ruhig 112, 193
Ruhm 150

sachlich 118, 193
Sadismus 34
Säuberlichkeit 173
Sage 213
salopp 157
sanft 115, 162, 217
sanftmütig 104
Sauberkeit 168, 240
schablonenhaft 69
Schädigung 92, 109
Schärfe 17, 73, 124, 171, 237
Schamgefühl 73
schamlos 38
Schattierung 25
scheu 25, 57
schizophren 38, 221
Schlaffheit 91, 94, 140
Schlaflosigkeit 93
schlampig 174
schlapp 57
Schlichtheit 23, 104, 112, 113, 115, 183, 188
Schliff 178
schmierig 94
Schmerz 34
Schnelligkeit 50, 183
schnörkellos 69

Schockwirkungen 120
Schönheitssinn 46
Schönschrift 172
Schreibgeläufigkeit 65
Schreibroutine 63
Schriftänderungen 120
Schriftphysiognomie 12
Schüchternheit 20, 162, 183
schülerhaft 19, 131
Schuld 109, 110
Schuldgefühle 93
schuldlos 223
Schuldzuweisung 41
Schulmäßigkeit 225
Schulvorlage 44, 120, 239
Seelengemeinschaft 211
Sehnsüchte 140
Seinsicherheit 225
Sentimentalität 112
Selbständigkeit 115
Selbstaufgabe 109
Selbstbehauptungswillen 112
Selbstbestätigung 207
selbstbewußt 57, 66, 133, 171, 178, 183, 187
Selbstdarstellung 23, 33, 48, 178, 184, 187, 188, 240
Selbsteinsicht 71
Selbsterhaltungstrieb 32
Selbstgerechtigkeit 174
selbstironisch 118
Selbstmord 32, 90, 94, 96, 124, 150, 218
selbstquälerisch 20
Selbstsicherheit 65
Selbststeuerung 145
Selbstüberwindung 25
Selbstverantwortung 45
selbstverständlich 11, 73, 86, 118, 190
Selbstwertgefühl 187
Selbstzufriedenheit 136
Selbstzweifel 154
Sensibilität 131, 150, 185, 195 223
Sensorium 184
seriös 186
servil 57
Sicherheit 11, 46, 50, 134, 162, 171, 184, 186, 188, 197, 217, 240
– des Vortrages 50, 190
sich-gehenlassen 115, 157
sich-quälen 96
Signale 38
simplifiziert 131
Simplizität 217
Sinnenhaftigkeit 160
Sinnerfülltheit 237
Sinnlosigkeit 217
Sinnordnungen 237
Sinnträchtigkeit 237
Skepsis 217, 225
skrupulös 20
Solidarität 41
solide 131
Sonderling 96
Sorgen 168
Sorgfalt 95, 110, 112, 133, 134, 172, 184, 186, 209, 213
sorglos 102
Souveränität 48, 68, 69, 71, 179, 180, 188, 190, 199
sozial 134
Spätentwickler 131
Spannkraft 19, 48, 63, 64, 75, 102, 109, 118, 128, 143, 154, 156, 162, 179, 184, 223, 231
Spannung 23, 48, 75, 102, 109, 110, 132, 140, 178, 197, 200, 218
spannungsarm 90, 115, 136
Sparsamkeit 156, 183, 187
spartanisch 150
spekulativ 75, 184
sperrig 34
spielerisch 88, 102, 134
spießig 11
spontan 11, 15, 57, 73, 80, 86, 88, 104, 110, 120, 133, 134, 154, 162, 193, 209, 221
Sprache, übersteigerte 195
Sprache, schwül-pathetische 176
Sprachgewalt 25
sprachgewandt 180
sprechend 40
Spreizung 225
spröde 91, 128, 131, 224
sprudelnd 137
sprunghaft 162
Stabilität 60, 131, 136
stark 162
starr, 91, 92, 93, 94, 109, 172, 185, 221, 224
Starre 32, 34, 38, 40, 44, 48, 65, 118
Starrheit 128, 137
Stärke, kämpferische 45
stark 118
Stauungen 118
Stehvermögen 104, 186
steif 80, 170, 184
Steigerung 65
Stereotyp 40, 41, 131, 132
stereotypisch 11, 23, 75, 107, 168, 172, 180, 206, 218, 221
steril 240

Steuerung 13, 15, 21, 23, 75, 77, 88, 93, 94, 100, 104, 140, 157, 158, 165, 178, 179, 190, 195, 199, 215, 223, 240
Steuerungsgestalten 157, 240
Steuerungsimpulse 240
Steuerungskraft 60
Steuerungslosigkeit 123
Steuerungsversuche 62
Stil 104, 176, 178, 179, 188, 199, 215
Stilisierung 95, 178, 219
still 94, 95, 172, 221
Stilmerkmal 217
Stilmoment 150, 224, 225
Stilprinzip 180
Stimmung 109, 155
stimmungsabhängig 97
Stimmungslage 44
Stimmungston 28
Stimmungswechsel 162
Störung 50, 62, 63, 71, 93, 123
Stolz 25, 28
stoßweises 154
straff 55, 97, 140
Streben nach Verschleierung 225
strebsam 46
Streckung 224
Streit 75
Streitigkeiten 112
streng 45, 93, 124, 170, 173, 183
Strenge 150, 170, 173
Streßfolgen 157
Strich 136, 140, 165, 168, 182, 183, 219, 221, 223
Strichführung, spröde 134
Strudel 75, 162
Struktur 64, 65, 75, 78, 173, 235, 240
strukturell 64
Strukturtheorie 64
studieren 88
Stumpfheit 91, 123, 137
Sturheit 131
subaltern 11
subtil 25, 179
Subtilität 21
Substanz 40
suggestiv 69, 78, 162, 178
Suizid 140, 218
Schwäche 25, 64, 66, 90, 104, 140, 187, 199
Schwerbeweglichkeit 131
schwerblütig 118, 133, 134
Schwere 95, 96, 109
schwerelos 100
Schwerfälligkeit 134, 135
schwerflüssig 96
Schwermut 25
schwierig 38, 71
Schwierigkeiten 184
Schwulst 213
schwunglos 60
sympathisch 11, 53, 62, 86, 104, 197, 236
systematisch 53, 185
System, morphologisches 233

Tablettensucht 93
tätig 88, 104
Takt 104, 172, 185, 223
taktvoll 112, 143
Tatbestand, graphischer 234
tatkräftig 53, 66
Taxonomie 233
Team 50
Teilgestalt 239, 240
teilnahmslos 123, 135
Temperament 28, 68, 80, 120, 136, 190
temperamentsarm 86
Temperamentsausbrüche 115, 133
temperamentvoll 47, 190
Tiefblick 148
Tiefgang 237
theatralisch 77, 162
theoretisch 65
tobend 123
todernst 124, 215
tolerant 104, 176
Toleranz 88, 136
Tonart 235
tot 34
träge 135, 165
Transponierbarkeit 234
Trauern 41
traurig 34
Traurigkeit 90, 162
Trennungsangst 60
treu 50, 168
Treue 60, 168, 200
Triebentladung 78
Trinker 221
Trockenheit 184
Trotz 68
trotzig 165
tüchtig 53, 118
Tüchtigkeit 104, 112
turbulent 137

überarbeitet 102
Überblick 96, 239
überdeutliche Artikulation 132, 180
überdeutliche Formgebung 171

Überdeutlichkeit 33, 38, 132
Überdruck 78, 131
Übereinstimmung 40
Überempfindlichkeit 215
Überflieger 134
überfordert 143
Überforderung 62, 218
Übergründlichkeit 131
überhastet 77
überhitztes Gefühlsklima 176
überhöflich 55, 209
überkontrolliert 185
überkorrekt 172
Überkorrektheit 170
überladen 215
überlegen 186
Überlegenheit 50
Übermut 110
überscharf 124
überschlank 224
Überschwang 28
Überschwenglichkeit 27
Übersichtlichkeit 237, 240
Übersoll 128
übersteigert 204
übersteigerte Aktivität 102
Übersteigertes 71
übersteuert 150, 185
Übersteuerung 33, 91, 92, 93, 94, 109, 128, 137, 150, 152, 157
Übersteuerung, zwanghafte 221
Überstürzendes 28
übertrieben 11
überzeugend 40
Überzeugung 182
Überzeugungskraft 12, 86, 190, 162, 148
Überzogenheit 223
üppig 124, 213
Umgangsform 44
umgebogen 224
umsichtig 184
umständlich 131, 133
Umständlichkeit 80, 188
Umständlichkeit, ausschweifende 209
Unabhängigkeit 71, 183, 190
Unabhängigkeitsdrang 68
Unähnlichkeit 40, 53, 55, 57
unangenehm 112
unangepaßt 132
unangreifbar 209
unauffällig 156, 183, 221
Unauffälligkeit 197
Unausgeglichenes 183
unbedacht 162
Unbedingtheit 28
unbefangen 88, 104
unbefangene Natürlichkeit 80, 88
Unbefangenheit 80, 86, 88, 118, 193
unbeholfen 96
unbeirrbar 118, 133
Unbeirrbarkeit 48
unbekümmert 15, 110, 178
unbekümmerte Natürlichkeit 88
unbekümmerter Ablauf 86
Unbekümmertheit 83, 193
Unbelehrbarkeit 132
unbemüht 100
Unbemühtheit 115
unbestechlich 193
Unbestechlichkeit 40, 48, 128, 200
unbeweglich 132
Understatement 187, 240
undeutlich 62
uneigennützig 46
unempfindlich 155
unerbittlich 124
Unerfüllbares 136
unergiebig 131
unermüdlich 71
Unermüdlichkeit 65
unerschüttert 107
unfiltriert 157
unflätig 165
unflexibel 95
unfrei 96, 156
Unfreiheit 137, 219
Ungebremstheit 78
ungebrochene Funktionslust 83
Ungeduld 78
ungehemmte Natürlichkeit 102
ungehemmtes Strömen 148
ungekonnt 199
ungemütlich 48
ungeniert 124, 162
ungenierte Selbstverständlichkeit 162
ungeschickt 94, 97, 134, 143, 188, 240
ungeschminkt 17
ungesellig 94
ungesteuert 148
Ungesteuertheit 140
ungestüm 120
Ungewißheit 225
ungezähmt 120
ungezwungen 11
ungezwungene Souveränität 86
Ungezwungenheit 86
unglaubwürdig 77
Unglück 96, 223

unglücklich 92
uninteressiert 91, 135
unkompliziert 88, 104, 113
Unkompliziertheit 83, 86
unkontrolliert 145
unkonzentriert 57, 62
Unkonzentriertheit 157
unlebig 34
unlebendig 132, 143
unlesbar 162
unleserlich 160
unmittelbar 40
Unmittelbarkeit 15
unmodeliert 131
unnatürlich 182
Unnatur 204
unroutiniert 97, 168
Unruhe 71, 75, 78, 93, 107, 118, 123, 136, 152, 160
Unruhe, drängend 211
unruhig 40, 75, 185
unscharf 190
unscheinbar 46, 155
unscheinbares Äußeres 131
Unschuld 25
unsensibel 48
unsicher 62
unsicherer Einzelgänger 97
Unsicherheit 25, 93, 152, 187, 225
unspontan 64, 185, 219
unsympathisch 11, 75, 124, 236
unterbrochen 95
Unterdrückung 150, 157
unternehmenslustig 53
Unternehmertyp 178
Unterordnung 240
Unterordnungsbereitschaft 170
Untersteuerung 69, 107, 120, 157, 162, 174
unverbildet 152
unverbraucht 80
unverdrossen 50, 172
unverdrossener Lebensmut 80
unverkrampft 53, 80, 110, 172
unverkrampfte Bewegung 112
Unverkrampftheit 11
unverschämt 38, 40
unverstanden 41
unverstellt 131
unverwechselbare Frische 123
Unverwechselbarkeit 40
unverwüstlich 28
Unvorhergesehenes 110
Unwesentliches 110, 137
unzugänglich 132
Urgrund 160
ursprünglich 186
Ursprüngliches 11
Ursprünglichkeit 12, 69, 228, 229, 237
Ursprünglichkeitsgrad 237
Urteil 236
Urwüchsigkeit 229

Variation 64, 197
Verantwortung 186
Verantwortungsbewußtsein 156
Verarbeitung 190, 200
Verbesserungen 50
Verbiegung 152
Verbindliches 69
verbissen 34
verbittert 60, 172
verbraucht 224
Verbohrtheit 132
Verdeutlichungen 75
Verdrängungen 102
Verdrehung 225
verdrossen 109, 118
vereinfacht 148
Vereinfachung 240
Verengung des Blickfeldes 157
Verfall 71, 100
verfestigt 183
verfremdet 204
Verfremdung 225
Verhäkelungen 77
Verhärtung 225
Verhalten 47, 96, 115, 162
Verheimlichung 225
Verkäufer 168
verkleckst 75
verklemmt 73
Verklemmungen 118
verkrampft 38, 44, 93, 152
Verkrampftheit 23, 25, 131
Verkrampfung 48, 55, 100, 118, 150, 179
verkümmert 185
Verkümmerungen 107
Verkündung 213
Verlangsamung 80
verletzt 28, 90
Verleumdungen 77
Verlierer 78
Verlogenheit 162
Vermittler 190
vernachlässigt 11, 182
Vernachlässigung 73, 240
vernünftig 132
verquält 219

Verquältheit 92
verräterische Bewegung 157
versagen 143
Verschleierung 225
Verschleißfestigkeit 65
verschlossen 94, 136
verschluckend 77
verschmiert 75
Verschreibungen 152
verschroben 38, 221
Verschrobenheit 132
Verschrobenheit, fanatische 34
verschwiegen 50
Verschwiegenheit 68
verschwommen 17, 190, 237
Versenkung 128, 211
Verständnis 185
verständnisvoll 60, 115
Versteckspiel 217
versteinert 34
Versteinerung 41
verstimmt 28
verstolpernd 97
Versündigungsideen 32
Vertrauen 100, 225
Vervollkommnungsstreben 170
verwahrlost 165, 174
Verwahrlosung 107, 240
Verwandtschaft 12
verwaschen 32
verwirrend 235
verwöhnt 219
Verwöhnung 168
Verwürgung 73, 152
verzerrt 34, 71, 75, 215
Verzerrung 219, 225
Verzicht 41, 68
verzückt 195
verzweifelt 91
Verzweiflung 68
Verzweiflungszustände 93, 109
vibrierend 137
vibrierende Unruhe 154
Vielseitigkeit 176
virtuos 162
Virtuosität 188
vital 50, 60, 77, 86, 150
vitale Männlichkeit 148
Vitalität 13, 64, 77, 88, 112, 115, 148, 152
Vollständigkeit 237, 240
vorantreibend 150
Vorbild 32, 224
Vorgesetzter 104
Vorhandensein 200
vornehm 209
vorsichtig 109
Vortrag
- elegant 178
- glatt 60
- sicher 178
Vortragsqualitäten 69
Vortragssicherheit 83, 104
Vorurteil 68, 83, 236

wach 154
Wachheit 21
Wärme 11, 12, 17, 19, 23, 27, 44, 64, 83, 86, 102, 148, 170, 182, 190, 198
Wahrhaftigkeit 21, 27
Wahrheit 46, 100, 225
- innere 40, 128
warmherzig 100, 112, 162
Wehleidigkeit 118, 190
Wehrlosigkeit 60
weich 28, 57, 94, 96, 97, 113, 207, 223
Weichheit 28, 145, 170, 219
Weinkrämpfe 176
Weitschweifigkeit 27
Weltformel, erlösende 225
weltläufig 140, 170
Weltoffenheit 88
Weltverbesserungsidee 221
Wendigkeit 96
Werbung 179
Werk 182
Wertbegriff 229
Wertstufe 237
Wesen 65, 235, 238
Wesenseigenschaft 12, 234, 235, 236, 238, 239, 240
Wesensmerkmale 240
Wesensqualitäten 64
Wesentliches 75, 110, 137, 150, 183, 185
Wiedererkennbarkeit 234
Widersprüchlichkeit 21
widerstandslos 140
Widerstandsenergie 96
widerwärtig 236
Wildheit 71, 78, 190
Wirklichkeit 237
Wirklichkeitssinn 88, 136
Wirkung 134, 190
wirkungsmächtig 217
Willen 150
Willensmacht 197
willfährig 46
willig 145
Willkür 65, 174, 180

Wirkung 150
Witz 25, 27, 120, 185, 190
witzig 85, 90, 152, 217
Wohlbefinden 200
Wohlerzogenheit 218
Wohlgefälligkeit 229
Wortgewandtheit 180, 184
wortkarg 118
wortreich 221
Wortschatz 25
Wortverletzungen 44
Würde 28
Wutanfälle 176

zäh 53, 86, 131
Zähflüssigkeit 109, 137
Zähigkeit 95, 131, 155
Zärtlichkeit 185
zaghaft 218
zappelig 118
zart 11, 46, 90, 143, 156, 162, 185, 218
Zartgefühl 104
Zeichenstil 217
Zeremoniell 209, 224, 225
zerfahren 62, 140, 157
Zerfall 32
Zerfallserscheinungen 107
zerfließend 62
zerhackt 65
zerlaufend 55, 140, 219
Zerrissenheit 44, 137
Zerrung 225
Zersplitterung 157
Zerstörtheit 71
Zielbewußtsein 104
ziellos 140
zielsicher 115, 150
zielstrebig 50, 53
Zirbel 213
ziseliert 133, 171
zitterig 90
zittern 32, 152
zornig 182, 183, 240
Zucht 157, 162
zudringlich 162
Züge
- exzentrische 240
- manierierte 225
- motorisch-formale 241
Zufälligkeit 110
zufrieden 28, 94
Zugriff 157, 158, 197
Zukunftslosigkeit 40
zupacken 65
Zurückgezogenheit 38, 97, 215, 218, 225
zurückhaltend 134, 143, 170
Zusammenarbeit 143
Zusammenfassung 140
Zusammenhang
- gestalthafter 236, 238, 240
Zutraulichkeit 25
Zuverlässigkeit 50, 62, 63, 84, 112, 118, 120, 131, 133, 156, 171, 186, 193
Zwang 115, 215
zwanghaft 38, 40, 128, 131, 132, 137, 170, 171, 173, 183, 186
zwanglos 50, 73, 80, 83, 100, 104, 110, 112, 113, 162, 172
Zweckgebundenheit 88
zweckmäßig 63, 75, 86, 131, 150
Zweifel 180, 225
Zwischencharakter 237